廣陵書社

國文陰陽剛柔大義

唐文治 著
朱光磊 編

本書由唐文治書院經典導讀叢書專用經費資助出版

圖書在版編目（CIP）數據

國文陰陽剛柔大義 / 唐文治著 ; 朱光磊編. -- 揚州 : 廣陵書社, 2023.5
（吴地文化系列叢書）
ISBN 978-7-5554-1946-4

Ⅰ. ①國… Ⅱ. ①唐… ②朱… Ⅲ. ①儒家－文集 Ⅳ. ①B222.05-53

中國國家版本館CIP數據核字(2023)第089110號

書　　名　國文陰陽剛柔大義
編　　著　唐文治 著　朱光磊 編
責任編輯　孫語婧

出版發行　廣陵書社
揚州市四望亭路 2-4 號　郵編 225001
(0514)85228081(總編辦)　85228088(發行部)
http://www.yzglpub.com　E-mail:yzglss@163.com
印　　刷　無錫市海得印務有限公司
裝　　訂　無錫市西新印刷有限公司

開　　本　889 毫米 × 1194 毫米　1/32
印　　張　12.625
字　　數　210 千字
版　　次　2023 年 5 月第 1 版
印　　次　2023 年 5 月第 1 次印刷
標準書號　ISBN 978-7-5554-1946-4
定　　價　75.00 元

唐文治先生像

整理説明

本書爲《國文陰陽剛柔大義》整理本。原書爲唐文治編著，收録於《高等學堂國文講誼》一書中。《高等學堂國文講誼》在一九一零年由上海文明書局出版發行，共有八卷，包含了唐文治所編撰的三部書。卷一、卷二爲《國文大義》；卷三、卷四爲《古人論文大義》；卷五、卷六、卷七、卷八爲《國文陰陽剛柔大義》。蘇州大學圖書館館藏該書六卷，缺第一卷、第三卷。本書即根據蘇州大學圖書館所藏《高等學堂國文講誼》第五至八卷進行整理。

一、校注。本書所選之文章，异體字、俗字等隨文校改，未出校。字句有明顯錯誤則更正出校，其餘一概依原本照録。

二、原書中所用圈點，全部保留。本書圈點具有句讀、賞鑒、吟誦三重功能。從句讀功能上看，文章以圈標示句讀。從賞鑒功能上看，文章以圈標示文章精神，以點標示文章綫索。唯有文章精神之圈與句讀之圈相重合處，則省略圈，以示此處有句讀。從吟誦功能上看，所圈之精神宜高讀急讀，所點之線索宜低讀緩讀。針對上述圈點之功能，特在書後附以一文，揭示其内在理路。

三、標點。本來圈點即有句讀功能，但不如現代標點細緻明晰。爲了方便讀者閱讀，特意在原文上標注現代標點。

四、吟誦。選取部分篇章，兼顧四象、文體、作者、時代，分别由姚宏、杜亞群、朱光磊進行吟誦，以供讀者參考。

目録

國文陰陽剛柔大義下之下

國文陰陽剛柔大義緒言

國文陰陽剛柔之說，創於姚姬傳先生。姚先生之言曰：『《易》《詩》《書》《論語》所載，間有可以剛柔分，值其時其人，告語之體，各有宜也。自諸子以降，其爲文無弗有偏者。其得於陽與剛之美者，則其文如霆如電、如長風之出谷、如崇山峻崖、如決大川、如奔騏驥；其光也，如杲日、如火、如金鏐鐵；其於人也，如憑高視遠、如君而朝萬衆、如鼓萬勇士而戰之。其得於陰與柔之美者，則其文如升初日、如清風、如雲、如霞、如煙、如幽林曲澗、如淪、如漾、如珠玉之輝、如鴻鵠之鳴而入寥廓；其於人也，漻乎其如歎，邈乎其如有思，暖乎其如喜，愀乎其如悲。觀其文，諷其音，則爲文者之性情形狀舉以殊焉。』此姚先生之說也。

繼其說而大昌之者，爲曾滌笙先生。曾先生選《古文四象》，分太陽、太陰、少陽、少陰四種。以氣勢屬太陽，識度屬太陰，趣味屬少陽，情韻屬少陰，而又於其中分陰中之陽，陽中之陰，曰噴薄之勢，曰跌蕩之勢，曰閎括之度，曰含蓄之度，曰恢詭之趣，曰閑適之趣，曰沉雄之韻，曰悽惻之韻，是又分四象爲八卦矣。而又申言之曰：『有氣斯有勢，有識斯有度，有情斯有韻，有趣斯有味。』又析言之曰：『莊子、揚子、韓退之、柳子厚，陽剛之美者；司馬子長、劉子政、歐陽永叔、曾子固，陰柔之美者。』此曾先生之説也。

吾嘗綜二先生之説而論之。姚先生之説創而未備者也，曾先生之説廣矣、大矣、美矣、盡矣，所謂『通神明之德，類萬物之情』，其在兹乎？顧吾竊有進焉者，凡人之性情氣質，亦未可一概而論，毗於陽者陰亦寓焉，毗於陰者陽亦寓焉。周公、孔子之文，妙萬物而爲言，陰陽不測固不可以一隅論。孟子之文，毗於陽者也，而《致爲臣而歸》《舜發於畎畝之中》及《孔子在陳》諸章，何嘗非陰？《戰國策》之文，策士縱横之説，陰鷙之尤甚者，而《蘇季子説秦王》《蘇代約燕王》，何嘗非陽？莊子之文，毗於陽者也，而《刻意》《繕性》篇，何嘗非陰？賈生之文，毗於陽者也，而《弔屈原賦》《鵩鳥賦》，何嘗非陰？司馬子長之文，毗於陰者也，而《項羽本紀》《淮陰侯傳》《李廣傳》，尤陽剛之顯著者。揚子雲文，毗於陽者也，而《反離騷》尤陰柔之顯著者，《太玄》

更無論已。韓昌黎文，毗於陽者也，而《送董邵南序》《答李翊書》，尤陰柔之顯著者，《祭十二郎文》更無論已。天地之道，陰陽之氣，常相勝而相争，惟明於消息之故者，察其偏而調劑之，且因其偏而善用之，而後吾身得太和之氣而生理以暢。善驗古人文之神與氣者，亦若是而已。

曾先生又曰：『陽剛者，氣勢浩瀚；陰柔者，韻味深美。浩瀚者，噴薄而出之；深美者，吞吐而出之。就《經史百家雜鈔》中十一類言之，論著類、詞賦類，宜噴薄；序跋類，宜吞吐；奏議類、哀祭類，宜噴薄；詔令類、書牘類，宜吞吐；傳誌類、叙記類，宜噴薄；典志類、雜記類，宜吞吐。』善哉！論文至此，可謂無微弗顯矣。

余嘗息心以觀天地之理，并以文正所論驗諸子百家之言并歷代文士之著作。太極之精，以陰爲體，以陽爲用，故儒家之文，大抵以柔爲體，以剛爲用。吴摯甫先生語余，曾先生之文，系用歐之骨，用韓之貌，是亦以柔爲體，剛爲用也。此外則皆主於陰柔。道家、墨家偏於陰，讀老氏、墨氏之文可知。陰陽、縱横家偏於陰，非陰柔不足以成捭闔。法家、名家偏於陰，非陰柔不足以成刻覈。醫家、兵家偏於陰，讀《内經》《陰符》《孫子》文可知。他如詩賦家、雜家、小説家、術數家、方技家，雖剛柔萬變，然要其歸，偏於柔者多矣。

聖學之傳，分爲漢、宋兩家。漢儒之文，尚訓詁，兼陰陽之美者也，而其弊也，爲穿鑿，爲瑣碎，由無大氣以舉之，則陰柔之過也。宋儒之文，尚義理，兼陰陽之美者也，而其弊也，爲幽渺，爲俚俗，由無大氣以舉之，亦陰柔之過也。因文以察天下之變，士大夫皆主陰柔之過而積弱隨之，然則生斯世也，爲斯文也，其必以陽剛爲主乎？其必以陽剛爲主乎？

昔嘗謂伏羲氏畫八卦，不過象奇耦之數以爲記識，而聖人謂爲範圍天地，曲成萬物者，以其包涵陰陽剛柔之蘊也。陰陽剛柔之理，蘊於一心，發之則爲吉凶悔吝。凡人自少至老，自晝至夜，均在吉凶悔吝之中，而吉凶悔吝則萌柢乎一心之陰陽剛柔。剛善則爲義、爲直、爲斷、爲嚴毅、爲幹固；惡則爲猛、爲隘、爲强梁。柔善則爲慈、爲順、爲巽；惡則爲懦弱、爲無斷、爲邪佞。惟聖人能自易其惡，自至其中，善濟其陰陽剛柔，而運妙用於一心，故曰：『以此洗心』，又曰：『復其見天地之心乎』。蓋自伏羲、文王作卦象，而天下人事悉具於卦象之中，迨周公、孔子以卦象爲文章，而天下人事又悉具於文章之中。凡此者皆陰陽剛柔之所爲，實皆一心之所爲，此大易之精蘊也。善爲文者，先明易理，固吾心之動靜消息而制爲言，慎天下之樞機，而吉凶悔吝於是乎貞，又因吾心之動静消息而制爲文，象萬物之形色，而川流敦化，於是乎備此所謂陰陽也、剛柔也，善用之以至於中也。斯言非玄也，探其本則曰：『存其心，養其性』，因物付物，而陰陽剛柔時措之宜矣。

以上所言，律己之方也，推而至於觀人。《記》曰：『中國戎夷，五方之民皆有性也，不可推移。』聖賢豪傑之文，真理彌綸貫於内，精氣旁薄溢乎外，剛柔陰陽，惟變所適。下逮萬殊之性，則各肖其爲人而靡有所窮。惟聖智之士能因其文之性質，而驗其人之品行，是故凡文之剛柔相宣而適中乎理者，其人達而壽；善用其剛，其言閎以肆者，其人狂；善用其柔，其局細以整者，其人狷；陽剛外强而中無陰柔濟之者，其人愎而憍；陰柔膠纆而中無陽剛濟之者，其人緩而懦；剛柔無主，棼不可理，有首而無尾者，其人窮而夭；剛柔無主，而創意造言猶有歸宿者，其人僿而可教。《洪[一]範》所言『五福六極』，悉可於斯文徵之。此就一人之文言至統觀一方之文，亦然。凡剛柔相濟者多，其民大率兼文質而易爲治；剛柔偏勝者多，其民大率蠢愚，難以熟

[一]『洪』原作『鴻』。

化，宜有以酌其偏，而用其所長。此就一方之文言至統觀一代之文，亦然。凡剛柔相濟者多，大率風俗和而運會盛；剛柔偏勝者多，大率風俗薄而運會衰。因文論世，確乎其不可易。至於陽剛之過，變而爲肅殺；陰柔之過，降而爲駑庸，則其世運將不可問。嗚呼！文，心聲也。陰陽剛柔之説，微乎微乎，非天下之至誠、至神、至幾，何足以語此。

或曰：『如子言，不幾於過高乎？』曰：『是誠有之。』昔吴摯甫先生《記曾先生〈古文四象〉後》云：『公此編故自謂失之高古。夫高古，何失？世無知言，君子則大聲不入里耳，自其宜也。』斯言允矣。顧吾又有説焉。陰陽剛柔發於人心之自然，初無所謂高古。縱一心而冥思之，譬諸江海浩淼，扶桑出日，一輪涌現，容與聿皇。又如氣清天朗，春卉皆葩，無論何人，縱游其間，必有意氣發舒之象。是何也？則陽爲之也。譬諸冬日栗烈，重陰晻藹，寒飆翏刁，萬竅怒號；又如谷風陰雨，恐懼凄其，無論何人，側身其間，必有顰蹙伊鬱之情。是何也？則陰爲之也。古詩有云『一窗晴日寫黄庭』又云『滿江風雨讀離騷』，抑何其境之殊而心之異也？匹夫閧於道而壯士爲之衝冠，嫠婦泣於舟而文士爲之怨訴，故隨時、隨地、隨象、隨景，而陰陽剛柔分焉。因性、因情、因感、因遇，而陰陽剛柔分焉。『日月星辰，山龍華蟲。藻火粉米，黼黻絺綉』，讀其《書》而明良喜起，備哉燦爛，陽之盛也。『徹彼桑土，綢繆牖户。』『我來自東，零雨其濛』，誦其《詩》而拮据卒瘏，况也永歎，陰之盛也。古之聖人陰陽剛柔悉合乎中，故其慶賞刑罰，各得其正。後世儒家能養之於喜怒哀樂未發之前，故其陰陽剛柔足以順萬事而無情，斯皆不必言文而實無在非文。拘墟之士，茫昧是理，則不得不就迹象以求之，然惟其有陰陽剛柔之質，原於一心，故讀古人之文，亦辨其爲陰陽剛柔，而其自爲文，亦必有陰陽剛柔之可分。斯皆發於一心之自然，固不必以高下淺深論也。

抑吾考《古文四象》之爲書，目次頗多率略，又古人文之膾炙人口者，如韓昌黎《張中丞傳後叙》陽剛之至美者。歐陽永叔《瀧岡阡表》陰柔之至美者。均未入選。意者其未成之書歟？是編大致取材於《四象》。其中亦有極陽剛、陰柔之美而并未入選者，由前數編中，已爲諸生講貫也。後之君子得吾言而深思之，由下編以遡中編，而至上編，則自有津梁之可逮。而吾特恨是編之成，既不得就正於曾先生，并不獲質之於吴先生，其是乎？其非乎？其所剖析而分置者，有毫釐千里之謬乎？益爲之執簡徬徨而不能已也。

國文陰陽剛柔大義上

周易

乾卦　太陽

乾，元亨利貞。

初九，潛龍勿用。

九二，見龍在田，利見大人。

九三，君子終日乾乾。夕惕若，厲無咎。

九四，或躍在淵，無咎。

九五，飛龍在天，利見大人。

上九，亢龍有悔。

用九，見群龍無首，吉。

《彖》曰：大哉乾元，萬物資始，乃統天。雲行雨施，品物流形，大明終始，六位時成，時乘六龍以御天。乾道變化，各正性命。保合太和，乃利貞。首出庶物，萬國咸寧。

《象》曰：天行健，君子以自强不息。『潛龍勿用』，陽在下也。『見龍在田』，德施普也。『終日乾乾』，反復道也。『或躍在淵』，進無咎也。『飛龍在天』，大人造也。『亢龍有悔』，盈不可久也。用九，天德不可爲首也。

《文言》曰：元者，善之長也；亨者，嘉之會也；利者，義之和也；貞者，事之幹也。君子體仁足以長人，嘉會足以合禮，利物足以和義，貞固足以幹事。君子行此四德者，故曰：『乾，元亨利貞』。初九曰：『潛龍勿用』，何謂也？子曰：『龍德而隱者也。不易乎世，不成乎名。遯世無悶，不見是而無悶。樂則行之，憂則違之。確乎其不可拔，潛龍也。』九二曰：『見龍在田，利見大人』，何謂也？子曰：『龍德而正中者也。庸言之信，庸行之謹。閑邪存其誠，善世而不伐，德博而化。《易》曰：「見龍在田，利見大人」，君德也。』九三曰：『君子終日乾乾，夕惕若，厲無咎』，何謂也？子曰：『君子進德修業。忠信，所以進德也。修辭立其誠，所以居業也。知至至之，可與幾也；知終終之，可與存義也。是故居上位而不驕，在下位而不憂，故乾乾因其時而惕，雖危無咎矣。』九四曰：『或躍在淵，無咎』，何謂也？子曰：『上下無常，非爲邪也。進退無恒，非離群也。君子進德修業，欲及時也，故無咎。』九五曰：『飛龍在天，利見大人』，何謂也？子曰：『同聲相應，同氣相求。水流濕，火就燥，雲從龍，風從虎，聖人作而萬物睹。本乎天者親上，本乎地者親下，則各從其類也。』上九曰：『亢龍有悔』，何謂也？子曰：『貴而無位，高而無民。賢人在下位而無輔，是以動而有悔也。』

『潛龍勿用』，下也。『見龍在田』，時舍也。『終日乾乾』，行事也。『或躍在淵』，自試也。『飛龍在天』，上治也。『亢龍有悔』，窮之災也。乾元用九，天下治也。

『潛龍勿用』，陽氣潛藏。『見龍在田』，天下文明。『終日乾乾』，與時偕行。『或躍在淵』，乾道乃革。『飛龍在天』，乃位乎天德。『亢龍有悔』，與時偕極。『乾元用九』，乃見天則。

乾元者，始而亨者也。利貞者，性情也。乾始能以美利利天下，不言所利，大矣哉！大哉乾乎，剛健中正，純粹精也。六爻發揮，旁通情也。時乘六龍，以御天也。雲行雨施，天下平也。

君子以成德爲行，日可見之行也。潛之爲言也，隱而未見，行而未成，是以君子弗用也。君子學以聚之，問以辨之，寬以居之，仁以行之。《易》曰：『見龍在田，利見大人』，君德也。九三重剛而不中，上不在天，下不在田，故乾乾因其时而惕，雖危無咎矣。九四重剛而不中，上不在天，下不在田，中不在人，故或之。或之者，疑之也，故無咎。夫大人者，與天地合其德，與日月合其明，與四時合其序，與鬼神合其吉凶。先天而天弗違，後天而奉天時。天且弗違，而況於人乎？況於鬼神乎？亢之爲言也，知進而不知退，知存而不知亡，知得而不知喪。其唯聖人乎，知進退存亡而不失其正者，其唯聖人乎？

本卦彖傳及文言傳，解初爻至五爻，又末『夫大人者』起，解五爻六爻辭，均爲生民以來不可無一、不能有二之文。後世之言詞章、講義理者，俱胎於此，學者急宜熟玩。

坤卦　太陰

坤，元亨，利牝馬之貞。君子有攸往，先迷後得，主利。西南得朋，東北喪朋，安貞吉。

《彖》曰：至哉坤元！萬物資生，乃承順天。坤厚載物，德合無疆。含宏光大，品物咸亨。牝馬地類，行地無疆。柔順利貞，君子攸行。先迷失道，後順得常。『西南得朋』，乃與類行，『東北喪朋』，乃終有慶，『安貞』之吉，應地無疆。

《象》曰：地勢坤，君子以厚德載物。

初六，履霜，堅冰至。

《象》曰：『初六履霜』，陰始凝也。馴致其道，『至堅冰』也。

六二，直方大，不習無不利。

《象》曰：六二之動，直以方也，『不習無不利』，地道光也。

六三：含章，可貞，或從王事，無成有終。

《象》曰：『含章可貞』，以時發也，『或從王事』，知光大也。

六四，括囊，無咎無譽。

《象》曰：『括囊無咎』，慎不害也。

六五，黄裳，元吉。

《象》曰：『黄裳元吉』，文在中也。

上六，龍戰於野，其血玄黄。

《象》曰：『龍戰於野』，其道窮也。

用六，利永貞。

《象》曰：用六『永貞』，以大終也。

《文言》曰：坤，至柔而動也剛，至静而德方。後得主而有常，含萬物而化光。坤道其順乎，承天而時行。

積善之家，必有餘慶。積不善之家，必有餘殃。臣弑其君，子弑其父，非一朝一夕之故。其所由來者漸矣，由辨之不早辨也。《易》曰：『履霜堅冰至』，蓋言順也。

直其正也，方其義也。君子敬以直內，義以方外，敬義立而德不孤。『直方大，不習無不利』，則不疑其所行也。

陰雖有美含之，以從王事，弗敢成也。地道也，妻道也，臣道也。地道無成而代有終也。

天地變化，草木蕃。天地閉，賢人隱。《易》曰：『括囊，無咎無譽』，蓋言謹也。

君子黃中通理，正位居體，美在其中，而暢於四支，發於事業，美之至也。

陰疑於陽必戰。爲其嫌於無陽也，故稱龍焉。猶未離其類也，故稱血焉。夫玄黃者，天地之雜也，天玄而地黃。

凡文之發揚蹈厲者，俱用陽韻。讀《詩經·江漢》《長發》《殷武》諸詩可見。坤係純陰之卦，而爻辭如初六履霜、六二直方、六三含章、六四括囊、六五黃裳、上六玄黃，皆用陽韻。而《彖傳》《文言傳》亦用陽韻者，爲其嫌於無陽也。然用陽韻而其文仍係純陰之質，所謂陰爲體而陽爲用也。於此可見聖人文章之妙，夐絶千古。

尚書

堯典　太陽

曰若稽古，帝堯曰放勳，欽明文思安安，允恭克讓，光被四表，格於上下。克明俊德，以親九族。九族既睦，平章百姓。百姓昭明，協和萬邦。黎民於變時雍。

乃命羲和，欽若昊天，曆象日月星辰，敬授人時。分命羲仲，宅嵎夷，曰暘谷。寅賓出日，平秩東作。日中星鳥，以殷仲春。厥民析，鳥獸孳尾。申命羲叔，宅南交，平秩南訛，敬致。日永星火，以正仲夏。厥民因，鳥獸希革。分命和仲，宅西，曰昧谷，寅餞納日，平秩西成。宵中星虛，以殷仲秋。厥民夷，鳥獸毛毨。申命和叔，宅朔方，曰幽都。平在朔易。日短星昴，以正仲冬。厥民隩，鳥獸氄毛。帝曰：『咨！汝羲暨和。期三百有六旬有六日，以閏月定四時成歲。允釐百工，庶績咸熙。』

帝曰：『疇咨若時[二]登庸？』放齊曰：『胤子朱啓明。』帝曰：『吁！嚚訟可乎？』

帝曰：『疇咨若予采？』驩兜曰：『都！共工方鳩僝功。』帝曰：『吁！静言庸違，象恭滔天。』

帝曰：『咨！四岳，湯湯洪水方割，蕩蕩懷山襄陵，浩浩滔天。下民其咨，有能俾乂？』僉曰：『於！鯀哉。』帝曰：『吁！咈哉，方命圮族。』岳曰：『異哉！試可乃已。』帝曰：『往欽哉！』九載績用弗成。

帝曰：『咨！四岳。朕在位七十載，汝能庸命巽朕位？』岳曰：『否德忝帝位。』曰：『明明揚側陋。』師錫帝曰：『有鰥在下，曰虞舜。』帝曰：『俞！予聞，如何？』岳曰：『瞽子，父頑，母嚚，象傲，克諧以孝，烝烝乂，不格奸。』帝曰：『我其試哉！女于時，觀厥刑于二女。』釐降二女于嬀汭，嬪于虞。』帝曰：『欽哉！』

慎徽五典，五典克從；納于百揆，百揆時叙；賓于四門，四門穆穆；納于大麓，烈風雷雨弗

[二]『時』原作『是』。

迷。帝曰：『格！汝舜。詢事考言，乃言厎[一]可績，三載。汝陟帝位。』舜讓于德，弗嗣。

正月上日，受終于文祖。在璿璣玉衡，以齊七政，肆類于上帝，禋于六宗，望于山川，遍于群神。輯五瑞，既月乃日，覲四嶽群牧，班瑞於群后。

歲二月，東巡守，至于岱宗，柴望秩於山川，肆覲東后。協時月正日，同律度量衡。修五禮、五玉、三帛、二生、一死贄。如五器，卒乃復。五月南巡守，至于南嶽，如岱禮。八月西巡守，至于西嶽，如初。十有一月朔巡守，至于北嶽，如西禮。歸，格于藝祖，用特。五載一巡守，群后四朝。敷奏以言，明試以功，車服以庸。

肇十有二州，封十有二山，濬川。

象以典刑，流宥五刑，鞭作官刑，扑作教刑，金作贖刑。眚災肆赦，怙終賊刑。『欽哉，欽哉，惟刑之恤哉！』流共工於幽州，放驩兜於崇山，竄三苗於三危，殛鯀於羽山，四罪而天下咸服。

二十有八載，帝乃殂落。百姓如喪考妣，三載，四海遏密八音。月正元日，舜格於文祖，詢

[一]『厎』原作『底』。

於四岳，闢四門，明四目，達四聰。咨，十有二牧，曰：『食哉惟時！柔遠能邇，惇德允元，而難任人，蠻夷率服。』

舜曰：『咨，四岳！有能奮庸熙帝之載，使宅百揆，亮采惠疇？』僉曰：『伯禹作司空。』帝曰：『俞！咨，禹。汝平水土，惟時懋哉！』禹拜稽首，讓于稷、契暨皋陶。帝曰：『俞，汝往哉！』

帝曰：『棄。黎民阻飢，汝后稷，播時百穀。』

帝曰：『契。百姓不親，五品不遜。汝作司徒，敬敷五教，在寬。』

帝曰：『皋陶。蠻夷猾夏，寇賊奸宄。汝作士，五刑有服，五服三就。五流有宅，五宅三居。惟明克允！』

帝曰：『疇若予工？』僉曰：『垂哉！』帝曰：『俞！咨垂。汝共工。』垂拜稽首，讓于殳斨暨伯與。帝曰：『俞，往哉！汝諧。』

帝曰：『疇若予上下草木鳥獸？』僉曰：『益哉！』帝曰：『俞！咨，益。汝作朕虞。』益拜稽首，讓于朱虎、熊羆。帝曰：『俞！往哉！汝諧。』

帝曰：『咨！四岳。有能典朕三禮？』僉曰：『伯夷！』帝曰：『俞，咨，伯。汝作秩宗。夙夜惟寅，直哉惟清。』伯拜稽首，讓于夔、龍。帝曰：『俞，往，欽哉！』

帝曰：『夔。命汝典樂，教胄子，直而温，寬而栗，剛而無虐，簡而無傲。詩言志，歌永言，聲依永，律和聲。八音克諧，無相奪倫，神人以和。』夔曰：『於！予擊石拊石，百獸率舞。』

帝曰：『龍。朕堲讒説殄行，震驚朕師。命汝作納言，夙夜出納朕命，惟允！』

帝曰：『咨！汝二十有二人。欽哉！惟時亮天功。』三載考績。三考，黜陟幽明，庶績咸熙，分北三苗。

舜生三十徵庸，三十在位，五十載，陟方乃死。

皋陶謨　太陰

曰若稽古，皋陶曰：『允迪厥德，謨明弼諧。』禹曰：『俞！如何？』皋陶曰：『都！慎厥身，修思永。惇叙九族，庶明勵翼，邇可遠在兹。』禹拜昌言曰：『俞！』皋陶曰：『都！在知人，在安民。』禹曰：『吁！咸若時，惟帝其難之。知人則哲，能官人；安民則惠，黎民懷之。能哲而惠，何憂乎驩兜？何遷乎有苗？何畏乎巧言令色孔壬？』

皋陶曰：『都[一]！亦行有九德。亦言其人有德，乃言曰載采采。』禹曰：『何？』皋陶曰：『寛而栗，柔而立，願而恭，亂而敬，擾而毅，直而温，簡而廉，剛而塞，强而義。彰厥有常，吉哉！日宣三德，夙夜浚明有家。日嚴祗敬六德，亮采有邦。翕受敷施，九德咸事，俊乂在官。百僚師師，百工惟時。撫于五辰，庶績其凝。無教逸欲，有邦兢兢業業，一日二日萬幾。無曠庶官，天工人其代之。天叙有典，敕我五典五惇哉！天秩有禮，自我五禮有庸哉！同寅協恭，和衷哉！天命有德，五服五章哉！天討有罪，五刑五用哉！政事懋哉懋哉！天聰明，自我民聰明。天明畏，自我民明威。達于上下，敬哉有土！』

皋陶曰：『朕言惠，可厎行。』禹曰：『俞，乃言厎[二]可績。』皋陶曰：『予未有知，思曰贊贊襄哉！』

[一] 原『都』上有『俞』。
[二] 『厎』原作『底』。

帝曰：『來，禹！汝亦昌言。』禹拜曰：『都！帝，予何言？予思日孜孜。』皋陶曰：『吁！如何？』禹曰：『洪水滔天，浩浩懷山襄陵，下民昏墊。予乘四載，隨山刊木，暨益奏庶鮮食。予決九川，距四海，浚畎澮，距川。暨稷播，奏庶艱食，鮮食。懋遷有無化居，烝民乃粒，萬邦作乂。』皋陶曰：『俞！師汝昌言。』

禹曰：『都！帝。慎乃在位。』帝曰：『俞！』禹曰：『安汝止，惟幾惟康，其弼直，惟動丕應。徯志以昭受上帝，天其申命用休。』

帝曰：『吁！臣哉鄰哉！鄰哉臣哉！』禹曰：『俞！』帝曰：『臣作朕股肱耳目。予欲左右有民，汝翼。予欲宣力四方，汝爲。予欲觀古人之象，日、月、星、辰、山、龍、華、蟲作會；宗彝、藻、火、粉、米、黼、黻絺繡，以五彩彰施于五色，作服，汝明。予欲聞六律五聲八音，在治忽，以出納五言，汝聽。予違汝弼，汝無面從，退有後言。欽四鄰，庶頑讒說，若不在時，侯[一]以明之，撻以記之。書用識哉，欲并生哉。工以納言，時而颺之，格則承之庸之，否則威之。』

[一]『侯』原作『候』。

禹曰：『俞哉！帝光天之下，至于海隅蒼生，萬邦黎獻，共惟帝臣。惟帝時舉，敷納以言，明庶以功，車服以庸。誰敢不讓，敢不敬應。帝不時敷，同日奏，罔功。』

帝曰：『無若丹朱傲，惟慢游是好。傲虐是作，罔晝夜頟頟。罔水行舟，朋淫于家，用殄厥世，予創若時。』

禹曰：『娶于塗山，辛壬癸甲。啓呱呱而泣，予弗子，惟荒度土功。弼成五服，至于五千，州十有二師。外薄四海，咸建五長。各迪有功，苗頑弗即工，帝其念哉。』

帝曰：『迪朕德，時乃功惟叙。』

皋陶方祗厥叙，方施象刑惟明。

夔曰：『戛擊鳴球，搏拊琴瑟以詠。祖考來格，虞賓在位，群后德讓。下管鼗鼓，合止柷敔，笙鏞以間，鳥獸蹌蹌。《簫韶》九成，鳳皇來儀。』夔曰：『於！予擊石拊石，百獸率舞，庶尹允諧。』

帝庸作歌曰：『敕天之命，惟時惟幾。』乃歌曰：『股肱喜哉，元首起哉，百工熙哉。』皋陶拜手稽首颺言曰：『念哉！率作興事，慎乃憲，欽哉。屢省乃成，欽哉。』乃賡載歌曰：『元首明哉，股肱良哉，庶事康哉。』又歌曰：『元首叢脞哉，股肱惰哉，萬事墮哉。』帝拜曰：『俞，往欽哉。』

洪範　太陰

惟十有三祀，王訪于箕子。王乃言曰：『嗚呼！箕子。惟天陰騭下民，相協厥居，我不知其彝倫攸叙。』

箕子乃言曰：『我聞在昔，鯀堙洪水，汨陳其五行。帝乃震怒，不畀洪範九疇，彝倫攸斁。鯀則殛死，禹乃嗣興，天乃錫禹洪範九疇，彝倫攸叙。』

初一曰五行，次二曰敬用五事，次三曰農用八政，次四曰協用五紀，次五曰建用皇極，次六曰乂用三德，次七曰明用稽疑，次八曰念用庶徵，次九曰嚮用五福，威用六極。

一、五行：一曰水，二曰火，三曰木，四曰金，五曰土。水曰潤下，火曰炎上，木曰曲直，金曰從革，土爰稼穡。潤下作鹹，炎上作苦，曲直作酸，從革作辛，稼穡作甘。

二、五事：一曰貌，二曰言，三曰視，四曰聽，五曰思。貌曰恭，言曰從，視曰明，聽曰聰，思曰睿。恭作肅，從作乂，明作哲，聰作謀，睿作聖。

三、八政：一曰食，二曰貨，三曰祀，四曰司空，五曰司徒，六曰司寇，七曰賓，八曰師。

四、五紀：一曰歲，二曰月，三曰日，四曰星辰，五曰曆數。

五、皇極：皇建其有極。斂時五福，用敷錫厥庶民。惟時厥庶民於汝極，錫汝保極。凡厥庶民，無有淫朋，人無有比德，惟皇作極。凡厥庶民，有猷有爲有守，汝則念之。不協于極，不罹于咎，皇則受之。而康而色，曰：『予攸好德。』汝則錫之福。時人德斯其惟皇之極。無虐煢獨，而畏高明。人之有能有爲，使羞其行，而邦其昌。凡厥正人，既富方穀。汝勿能使有好于而家，時人斯其辜。于其無好德，汝雖錫之福，其作汝用咎。無偏無陂，遵王之義；無有作好，遵王之道；無有作惡，遵王之路。無偏無黨，王道蕩蕩；無黨無偏，王道平平。無反無側，王道正直。會其有極，歸其有極。曰：皇極之敷言，是彝是訓，于帝其訓，凡厥庶民極之敷言，是訓是行，以近天子之光。曰：天子作民父母，以爲天下王。

六、三德：一曰正直，二曰剛克，三曰柔克。平康，正直；彊弗友，剛克；燮友，柔克。沈潛剛克；高明柔克。惟辟作福，惟辟作威，惟辟玉食。臣無有作福、作威、玉食。臣之有作福、作威、玉食，其害于而家，凶于而國，人用側頗僻，民用僭忒。

七、稽疑：擇建立卜筮人，乃命卜筮，曰雨，曰霽，曰蒙，曰驛，曰克，曰貞，曰悔，凡七。卜五，占用二，衍忒。立時人作卜筮。三人占，則從二人之言。汝則有大疑，謀及乃心，謀及卿士，謀及庶人，謀及卜筮。汝則從，龜從，筮從，卿士從，庶民從，是之謂大同。身其康强，子孫其逢吉。汝則從，龜從，筮從，卿士逆，庶民逆，吉。卿士從，龜從，筮從，汝則逆，庶民逆，吉。庶民從，龜從，筮從，汝則逆，卿士逆，吉。汝則從，龜從，筮逆，卿士逆，庶民逆，作内吉，作外凶。龜筮共違于人，用靜吉，用作凶。

八、庶徵：曰雨，曰暘，曰燠，曰寒，曰風。曰時。五者來備，各以其敘，庶草蕃廡。一極備，凶；一極無，凶。曰休徵：曰肅，時雨若；曰乂，時暘若；曰哲，時燠若；曰謀，時寒若；曰聖，時風若。曰咎徵：曰狂，恒雨若；曰僭，恒暘若；曰豫，恒燠若；曰急，恒寒若；曰蒙，恒風若。曰王省惟歲，卿士惟月，師尹惟日。歲月日時無易，百穀用成，乂用明，俊民用章，家用平康。日月歲時既易，百穀用不成，乂用昏不明，俊民用微，家用不寧。庶民惟星，星有好風，星有好雨。日月之行，則有冬有夏。月之從星，則以風雨。

九、五福：一曰壽，二曰富，三曰康寧，四曰攸好德，五曰考終命。六極：一曰凶短折，二曰疾，三曰憂，四曰貧，五曰惡，六曰弱。

顧命　太陰

惟四月，哉生魄，王不懌。甲子，王乃洮頮水，相被冕服，憑玉几。乃同召太保奭、芮伯、彤伯、畢公、衛侯、毛公、師氏、虎臣、百尹、御事。王曰：『嗚呼！疾大漸，惟幾。病日臻，既彌留，恐不獲誓言嗣，茲予審訓命汝。昔君文王、武王宣重光，奠麗陳教則肄。肄不違，用克達殷集大命。在後之侗，敬迓天威，嗣守文、武大訓，無敢昏逾。今天降疾，殆弗興弗悟。爾尚明時朕言，用敬保元子釗，弘濟于艱難。柔遠能邇，安勸小大庶邦。思夫人自亂于威儀，爾無以釗冒貢于非幾。』

茲即受命還，出綴衣于庭。越翼日乙丑，王崩。太保命仲桓、南宮毛，俾爰齊侯呂伋，以二干戈、虎賁百人，逆子釗於南門之外。延入翼室，恤宅宗。丁卯，命作册度。

越七日癸酉，伯相命士須材。狄設黼扆、綴衣。牖間南嚮，敷重篾席，黼純，華玉仍几。西序東嚮，敷重厎[一]席，綴純，文貝仍几。東序西嚮，敷重豐席，畫純，雕玉仍几。西夾南嚮，敷重筍席，玄紛純，漆仍几。越玉五重，陳寶赤刀、大訓、弘璧、琬琰，在西序。大玉、夷玉、天球、河圖，在東序。胤之舞衣、大貝、鼖鼓，在西房。兑之戈、和之弓、垂之竹矢，在東房。大輅在賓階面，綴輅在阼階面，先輅在左塾之前，次輅在右塾之前。

二人雀弁執惠，立于畢門之内。四人綦弁執戈上刃，夾兩階𡍒。一人冕執劉，立於東堂。一人冕執越，立于西堂。一人冕執戣，立于東垂。一人冕執瞿，立于西垂。一人冕執鋭，立丁側階。

王麻冕黼裳，由賓階隮。卿士、邦君，麻冕蟻裳，入即位。太保、太史、太宗，皆麻冕彤裳。太保承介圭，上宗奉同瑁，由阼階隮。太史秉書，由賓階隮，御王册命。曰：『皇后憑玉几，道揚末命，命汝嗣訓，臨君周邦，率循大卞，燮和天下，用答揚文、武之光訓。』王再拜，興，答曰：『眇眇予末小子，其能而亂四方，以敬忌天威。』乃受同瑁，王三宿，三祭三咤。上宗曰：『饗！』

[一]『厎』原作『底』。

太保受同，降，盥，以異同秉璋以酢。授宗人同，拜。王答拜。太保受同，祭，嚌，宅，授宗人同，拜。王答拜。太保降，收。諸侯出廟門俟。

王出在應門之內，太保率西方諸侯，入應門左；畢公率東方諸侯，入應門右，皆布乘黄朱。賓稱奉圭兼幣，曰：『一二臣衛，敢執壤奠。』皆再拜稽首。王義嗣德答拜。太保曁芮伯，咸進相揖，皆再拜稽首曰：『敢敬告天子，皇天改大邦殷之命，惟周文、武誕受羑若，克恤西土。惟新陟王，畢協賞罰，戡定厥功，用敷遺後人休。今王敬之哉！張皇六師，無壞我高祖寡命。』

王若曰：『庶邦侯、甸、男、衛，惟予一人釗報誥。昔君文、武丕平富，不務咎，厎[一]至齊信，用昭明于天下。則亦有熊羆之士，不二心之臣，保乂王家，用端命于上帝。皇天用訓厥道，付畀四方。乃命建侯樹屏，在我後之人。今予一二伯父，尚胥曁顧，綏爾先公之臣服于先王。雖爾身在外，乃心罔不在王室，用奉恤厥若，無遺鞠子羞！』

群公既皆聽命，相揖趨出。王釋冕，反喪服。

[一]『厎』原作『底』。

呂刑　太陰

惟吕命，王享國百年，耄荒，度作詳刑，以詰四方。

王曰：『若古有訓，蚩尤惟始作亂，延及于平民，罔不寇賊，鴟義奸宄，奪攘矯虔。苗民弗用靈，制以刑，惟作五虐之刑曰法。殺戮無辜，爰始淫爲劓、刵、椓、黥。越兹麗刑并制，罔差有辭。民興胥漸，泯泯棼棼，罔中于信，以覆詛盟。虐威庶戮，方告無辜于上。上帝監民，罔有馨香德，刑發聞惟腥。皇帝哀矜庶戮之不辜，報虐以威，遏絶苗民，無世在下。乃命重、黎，絶地天通，罔有降格。群后之逮在下，明明棐常，鰥寡無蓋。

皇帝清問下民，鰥寡有辭于苗。德威惟畏，德明惟明。乃命三后，恤功于民。伯夷降典，折民惟刑；禹平水土，主名山川；稷降播種，農殖嘉穀。三后成功，惟殷于民。士制百姓于刑之中，以教祗德。穆穆在上，明明在下，灼于四方，罔不惟德之勤。故乃明于刑之中，率乂于民棐彝。典獄非訖于威，惟訖于富。敬忌，罔有擇言在身。惟克天德，自作元命，配享在下。』

王曰：『嗟！四方司政典獄，非爾惟作天牧？今爾何監？非時伯夷播刑之迪？其今爾何懲？惟時苗民，非察于獄之麗，罔擇吉人，觀于五刑之中；惟時庶威奪貨，斷制五刑，以亂無辜。上帝不蠲，降咎于苗。苗民無辭于罰，乃絕厥世。』

王曰：『嗚呼！念之哉。伯父、伯兄、仲叔、季弟、幼子、童孫，皆聽朕言，庶有格命。今爾罔不由慰日勤，爾罔或戒不勤。天齊于民，俾我一日，非終惟終，在人。爾尚敬逆天命，以奉我一人！雖畏勿畏，雖休勿休。惟敬五刑，以成三德。一人有慶，兆民賴之，其寧惟永』

王曰：『吁！來，有邦有土，告爾祥[一]刑。在今爾安百姓，何擇非人？何敬非刑？何度非及？兩造具備，師聽五辭。五辭簡孚，正于五刑。五刑不簡，正于五罰。五罰不服，正于五過。五過之疵，惟官、惟反、惟內、惟貨、惟來。其罪惟均，其審克之！五刑之疑有赦，五罰之疑有赦，其審克之。簡孚有衆，惟貌有稽。無簡不聽，具嚴天威。墨辟疑赦，其罰百鍰，閱實其罪。劓辟疑赦，其罰惟倍，閱實其罪。剕辟疑赦，其罰倍差，閱實其罪。宮辟疑赦，其罰六百鍰，閱實其罪。大辟疑赦，其罰千鍰，閱實其罪。墨罰之屬千。劓罰之屬千，剕罰之屬五百，宮罰之屬三百，大

[一]『祥』原作『詳』。

辟之罰其屬二百，五刑之屬三千。上下比罪，無僭亂辭，勿用不行。惟察惟法，其審克之。上刑適輕下服，下刑適重上服。輕重諸罰有權。刑罰世輕世重，惟齊非齊，有倫有要。罰懲非死，人極於病。非佞折獄，惟良折獄，罔非在中。察辭於差，非從惟從。哀敬折獄，明啓刑書胥占，咸庶中正。其刑其罰，其審克之。獄成而孚，輸而孚。其刑上備，有并兩刑。』

王曰：『嗚呼！敬之哉！官伯族姓，朕言多懼。朕敬于刑，有德惟刑。今天相民，作配在下，明清于單辭。民之亂，罔不中聽獄之兩辭。無或私家於獄之兩辭。獄貨非寶，惟府辜功，報以庶尤。永畏惟罰，非天不中，惟人在命。天罰不極，庶民罔有令政在於天下。』

王曰：『嗚呼！嗣孫，今往何監？非德？于民之中，尚明聽之哉！哲人惟刑，無疆之辭，屬于五極，咸中有慶。受王嘉師，監于茲祥[一]刑。』

[一]『祥』原作『詳』。

詩經

卷耳　少陰

采采卷耳，不盈頃筐。嗟我懷人，置彼周行。
陟彼崔嵬，我馬虺隤。我姑酌彼金罍，維以不永懷。
陟彼高岡，我馬玄黃。我姑酌彼兕觥，維以不永傷。
陟彼砠矣，我馬瘏矣。我仆痡矣，云何吁矣。

柏舟　少陰

汎彼柏舟，亦汎其流。耿耿不寐，如有隱憂。微我無酒，以遨以游。
我心匪鑒，不可以茹。亦有兄弟，不可以據。薄言往愬，逢彼之怒。
我心匪石，不可轉也。我心匪席，不可卷也。威儀棣棣，不可選也。
憂心悄悄，慍于群小。覯閔既多，受侮不少。靜言思之，寤辟有摽。

日居月諸，胡迭而微？心之憂矣，如匪澣衣。靜言思之，不能奮飛。

緑衣　少陰

緑兮衣兮，緑衣黄裏。心之憂矣，曷維其已？

緑兮衣兮，緑衣黄裳。心之憂矣，曷維其亡？

緑兮絲兮，女所治兮。我思古人，俾無訧兮。

絺兮綌兮，凄其以風。我思古人，實獲我心。

谷風　少陰

習習谷風，以陰以雨。黽勉同心，不宜有怒。采葑采菲，無以下體？德音莫違，及爾同死。

行道遲遲，中心有違。不遠伊邇，薄送我畿。誰謂荼苦？其甘如薺。宴爾新昏，如兄如弟。

涇以渭濁，湜湜其沚。宴爾新昏，不我屑以。毋逝我梁，毋發我笱。我躬不閱，遑恤我後！

就其深矣，方之舟之。就其淺矣，泳之游之。何有何亡，黽勉求之。凡民有喪，匍匐救之。

不我能慉，反以我爲讎。既阻我德，賈用不售。昔育恐育鞫，及爾顛覆。既生既育，比予于毒。

我有旨蓄，亦以禦冬。宴爾新昏，以我禦窮。有洸有潰，既詒[一]我肄。不念昔者，伊余來塈。

鴇羽　少陰

肅肅鴇羽，集于苞栩。王事靡盬，不能蓺稷黍。父母何怙？悠悠蒼天，曷其有所？

肅肅鴇翼，集于苞棘。王事靡盬，不能蓺黍稷。父母何食？悠悠蒼天，曷其有極？

肅肅鴇行，集于苞桑。王事靡盬，不能蓺稻粱。父母何嘗？悠悠蒼天，曷其有常？

蒹葭　少陽

蒹葭蒼蒼，白露爲霜。所謂伊人，在水一方。溯洄從之，道阻且長。溯游從之，宛在水中央。

蒹葭淒淒，白露未晞。所謂伊人，在水之湄。溯洄從之，道阻且躋。溯游從之，宛在水中坻。

蒹葭采采，白露未已。所謂伊人，在水之涘。溯洄從之，道阻且右。溯游從之，宛在水中沚。

天保　太陽

天保定爾，亦孔之固。俾爾單厚，何福不除？俾爾多益，以莫不庶。

[一]『詒』原作『貽』。

天保定爾，俾爾戩穀。罄無不宜，受天百禄。降爾遐福，維日不足。

天保定爾，以莫不興。如山如阜，如岡如陵，如川之方至，以莫不增。

吉蠲爲饎，是用孝享。禴祠烝嘗，于公先王。君曰卜爾，萬壽無疆。

神之弔矣，詒爾多福。民之質矣，日用飲食。群黎百姓，遍爲爾德。

如月之恒，如日之升。如南山之壽，不騫不崩。如松柏之茂，無不爾或承。

蓼蕭　少陽

蓼彼蕭斯，零露湑兮。既見君子，我心寫兮。燕笑語兮，是以有譽處兮。

蓼彼蕭斯，零露瀼瀼。既見君子，爲龍爲光。其德不爽，壽考不忘。

蓼彼蕭斯，零露泥泥。既見君子，孔燕豈弟。宜兄宜弟，令德壽豈。

蓼彼蕭斯，零露濃濃。既見君子，鞗革忡忡[一]。和鸞雝雝，萬福攸同。

[一]『忡忡』原作『沖沖』。

小宛　少陰

宛彼鳴鳩，翰飛戾天。我心憂傷，念昔先人。明發不寐，有懷二人。

人之齊聖，飲酒温克。彼昏不知，壹醉日富。各敬爾儀，天命不又。

中原有菽，庶民采之。螟蛉有子，蜾蠃負之。教誨爾子，式穀似之。

題彼脊令，載飛載鳴。我日斯邁，而月斯征。夙興夜寐，無忝爾所生！

交交桑扈，率場啄粟。哀我填寡，宜岸宜獄。握粟出卜，自何能穀？

温温恭人，如集于木。惴惴小心，如臨於谷。戰戰兢兢，如履薄冰。

蓼莪　少陰

蓼蓼者莪，匪莪伊蒿。哀哀父母，生我劬勞。蓼蓼者莪，匪莪伊蔚。哀哀父母，生我勞瘁。

缾之罄矣，維罍之恥。鮮民之生，不如死之久矣！無父何怙？無母何恃？出則銜恤，入則靡至！

父兮生我，母兮鞠我。拊我畜我，長我育我。顧我復我，出入腹我。欲報之德，昊天罔極！

南山烈烈，飄風發發。民莫不穀，我獨何害！南山律律，飄風弗弗。民莫不穀，我獨不卒！

北山　太陰

陟彼北山，言采其杞。偕偕士子，朝夕從事。王事靡盬，憂我父母。
溥天之下，莫非王土。率土之濱，莫非王臣。大夫不均，我從事獨賢。
四牡彭彭，王事傍傍。嘉我未老，鮮我方將。旅力方剛，經營四方。
或燕燕居息，或盡瘁事國。或息偃在牀，或不已于行。
或不知叫號，或慘慘劬勞。或棲遲偃仰，或王事鞅掌。
或湛樂飲酒，或慘慘畏咎。或出入風議，或靡事不爲。

白華　少陰

白華菅兮，白茅束兮。之子之遠，俾我獨兮。
英英白雲，露彼菅茅。天步艱難，之子不猶。
滮池北流，浸彼稻田。嘯歌傷懷，念彼碩人。

樵彼桑薪，卬烘于煁。維彼碩人，實勞我心。
鼓鐘于宮，聲聞于外。念子懆懆，視我邁邁。
有鶖在梁，有鶴在林。維彼碩人，實勞我心。
鴛鴦在梁，戢其左翼。之子無良，二三其德。
有扁斯石，履之卑兮。之子之遠，俾我疧兮。

卷阿　少陽

有卷者阿，飄風自南。豈弟君子，來游來歌，以矢其音。
伴奐爾游矣，優游爾休矣。豈弟君子，俾爾彌爾性，似先公酋矣。
爾土宇昄章，亦孔之厚矣。豈弟君子，俾爾彌爾性，百神爾主矣。
爾受命長矣，茀祿爾康矣。豈弟君子，俾爾彌爾性，純嘏爾常矣。
有馮有翼，有孝有德，以引以翼。豈弟君子，四方爲則。
顒顒卬卬，如圭如璋，令聞令望。豈弟君子，四方爲綱。

蕩　太陽

蕩蕩上帝，下民之辟。疾威上帝，其命多辟。天生烝民，其命匪諶。靡不有初，鮮克有終。

文王曰咨，咨女殷商，曾是强禦，曾是掊克，曾是在位，曾是在服。天降慆德，女興是力。

文王曰咨，咨女殷商，而秉義類，强禦多懟。流言以對。寇攘式内。侯作侯祝，靡屆靡究。

文王曰咨，咨女殷商，女炰烋于中國，斂怨以爲德。不明爾德，時無背無側。爾德不明，以無陪無卿。

文王曰咨，咨女殷商，天不湎爾以酒，不義從式。既愆爾止，靡明靡晦，式號式呼，俾晝作夜。

文王曰咨，咨女殷商，如蜩如螗，如沸如羹。小大近喪，人尚乎由行。内奰于中國，覃及鬼方。

文王曰咨，咨女殷商，匪上帝不時，殷不用舊。雖無老成人，尚有典刑。曾是莫聽，大命以傾。

文王曰咨，咨女殷商，人亦有言：『顛沛之揭，枝葉未有害，本實先撥。』殷鑒不遠，在夏后之世。

崧高　太陽

崧高維嶽，駿極于天。維嶽[一]降神，生甫及申。維申及甫，維周之翰。四國于蕃，四方于宣。亹亹申伯，王纘之事。于邑于謝，南國是式。王命召伯，定申伯之宅。登是南邦，世執其功。王命申伯，式是南邦。因是謝人，以作爾庸。王命召伯，徹申伯土田。王命傅御，遷其私人。申伯之功，召伯是營。有俶其城，寢廟既成。既成藐藐，王錫申伯。四牡蹻蹻，鉤膺濯濯。王遣申伯，路車乘馬。我圖爾居，莫如南土。錫爾介圭，以作爾寶。往近王舅，南土是保。申伯信邁，王餞于郿。申伯還南，謝于誠歸。王命召伯，徹申伯土疆。以峙其粻，式遄其行。申伯番番，既入于謝，徒御嘽嘽。周邦咸喜，戎有良翰。不顯申伯，王之元舅，文武是憲。申伯之德，柔惠且直。揉此萬邦，聞于四國。吉甫作頌，其詩孔碩。其風肆好，以贈申伯。

烝民　太陽

天生烝民，有物有則。民之秉彝，好是懿德。天監有周，昭假于下。保茲天子，生仲山甫。

[一]『嶽』原作『獄』。

仲山甫之德，柔嘉維則。令儀令色，小心翼翼。古訓是式，威儀是力。天子是若，明命使賦。王命仲山甫，式是百辟。纘戎祖考，王躬是保。出納王命，王之喉舌。賦政于外，四方爰發。肅肅王命，仲山甫將之。邦國若否，仲山甫明之。既明且哲，以保其身。夙夜匪懈，以事一人。人亦有言：『柔則茹之，剛則吐之。』維仲山甫，柔亦不茹，剛亦不吐。不侮矜寡，不畏强禦。人亦有言：『德輶如毛。民鮮克舉之。』我儀圖之，維仲山甫舉之，愛莫助之。袞職有闕，維仲山甫補之。

仲山甫出祖，四牡業業。征夫捷捷，每懷靡及。四牡彭彭，八鸞鏘鏘。王命仲山甫，城彼東方。四牡騤騤，八鸞喈喈。仲山甫徂齊，式遄其歸。吉甫作誦，穆如清風。仲山甫永懷，以慰其心。

江漢　太陽

江漢浮浮，武夫滔滔。匪安匪游，淮夷來求。既出我車，既設我旟，匪安匪舒，淮夷來鋪。

江漢湯湯，武夫洸洸。經營四方，告成于王。四方既平，王國庶定，時靡有爭，王心載寧。

江漢之滸，王命召虎：『式辟四方，徹我疆土。匪疚匪棘，王國來極。于疆于理，至于南海。』

王命召虎，來旬來宣：『文武受命，召公維翰。無曰予小子，召公是似。肇敏戎公，用錫爾祉。釐爾圭瓚，秬鬯一卣。告于文人，錫山土田。于周受命，自召祖命。』虎拜稽首：『天子萬年！』虎拜稽首：『對揚王休，作召公考。天子萬壽！明明天子，令聞不已。矢其文德，洽此四國。』

常武　太陽

赫赫明明，王命卿士，南仲太祖，太師皇父。整我六師，以修我戎。既敬既戒，惠此南國。王謂尹士，命程伯休父。左右陳行，戒我師旅。率彼淮浦，省此徐土。不留不處，三事就緒。赫赫業業，有嚴天子。王舒保作，匪紹匪游。徐方繹騷，震驚徐方。如雷如霆，徐方震驚。王奮厥武，如震如怒。進厥虎臣，闞如虓虎。鋪敦淮濆，仍執醜虜。截彼淮浦，王師之所。王旅嘽嘽，如飛如翰，如江如漢，如山之苞，如川之流，綿綿翼翼，不測不克，濯征徐國。王猶允塞，徐方既來。徐方既同，天子之功。四方既平，徐方來庭。徐方不回，王曰還歸。

玄鳥　太陽

天命玄鳥，降而生商，宅殷土芒芒。古帝命武湯，正域彼四方。

方命厥后，奄有九有。商之先后，受命不殆，在武丁孫子。武丁孫子，武王靡不勝。
龍旂十乘，大糦是承。邦畿千里，維民所止，肇域彼四海。
四海來假，來假祁祁。景員維河，殷受命咸宜，百禄是荷。

殷武　太陽

撻彼殷武，奮伐荆楚。罙入其阻，裒荆之旅。有截其所，湯孫之緒。
維女荆楚，居國南鄉。昔有成湯，自彼氐羌，莫敢不來享，莫敢不來王，曰商是常。
天命多辟，設都于禹之績。歲事來辟，勿予禍適，稼穡匪懈。
天命降監，下民有嚴。不僭不濫，不敢怠遑。命于下國，封建厥福。
商邑翼翼，四方之極。赫赫厥聲，濯濯厥靈。壽考且寧，以保我後生。
陟彼景山，松柏丸丸。是斷是遷，方斲是虔。松桷有梴，旅楹有閑，寢成孔安。

禮記

中庸·哀公問政章　太陽

哀公問政。子曰：『文、武之政，布在方策。其人存，則其政舉；其人亡，則其政息。人道敏政，地道敏樹。夫政也者，蒲盧也。故爲政在人，取人以身，修身以道，修道以仁。仁者人也，親親爲大；義者宜也，尊賢爲大。親親之殺，尊賢之等，禮所生也。故君子不可以不修身。思修身，不可以不事親；思事親，不可以不知人；思知人，不可以不知天。天下之達道五，所以行之者三，曰君臣也，父子也，夫婦也，昆弟也，朋友之交也。五者天下之達道也。知、仁、勇三者，天下之達德也，所以行之者一也。或生而知之，或學而知之，或困而知之，及其知之，一也。或安而行之，或利而行之，或勉强而行之，及其成功，一也。』子曰：『好學近乎知，力行近乎仁，知恥近乎勇。知斯三者，則知所以修身；知所以修身，則知所以治人；知所以治人，則知所以治天下國家矣。』

『凡爲天下國家有九經，曰：修身也，尊賢也，親親也，敬大臣也，體群臣也，子庶民也，來百工也，柔遠人也，懷諸侯也。修身則道立，尊賢則不惑，親親則諸父昆弟不怨，敬大臣則不眩，體群臣則士之報禮重，子庶民則百姓勸，來百工則財用足，柔遠人則四方歸之，懷諸侯則天下畏之。齊明盛服，非禮不動，所以修身也。去讒遠色，賤貨而貴德，所以勸賢也。尊其位，重其禄，同其好惡，所以勸親親也。官盛任使，所以敬大臣也。忠信重禄，所以勸士也。時使薄斂，所以勸百姓也。日省月試，既稟稱事，所以勸百工也。送往迎來，嘉善而矜不能，所以柔遠人也。繼絶世，舉廢國，治亂持危，朝聘以時，厚往而薄來，所以懷諸侯也。凡爲天下國家有九經，所以行之者一也。凡事豫則立，不豫則廢。言前定則不跲，事前定則不困，行前定則不疚，道前定則不窮。在下位，不獲乎上，民不可得而治矣。獲乎上有道，不信乎朋友，不獲乎上矣。信乎朋友有道，不順乎親，不信乎朋友矣。順乎親有道，反諸身不誠，不順乎親矣。誠身有道，不明乎善，不誠乎身矣。誠者，天之道也；誠之者，人之道也。誠者，不勉而中，不思而得，從容中道，聖人也。誠之者，擇善而固執之者也。博學之，審問之，慎思之，明辨之，篤行之。有弗學，學之弗能弗措也；有弗問，問之弗知弗措也；有弗思，思之弗得弗措也；有弗辨，辨之弗明弗措也；有弗行，行之弗篤弗措也。人一能之，己百之；人十能之，己千之。果能此道矣，雖愚必明，雖柔必强。』

此文分兩大段，『文武之政』起，至『則知所以治天下國家矣』爲一段。『凡爲天下國家有九經』起，至末節爲一段。首段以修身爲根柢，而歸本於好學、力行、知恥三者。國無學不立。然知而不行，實非真知。古人云：『爲治不在多言，顧力行何如耳』，爲治之尚力行久矣。孟子曰：『不恥不若人，何若人有？』處競爭之世，而事事不如人，則知恥爲尤要也。次段以九經爲綱維，而歸本於誠。九經爲最古法典，而實皆一誠所貫徹。有天下者，必先有至誠求治之心，而後凡事得以豫立。《易·象傳》曰：『雷出地奮，豫。』所謂豫者，迺雷出地奮之象，非迂緩之謂，不知此誼而百舉廢矣。然則爲治之貴立誠，尤爲第一要義。『居下位』一節，垂戒萬世人臣，反乎此而驕泰貪緣之事起矣。『誠者天之道』三節，發明治道學術之根源，昧乎此而飾僞敷衍之事起矣。能此道者，雖愚必明，雖柔必强；不能此道，明者亦愚，强者亦柔，可不鑒哉！

中庸・王天下有三重章　太陰

王天下有三重焉，其寡過矣乎！上焉者，雖善無徵，無徵不信，不信民弗從。下焉者，雖善不尊，不尊不信，不信民弗從。故君子之道，本諸身，徵諸庶民，考諸三王而不謬，建諸天地而不悖[一]，質諸鬼神而無疑，百世以俟聖人而不惑。質諸鬼神而無疑，知天也；百世以俟聖人而不惑，知人也。是故君子動而世爲天下道，行[二]而世爲天下法，言[三]而世爲天下則。遠之則有望，近之則不厭。詩云：『在彼無惡，在此無射，庶幾夙夜，以永終譽。』君子未有不如此而蚤有譽於天下者也。

[一]『悖』原作『倍』。
[二]『行』原作『言』。
[三]『言』原作『行』。

孔子閑居　太陽

孔子閑居，子夏侍。子夏曰：『敢問《詩》云：「凱弟君子，民之父母」，何如斯可謂民之父母矣？』孔子曰：『夫民之父母乎，必達於禮樂之原，以致五至而行三無，以横於天下。四方有敗，必先知之，此之謂民之父母矣。』

子夏曰：『民之父母，既得而聞之矣，敢問何謂「五至」？』孔子曰：『志之所至，詩亦至焉。詩之所至，禮亦至焉。禮之所至，樂亦至焉。樂之所至，哀亦至焉。哀樂相生。是故正明目而視之，不可得而見也。傾耳而聽之，不可得而聞也。志氣塞乎天地，此之謂五至。』

子夏曰：『五至既得而聞之矣，敢問何謂三無？』孔子曰：『無聲之樂，無體之禮，無服之喪，此之謂三無。』子夏曰：『三無既得略而聞之矣，敢問何詩近之？』孔子曰：『「夙夜其命宥密」，無聲之樂也；「威儀逮逮，不可選也」，無體之禮也；「凡民有喪，匍匐救之」，無服之喪也。』

子夏曰：『言則大矣！美矣！盛矣！言盡於此而已乎？』孔子曰：『何爲其然也？君子之服之也，猶有五起焉。』子夏曰：『何如？』孔子曰：『無聲之樂，氣志不違；無體之禮，威儀遲遲；無服之喪，內恕孔悲。無聲之樂，氣志既得；無體之禮，威儀翼翼；無服之喪，施及四國。無聲之樂，氣志既從；無體之禮，上下和同；無服之喪，以畜萬邦。無聲之樂，日聞四方；無體之禮，日就月將；無服之喪，純德孔明。無聲之樂，氣志既起；無體之禮，施及四海；無服之喪，施於孫子。」

子夏曰：『三王之德，參於天地，敢問何如斯可謂參於天地矣？』孔子曰：『奉三無私以勞天下。』子夏曰：『敢問何謂三無私？』孔子曰：『天無私覆，地無私載，日月無私照。奉斯三者以勞天下，此之謂三無私，其在《詩》曰：「帝命不違，至於湯齊。湯降不遲，聖敬日齊。昭假遲遲，上帝是祗[一]，帝命式於九圍。」是湯之德也。天有四時，春秋冬夏，風雨霜露，無非教也。地載神氣，神氣風霆，風霆流形，庶物露生，無非教也。清明在躬，氣志如神，嗜[二]欲將至，有開必先。天降時雨，山川出雲，其在《詩》曰：「嵩高維嶽，峻極於天。維嶽降神，生甫及申。維申

[一]『祗』原作『祇』。
[二]『嗜』原作『耆』。

及甫，維周之翰。四國于蕃，四方于宣。」此文、武之德也。三代之王也，必先令聞。《詩》云：「明明天子，令聞不已。」三代之德也。「弛其文德，協此四國。」大王之德也。』子夏蹶然而起，負牆而立曰：『弟子敢不承乎！』

禮運　太陰

昔者仲尼與於蠟賓，事畢，出游於觀之上，喟然而歎。仲尼之歎，蓋歎魯也。言偃在側，曰：『君子何歎？』孔子曰：『大道之行也，與三代之英，丘未之逮也，而有志焉。大道之行也，天下爲公。選賢與能，講信修睦，故人不獨親其親，不獨子其子，使老有所終，壯有所用，幼有所長，矜寡孤獨廢疾者皆有所養。男有分，女有歸。貨惡其棄於地也，不必藏於己；力惡其不出於身也，不必爲己。是故謀閉而不興，盜竊亂賊而不作，故外户而不閉，是謂大同。今大道既隱，天下爲家。各親其親，各子其子，貨力爲己，大人世及以爲禮，城郭溝池以爲固，禮義以爲紀。以正君臣，以篤父子，以睦兄弟，以和夫婦，以設制度，以立田里，以賢勇知，以功爲己。故謀用是作，而兵由此起。禹、湯、文、武、成王、周公，由此其選也。此六君子者，未有不謹於禮者也。以著其義，以考其信，著有過，刑[一]仁講讓，示民有常。如有不由此者，在埶者去，衆以爲殃，是謂小康。』

言偃復問曰：『如此乎禮之急也？』孔子曰：『夫禮，先王以承天之道，以治人之情，故失之者死，得之者生。《詩》曰：「相鼠有體，人而無禮。人而無禮，胡不遄死？」是故夫禮，必本於天，殽於地，列於鬼神，達於喪祭射御、冠昏、朝聘。故聖人以禮示之，故天下國家可得而正也。』

言偃復問曰：『夫子之極言禮也，可得而聞與？』孔子曰：『我欲觀夏道，是故之杞，而不足徵也，吾得《夏時》焉。我欲觀殷道，是故之宋，而不足徵也，吾得《坤乾》焉。《坤乾》之義，《夏時》之等，吾以是觀之。夫禮之初，始諸飲食。其燔黍捭豚，污尊而抔飲，蕢桴而土鼓，猶若可以致其敬於鬼神。及其死也，升屋而號，告曰：「皋，某復！」然後飯腥而苴孰。故天望而地藏也，體魄則降，知氣在上。故死者北首，生者南鄉。皆從其初。昔者先王未有宮室，冬則居營窟，夏則居橧巢。未有火化，食草木之實，鳥獸之肉，飲其血，茹其毛。未有麻絲，衣其羽皮。後

[一]『刑』原作『型』。

聖有作，然後修火之利，範金合土，以爲臺榭、宫室、牖户；以炮以燔，以亨以炙，以爲醴酪；治其麻絲，以爲布帛，以養生送死，以事鬼神上帝，皆從其朔。故玄酒在室，醴醆在户，粢醍在堂，澄酒在下。陳其犧牲，備其鼎俎，列其琴瑟管磬鐘鼓，修其祝嘏，以降上神與其先祖，以正君臣，以篤父子，以睦兄弟，以齊上下，夫婦有所，是謂承天之祜。作其祝號，玄酒以祭，薦其血毛，腥其俎，孰其殽，與其越席，疏布以冪，衣其澣帛，醴醆以獻，薦其燔炙。君與夫人交獻，以嘉魂魄，是謂合莫。然後退而合亨，體其犬豕牛羊，實其簠簋籩豆鉶羹，祝以孝告，嘏以慈告，是謂大祥。此禮之大成也。』

孔子曰：『嗚呼哀哉！我觀周道，幽、厲傷之，吾舍魯何適矣！魯之郊禘，非禮也，周公其衰矣！杞之郊也，禹也，宋之郊也，契也，是天子之事守也。故天子祭天地，諸侯祭社稷。祝、嘏莫敢易其常古，是謂大假。祝、嘏辭説，藏於宗祝巫史，非禮也，是謂幽國。醆、斝及尸君，非禮也，是謂僭君。冕弁兵革，藏於私家，非禮也，是謂脅君。大夫具官，祭器不假，聲樂皆具，非禮也，是謂亂國。故仕於公曰臣，仕於家曰僕。三年之喪，與新有昏者，期不使。以衰裳入朝，與家僕雜居齊齒，非禮也，是謂君與臣同國。故天子有田以處其子孫，諸侯有國以處其子孫，大夫有采以處其子孫，是謂制度。故天子適諸侯，必舍其祖廟，而不以禮籍入，是謂天子壞法亂紀。諸侯非問疾弔喪而入諸臣之家，是謂君臣爲謔。是故禮者君之大柄也，所以別嫌明微、儐鬼神、考制度、別仁義，所以治政安君也。故政不正，則君位危；君位危，則大臣倍，小臣竊。刑肅而俗敝，則法無常；法無常，而禮無列；禮無列，則士不事也。刑肅而俗敝，則民弗歸也，是謂疵國。故政者君之所以藏身也。是故夫政必本於天，殽以降命。命降於社之謂殽地，降於祖廟之謂仁義，降於山川之謂興作，降於五祀之謂制度。此聖人所以藏身之固也。故聖人參於天地，并於鬼神，以治政也。處其所存，禮之序也；玩其所樂，民之治也。故天生時而地生財，人其父生，而師教之。四者，君以正用之，故君者立於無過之地也。故君者所明也，非明人者也。君者所養也，非養人者也。君者所事也，非事人者也。故君明人則有過，養人則不足，事人則失位。故百姓則君以自治也，養君以自安也，事君以自顯也。故禮達而分定，故人皆愛其死而患其生。故用人之知去其詐，用人之勇去其怒，用人之仁去其貪。故國有患，君死社稷謂之義，大夫死宗廟謂之變。故聖人耐以天下爲一家，以中國爲一人者，非意之也，必知其情，闢於其義，明於其利，達於其患，然後能爲之。何謂人情？喜怒哀懼愛惡欲，七者弗學而能。何謂人義？父慈、子孝、兄良、弟弟、夫義、婦聽、長惠、幼順、君仁、臣忠，十者謂之人義。講信修睦，謂之人利；爭奪相殺，謂之人患。故聖人之所以治人七情，修十義，講信修睦，尚辭讓，去爭奪，舍禮何以治之？飲食男女，人之大欲存焉；死亡貧苦，人之大惡存焉。故欲惡者，心之大端也。人藏其心，不可測度也。美惡皆在其心，不見其色也，欲一以窮之，舍禮何以哉？故人者，其天地之德，陰陽之交，鬼神之會，五行之秀氣也。故天秉陽，垂日星；地秉陰，竅於山川。播五行於四時，和而後[一]月生也。是以三五而盈，三五而闕。五行之動，迭相竭也。五行、四時、十二月，還相爲本也；五聲、六律、十二管，還相爲宮也；五味、六和、十二食，還相爲質也；五色、六章、十二衣，還相爲質也。故人者，天地之心也，五行之端也，食味、別聲、被色而生者也。故聖人作則，必以天地爲本，以陰陽爲端，以四時爲柄，以日星爲紀，月以爲量，鬼神以爲徒，五行以爲質，禮義以

[一]『後』原作『后』。

爲器，人情以爲田，四靈以爲畜。以天地爲本，故物可舉也；以陰陽爲端，故情可睹也；以四時爲柄，故事可勸也；以日星爲紀，故事可列也；月以爲量，故功有藝也；鬼神以爲徒，故事有守也；五行以爲質，故事可復也；禮義以爲器，故事行有考也；人情以爲田，故人以爲奥也；四靈以爲畜，故飲食有由也。

何謂四靈？麟鳳龜龍謂之四靈。故龍以爲畜，故魚鮪不淰；鳳以爲畜，故鳥不獝；麟以爲畜，故獸不狘；龜以爲畜，故人情不失。故先王秉蓍龜，列祭祀、瘞繒，宣祝嘏辭説，設制度，故國有禮，官有御，事有職，禮有序。故先王患禮之不達於下也，故祭帝於郊，所以定天位也；祀社於國，所以列地利也；祖廟，所以本仁也；山川，所以儐鬼神也；五祀，所以本事也。故宗祝在廟，三公在朝，三老在學，王前巫而後史，卜筮瞽侑，皆在左右。王中，心無爲也，以守至正。故禮行於郊，而百神受職焉；禮行於社，而百貨可極焉；禮行於祖廟，而孝慈服焉；禮行於五祀，而正法則焉。故自郊社、祖廟、山川、五祀，義之修而禮之藏也。是故夫禮，必本於大一，分而爲天地，轉而爲陰陽，變而爲四時，列而爲鬼神。其降曰命，其官於天也。夫禮必本於天，動而之地，列而之事，變而從時，協於分藝。其居人也曰養，其行之以貨力、辭讓、飲食、冠昏、喪祭、射御、朝聘。故禮義也者，人之大端也，所以講信修睦而固人之肌膚之會、筋骸之束也；所以養生送死事鬼神之大端也；所以達天道順人情之大竇也。故唯聖人爲知禮之不可以已也，故壞國、喪家、亡人，必先去其禮。故禮之於人也，猶酒之有櫱也，君子以厚，小人以薄。故聖王修義之柄、禮之序，以治人情。故人情者，聖王之田也。修禮以耕之，陳義以種之，講學以耨之，本仁以聚之，播樂以安之。故禮也者，義之實也。協諸義而協，則禮雖先王未之有，可以義起也。義者藝之分、仁之節也，協於藝，講於仁，得之者强。仁者，義之本也，順之體也，得之者尊。故治國不以禮，猶無耜而耕也；爲禮不本於義，猶耕而弗種也；爲義而不講之以學，猶種而弗耨也；講之於學而不合之以仁，猶耨而弗獲也；合之以仁而不安之以樂，猶獲而弗食也；安之以樂而不達於順，猶食而弗肥也。四體既正，膚革充盈，人之肥也。父子篤，兄弟睦，夫婦和，家之肥也。大臣法，小臣廉，官職相序，君臣相正，國之肥也。天子以德爲車、以樂爲御，諸侯以禮相與，大夫以法相序，士以信相考，百姓以睦相守，天下之肥也。是爲大順。大順者，所以養生送死、事鬼神之常也。故事大積焉而不苑，并行而不繆，細行而不失。深而通，茂而有間，連而不相及也，動而不相害也，此順之至也。故明於順，然後能守危也。故禮之不同也，不豐也，不殺也，所以持情而合危也。故聖王所以順，山者不使居川，不使渚者居中原，而弗敝也。用水火金木，飲食必時。合男女，頒爵位，必當年德。用民必順，故無水旱昆蟲之災，民無凶飢妖孽之疾。故天不愛其道，地不愛其寶，人不愛其情。故天降膏露，地出醴泉，山出器車，河出馬圖，鳳皇、麒麟，皆在郊陬，龜龍在宫沼，其餘鳥獸之卵胎，皆可俯而闚也。則是無故，先王能修禮以達義，體信以達順，故此順之實也。』

此當爲先秦之人作，得禮之粗，間得禮之精。其指尚無爲，近老莊；其文氣之渾厚，則極似荀子。西漢賈、董之文，并從此出。

論語

四子侍坐章　少陽

子路、曾皙、冉有、公西華侍坐。子曰：『以吾一日長乎爾，毋吾以也。居則曰：「不吾知也。」如或知爾，則何以哉？』子路率爾而對曰：『千乘之國，攝乎大國之間，加之以師旅，因之以饑饉。由也爲之，比及三年，可使有勇，且知方也。』夫子哂之。

『求！爾何如？』對曰：『方六七十，如五六十，求也爲之，比及三年，可使足民。如其禮樂，以俟君子。』

『赤！爾何如？』對曰：『非曰能之，願學焉。宗廟之事，如會同，端章甫，願爲小相焉。』

『點！爾何如？』鼓瑟希，鏗爾，舍瑟而作，對曰：『異乎三子者之撰。』子曰：『何傷乎？亦各言其志也。』曰：『莫春者，春服既成，冠者五六人，童子六七人，浴乎沂，風乎舞雩，詠而歸。』夫子喟然歎曰：『吾與點也！』

三子者出，曾皙後。曾皙曰：『夫三子者之言何如？』

曰：『亦各言其志也已矣。』

曰：『夫子何哂由也？』

曰：『爲國以禮，其言不讓，是故哂之。』

『唯求則非邦也與？』

『安見方六七十，如五六十而非邦也者？』

『唯赤則非邦也與？』

『宗廟會同，非諸侯而何？赤也爲之小，孰能爲之大？』

長沮桀溺章　太陰

長沮、桀溺耦而耕。孔子過之，使子路問津焉。

長沮曰：『夫執輿者爲誰？』子路曰：『爲孔丘。』曰：『是魯孔丘與？』曰：『是也。』

曰：『是知津矣！』

問於桀溺。桀溺曰：『子爲誰？』曰：『爲仲由。』曰：『是魯孔丘之徒與？』對曰：『然。』曰：『滔滔[一]者，天下皆是也，而誰以易之？且而與其從辟人之士也，豈若從辟世之士哉？』耰而不輟。

子路行以告，夫子憮然曰：『鳥獸不可與同群，吾非斯人之徒與而誰與？天下有道，丘不與易也。』

孟子

莊暴見孟子章　太陽

莊暴見孟子，曰：『暴見於王，王語暴以好樂，暴未有以對也。』曰：『好樂何如？』孟子曰：『王之好樂甚，則齊國其庶幾乎！』

他日，見於王曰：『王嘗語莊子以好樂，有諸？』王變乎色，曰：『寡人非能好先王之樂也，

[一]『滔滔』原作『滔滔』。

直好世俗之樂耳。』

曰：『王之好樂甚，則齊其庶幾乎！今之樂由古之樂也。』

曰：『可得聞與？』

曰：『獨樂樂，與人樂樂，孰樂？』

曰：『不若與人。』

曰：『與少樂樂，與衆樂樂，孰樂？』

曰：『不若與衆。』

『臣請爲王言樂。今王鼓樂於此，百姓聞王鐘鼓之聲、管籥之音，舉疾首蹙頞而相告曰：「吾王之好鼓樂，夫何使我至於此極也？父子不相見，兄弟妻子離散。」今王田獵於此，百姓聞王車馬之音，見羽旄之美，舉疾首蹙頞而相告曰：「吾王之好田獵，夫何使我至於此極也？父子不相見，兄弟妻子離散。」此無他，不與民同樂也。』

『今王鼓樂於此，百姓聞王鐘鼓之聲、管籥之音，舉欣欣然有喜色而相告曰：「吾王庶幾無疾病與，何以能鼓樂也？」今王田獵於此，百姓聞王車馬之音，見羽旄之美，舉欣欣然有喜色而相告曰：「吾王庶幾無疾病與，何以能田獵也？」此無他，與民同樂也。今王與百姓同樂，則王矣！』

用筆純在空際着意，排奡震盪，韓文之祖。

夫子當路於齊章　太陽

公孫丑問曰：『夫子當路於齊，管仲、晏子之功，可復許乎？』

孟子曰：『子誠齊人也，知管仲、晏子而已矣。或問乎曾西曰：「吾子與子路孰賢？」曾西蹴然曰：「吾先子之所畏也。」曰：「然則吾子與管仲孰賢？」曾西艴然不悦，曰：「爾何曾比予於管仲！管仲得君如彼其專也，行乎國政如彼其久也，功烈如彼其卑也。爾何曾比予於是？」」曰：『管仲，曾西之所不爲也，而子爲我願之乎？』

曰：『管仲以其君霸，晏子以其君顯。管仲、晏子猶不足爲與？』

曰：『以齊王，猶反手也。』

曰：『若是，則弟子之惑滋甚。且以文王[一]之德，百年而後崩，猶未洽於天下。武王、周公繼之，然後大行。今言王若易然，則文王不足法與？』

曰：『文王何可當也？由湯至於武丁，賢聖之君六七作，天下歸殷久矣，久則難變也。武丁朝諸侯，有天下，猶運之掌也。紂之去武丁未久也，其故家遺俗，流風善政，猶有存者；又有微子、微仲、王子比干、箕子、膠鬲，皆賢人也。相與輔相之，故久而後失之也。尺地莫非其有也；一民莫非其臣也，然而文王猶方百里起，是以難也。齊人有言曰：「雖有智慧，不如乘勢；雖有鎡基，不如待時。」今時則易然也。夏后、殷、周之盛，地未有過千里者也，而齊有其地矣。雞民狗吠相聞，而達乎四境，而齊有其民矣。地不改辟矣，民不改聚矣，行仁政而王，莫之能禦也。且王者之不作，未有疏於此時者也；民之憔悴於虐政，未有甚於此時者也。飢者易爲食，渴者易爲飲。孔子曰：「德之流行，速於置郵而傳命。」當今之時，萬乘之國行仁政，民之悅之，猶解倒懸也。故事半古之人，功必倍之，惟此時爲然。』

[一]『王』原作『生』。

孟子去齊尹士語人章　少陰

孟子去齊。尹士語人曰：『不識王之不可以爲湯武，則是不明也。識其不可，然且至，則是干澤也。千里而見王，不遇故去。三宿而後出晝，是何濡滯也？士則茲不悅。』

高子以告。曰：『夫尹士惡知予哉？千里而見王，是予所欲也。不遇故去，豈予所欲哉？予不得已也。予三宿而出晝，於予心猶以爲速。王庶幾改之。王如改諸，則必反予。夫出晝而王不予追也，予然後浩然有歸志。予雖然，豈舍王哉？王由足用爲善。王如用予，則豈徒齊民安，天下之民舉安。王庶幾改之，予日望之。予豈若是小丈夫然哉？諫於其君而不受，則怒，悻悻然見於其面。去則窮日之力而後宿哉？』

尹士聞之曰：『士誠小人也。』

情意纏綿，聲調抑揚，歐文之祖。

孔子在陳章　太陰

萬章問曰：『孔子在陳曰：「盍歸乎來！吾黨之士狂簡，進取，不忘其初。」孔子在陳，何思魯之狂士？』孟子曰：『孔子不得中道而與之，必也狂狷乎！狂者進取，狷者有所不爲也。孔子豈不欲中道哉？不可必得，故思其次也。』

『敢問何如斯可謂狂矣？』曰：『如琴張、曾皙、牧皮者，孔子之所謂狂矣。』

『何以謂之狂也？』曰：『其志嘐嘐然，曰「古之人，古之人」。夷考其行而不掩焉者也。狂者又不可得，欲得不屑不潔之士而與之，是狷也，是又其次也。孔子曰：「過我門而不入我室，我不憾焉者，其惟鄉原乎！鄉原，德之賊也。」』

曰：『何如斯可謂之鄉原矣？』曰：『何以是嘐嘐也？言不顧行，行不顧言，則曰：「古之人，古之人。行何爲踽踽涼涼？生斯世也，爲斯世也，善斯可矣。」閹然媚於世也者，是鄉原也。』

萬章曰：『一鄉皆稱原人焉，無所往而不爲原人。孔子以爲德之賊，何哉？』曰：『非之無舉也，刺之無刺也；同乎流俗，合乎污世；居之似忠信，行之似廉潔；衆皆悦之，自以爲是，而不可與入堯舜之道，故曰德之賊也。孔子曰：「惡似而非者：惡莠，恐其亂苗也；惡佞，恐其亂義也；惡利口，恐其亂信也；惡鄭聲，恐其亂樂也；惡紫，恐其亂朱也；惡鄉原，恐其亂德也。」君子反經而已矣。經正則庶民興，庶民興，斯無邪慝矣。』

國文陰陽剛柔大義中

戰國策

蘇秦説秦趙王始末　少陽

蘇秦始將連横説秦惠王曰：『大王之國，西有巴蜀、漢中之利，北有胡貉、代馬之用，南有巫山、黔中之限，東有肴、函之固。田肥美，民殷富，戰車萬乘，奮擊百萬，沃野千里，蓄積饒多，地勢形便，此所謂天府，天下之雄國也。以大王之賢、士民之衆、車騎之用、兵法之教，可以并諸侯、吞天下，稱帝而治。願大王少留意，臣請奏其效。』

秦王曰：『寡人聞之：毛羽不豐滿者，不可以高飛；文章不成者，不可以誅罰；道德不厚者，不可以使民；政教不順者，不可以煩大臣。今先生儼然不遠千里而庭教之，願以異日。』

蘇秦曰：『臣固疑大王之不能用也。昔者神農伐補遂，黃帝伐涿鹿而禽蚩尤，堯伐驩兜，舜伐三苗，禹伐共工，湯伐有夏，文王伐崇，武王伐紂，齊桓任戰而霸天下。由此觀之，惡有不戰者乎？古者使車轂擊馳，言語相接，天下爲一，約從連横，兵革不藏。文士并飭，諸侯亂惑，萬端俱起，不可勝理。科條既備，民多僞態，書策稠濁，百姓不足。上下相愁，民無所聊，明言章理，兵甲愈起。辯言偉服，戰攻不息，繁稱文辭，天下不治。舌敝耳聾，不見成功，行義約信，天下不親。於是乃廢文任武，厚養死士，綴甲厲兵，效勝於戰場。夫徒處而致利，安坐而廣地，雖古五帝三王五霸，明[一]主賢君，常欲坐而致之。其勢不能，故以戰續之。寬則兩軍相攻，迫則杖戟相撞，然後可建大功。是故兵勝於外，義强於內，威立於上，民服於下。今欲并天下，陵萬乘，詘敵國，制海內，子元元，臣諸侯，非兵不可。今之嗣主，忽於至道，皆惛於教，亂於治，迷於言，惑於語，沈於辯，溺於辭。以此論之，王固不能行也。』

說秦王書十上，而說不行。黑貂之裘敝，黃金百斤盡，資用乏絶，去秦而歸，羸縢履蹻，負書

[一]『明』原作『名』。

擔橐，形容枯槁，面目黧黑，狀有愧色。歸至家，妻不下絍，嫂不爲炊，父母不與言。蘇秦喟然歎曰：『妻不以我爲夫，嫂不以我爲叔，父母不以我爲子，是皆秦之罪也。』乃夜發書，陳篋數十，得太公陰符之謀，伏而誦之，簡練以爲揣摩。讀書欲睡，引錐自刺其股，血流至足，曰：『安有說人主，不能出其金玉錦繡，取卿相之尊者乎？』朞年，揣摩成，曰：『此真可以說當世之君矣。』

於是乃摩燕烏集闕，見說趙王於華屋之下，抵掌而談，趙王大悅，封爲武安君。受相印，革車百乘，錦繡千純，白璧百雙，黃金萬鎰，以隨其後。約從散橫，以抑强秦，故蘇秦相於趙而關不通。

當此之時，天下之大，萬民之衆，王侯之威，謀臣之權，皆欲決於蘇秦之策。不費斗糧，未煩一兵，未戰一士，未絶一弦，未折一矢，諸侯相親，賢於兄弟。夫賢人在而天下服，一人用而天下從。故曰：『式於政，不式於勇；式於廊廟之内，不式於四境之外。』當秦之隆，黃金萬鎰爲用，轉轂連騎，炫熿於道，山東之國，從風而服，使趙大重。且夫蘇秦特窮巷掘門桑户棬樞之士耳，伏軾撙銜，横歷天下，庭說諸侯之主，杜左右之口，天下莫之能伉。

將說楚王，路過洛陽。父母聞之，清宮除道，張樂設飲，郊迎三十里。妻側目而視，傾耳而聽。嫂蛇行匍伏，四拜，自跪而謝。蘇秦曰：『嫂何前倨而後卑也？』嫂曰：『以季子之位尊而多金。』蘇秦曰：『嗟乎！貧窮則父母不子，富貴則親戚畏懼。人生世上，勢位富厚，蓋可忽乎哉？』

范雎說秦王　太陰

范雎至秦，王庭迎，謂范雎曰：『寡人宜以身受令久矣，會義渠之事急，寡人日自請太后。今義渠之事已，寡人乃得以身受命。躬竊閔然不敏，敬執賓主之禮。』范雎辭讓。是日見范雎，見者無不變色易容者。

秦王屏左右，宮中虛無人，秦王跪而請曰：『先生何以幸教寡人？』范雎曰：『唯唯。』有間，秦王復請，范雎曰：『唯唯。』若是者三。秦王跽曰：『先生不幸教寡人乎？』

范雎謝曰：『非敢然也。臣聞始時呂尚之遇文王也，身爲漁父而釣於渭陽之濱耳。若是者，交疏也。已一說而立爲太師，載與俱歸者，其言深也。故文王果收功於呂尚，卒擅天下，而身立爲帝王。即使文王疏呂望而弗與深言，是周無天子之德，而文、武無與成其王也。今臣羈旅之臣也，交疏於王，而所願陳者，皆匡君臣之事，處人骨肉之間，願以陳臣之陋忠，而未知王心也，所以王三問而不對者是也。臣非有所畏而不敢言也，知今日言之於前，而明日伏誅於後，然臣弗敢畏也。大王信行臣之言，死不足以爲臣患，亡不足以爲臣憂，漆身而爲厲，被髮而爲狂，不足以爲臣恥。五帝之聖而死，三王之仁而死，五伯之賢而死，烏獲之力而死，奔、育之勇而死。死者，人之所必不免也。處必然之勢，可以少有補於秦，此臣之所大願也，臣何患乎？伍子胥橐載而出昭關，夜行而晝伏，至於蔆水，無以餌其口，坐行蒲服，乞食於吴市，卒興吴國，闔廬爲霸。使臣得進謀如伍子胥，加之以幽囚，終身不復見，是臣説之行也，臣何憂乎？箕子、接輿，漆身而爲厲，被髮而爲狂，無益於殷、楚。使臣得同行於箕子、接輿，可以補所賢之主，是臣之大榮也，臣又何恥乎？臣之所恐者，獨恐臣死之後，天下見臣盡忠而身蹶也，是以杜口裹足，莫肯即秦耳。足下上畏太后之嚴，下惑奸臣之態，居深宮之中，不離保傅之手；終身闇惑，無與照奸，大者宗廟滅覆，小者身以孤危。此臣之所恐耳！若夫窮辱之事，死亡之患，臣弗敢畏也。臣死而秦治，賢於生也。』

秦王跽曰：『先生是何言也！夫秦國僻遠，寡人愚不肖，先生乃幸至此，此天以寡人慁先生，而存先王之廟也。寡人得受命於先生，此天所以幸先王而不棄其孤也，先生奈何而言若此！事無大小，上及太后，下至大臣，願先生悉以教寡人，無疑寡人也。』范雎再拜，秦王亦再拜。

范雎曰：『大王之國，北有甘泉、谷口，南帶涇、渭，右隴、蜀，左關、阪；戰車千乘，奮擊百萬。以秦卒之勇，車騎之多，以當諸侯，譬若馳韓盧而逐蹇兔也，霸王之業可致。今反閉而不敢窺兵於山東者，是穰侯爲國謀不忠，而大王之計有所失也。』

王曰：『願聞所失計。』

雎曰：『大王越韓、魏而攻强齊，非計也。少出師則不足以傷齊，多之則害於秦。臣意王之計欲少出師，而悉韓、魏之兵，則不義矣。今見與國之不可親，越人之國而攻，可乎？疏於計矣！昔者，齊人伐楚，戰勝，破軍殺將，再辟千里，膚寸之地無得者，豈齊不欲地哉？形弗能有也。諸侯見齊之罷露，君臣之不親，舉兵而伐之，主辱軍破，爲天下笑。所以然者，以其伐楚而肥韓、魏也。此所謂藉賊兵而齎盜食者也。王不如遠交而近攻，得寸則王之寸，得尺亦王之尺也。今舍此而遠攻，不亦繆乎？且昔者中山之地，方五百里，趙獨擅之，功成、名立、利附，則天下莫能害。今韓、魏，中國之處，而天下之樞也。王若欲霸，必親中國，而以爲天下樞，以威楚、趙。趙强則楚附，楚强則趙附。楚、趙附則齊必懼，懼必卑辭重幣以事秦，齊附而韓、魏可虚也。』

王曰：『寡人欲親魏。魏多變之國也，寡人不能親。請問親魏奈何？』

范雎曰：『卑辭重幣以事之。不可，削地而賂之。不可，舉兵而伐之。』於是舉兵而攻邢丘，邢丘拔而魏請附。

曰：『秦、韓之地形，相錯如繡。秦之有韓，若木之有蠹，人之病心腹。天下有變，爲秦害者莫大於韓。王不如收韓。』

王曰：『寡人欲收韓，韓不聽，爲之奈何？』

范雎曰：『舉兵而攻滎陽，則成睪之路不通；北斬太行之道，則上黨之兵不下；一舉而攻滎陽，則其國斷而爲三。韓見必亡，焉得不聽？韓聽而霸事可成也。』

王曰：『善。』

范雎曰：『臣居山東，聞齊之内有田單，不聞其王。聞秦之有太后、穰侯、涇陽、華陽，不聞其有王。夫擅國之謂王，能專利害之謂王，制殺生之威之謂王。今太后擅行不顧，穰侯出使不報，涇陽、華陽擊斷無諱，四貴備而國不危者，未之有也。爲此四者，下乃所謂無王已。然則權焉得不傾，而令焉得從王出乎？臣聞：「善爲國者，内固其威，而外重其權。」穰侯使者操王之重，決裂諸侯，剖符於天下，征敵伐國，莫敢不聽。戰勝攻取，則利歸於陶；國弊，禦於諸侯；戰敗，則怨結於百姓，而禍歸社稷。《詩》曰：「木實繁者披其枝，披其枝者傷其心。大其都者危其國，尊其臣者卑其主。」淖齒管齊之權，縮閔王之筋，縣之廟梁，宿昔而死。李兑[一]用趙，減食主父，百日而餓死。今秦，太后、穰侯用事，高陵、涇陽佐之，卒無秦王，此亦淖齒、李兑之類已。臣今見王獨立於廟朝矣，且臣將恐後世之有秦國者，非王之子孫也。』

秦王懼，於是乃廢太后，逐穰侯，出高陵，走涇陽於關外。

[一]『兑』原作『充』。

趙武靈王胡服騎射　太陰

武靈王平晝閑居，肥義侍坐，曰：『王慮世事之變，權甲兵之用，念簡、襄之迹，計胡、狄之利乎？』

王曰：『嗣位不忘先德，君之道也；錯質務明主之長，臣之論也。是以賢君靜而有道民便事之教，動有明古先世之功。爲人臣者，窮有弟長辭讓之節，通有補民益主之業。此兩者，君臣之分也。今吾欲繼襄主之業，啓胡、翟之鄉，而卒世不見也。敵弱者，用力少而功多，可以無盡百姓之勞，而享往古之勳。夫有高世之功者，必負遺俗之累；有獨知之慮者，必被庶人之怨。今吾將胡服騎射，以教百姓，而世必議寡人矣。』

肥義曰：『臣聞之，疑事無功，疑行無名。今王即定負遺俗之慮，殆毋顧天下之議矣。夫論至德者，不和於俗；成大功者，不謀於衆。昔舜舞有苗，而禹袒入裸國，非以養欲而樂志也，欲以論德而要功也。愚者闇於成事，智者見於未萌，王其遂行之。』

王曰：『寡人非疑胡服也，吾恐天下笑之。狂夫之樂，知者哀焉；愚者之笑，賢者戚焉。

世有順我者，則胡服之功，未可知也。雖毆世以笑我，胡地、中山，吾必有之。』

王遂胡服。使王孫緤告公子成曰：『寡人胡服，且將以朝，亦欲叔之服之也。家聽於親，國聽於君，古今之公行也；子不反親，臣不逆主，先王之通誼也。今寡人作教易服，而叔不服，吾恐天下議之也。夫制國有常，而利民爲本；從政有經，而令行爲上。故明德在於論賤，行政在於信貴。今胡服之意，非以養欲而樂志也。事有所止，功有所出。事成功立，然後德可見也。今寡人恐叔逆從政之經，以輔公叔之議。且寡人聞之，事利國者行無邪，因貴戚者名不累。故寡人願慕公叔之義，以成胡服之功。使緤謁之，叔請服焉。』

公子成再拜曰：『臣固聞王之胡服也，不佞寢疾，不能趨走，是以不先進。王今命之，臣固敢竭其愚忠。臣聞之，中國者，聰明睿知之所居也，萬物財用之所聚也，賢聖之所教也，仁義之所施也，《詩》《書》禮樂之所用也，異敏技藝之所試也，遠方之所觀赴也，蠻夷之所義行也。今王釋此而襲遠方之服，變古之教，易古之道，逆人之心，畔學者，離中國，臣願大王圖之。』

使者報王。王曰：『吾固聞叔之病也。』即之公叔成家，自請之曰：『夫服者，所以便用也；禮者，所以便事也。是以聖人觀其鄉而順宜，因其事而制禮，所以利其民而厚其國也。被髮文身，錯臂左衽，甌越之民也。黑齒雕題，鯷冠秫縫，大吳之國也。禮服不同，其便一也。是以鄉異而用變，事異而禮易。是故聖人苟可以利其民，不一其用；果可以便其事，不同其禮。儒者一師而禮異，中國同俗而教離，又況山谷之士乎？故去就之變，知者不能一；遠近之服，賢聖不能同。窮鄉多異，曲學多辨，不知而不疑，異於己而不非者，公於求善也。今卿之所言者，俗也。吾之所言者，所以制俗也。今吾國東有河、薄洛之水，與齊、中山同之，而無舟楫之用。自常山以至代、上黨，東有燕、東胡之境，西有樓煩、秦、韓之邊，而無騎射之備。故寡人且聚舟楫之用，求水居之民，以守河、薄洛之水；變服騎射，以備其燕、東胡、樓煩、秦、韓之邊。且昔者簡主不塞晉陽，以及上黨，而襄王兼戎取代，以攘諸胡，此愚知之所明也。先時中山負齊之强兵，侵掠吾地，係累吾民，引水圍鄗，非社稷之神靈，即鄗幾不守。先王忿之，其怨未能報也。今騎射之服，近可以備上黨之形，遠可以報中山之怨。而叔也順中國之俗，以逆簡、襄之意，惡變服之名，而忘國事之恥，非寡人所望於子！』

公子成再拜稽首曰：『臣愚不達於王之議，敢道世俗之間。今欲繼簡、襄之意，以順先王之志，臣敢不聽。』今再拜。乃賜胡服。

趙文進諫曰：『農夫勞而君子養焉，政之經也。愚者陳意而知者論焉，教之道也。臣無隱忠，君無蔽言，國之祿也。臣雖愚，願竭其忠。』王曰：『慮無惡擾，忠無過罪，子其言乎。』趙文曰：『當世輔俗，古之道也；衣服有常，禮之制也。循法無愆，民之職也。三者，先聖之所以教。今君釋此，而襲遠方之服，變古之教，易古之道，故臣願王圖之。』王曰：『子言世俗之間。常民溺於習俗，學者沉於所聞。此兩者，所以成官而順政也，非所以觀遠而論始也。且夫三代不同服而王，五伯不同教而政。知者作教，而愚者制焉。賢者議俗，不肖者拘焉。夫制於服之民，不足與論心；拘於俗之衆，不足與致意。故勢與俗化，而禮與變俱，聖人之道也。承教而動，循法無私，民之職也。知學之人，能與聞遷；達於禮之變，能與時化。故爲己者不待人，制今者不法古，子其釋之。』

趙造諫曰：『隱忠不竭，奸之屬也。以私誣國，賤之類也。犯奸者身死，賤國者族宗。此兩者，先聖之明刑，臣下之大罪也。臣雖愚，願盡其忠，無遁其死。』王曰：『竭意不諱，忠也。上無蔽言，明也。忠不辟危，明不距人。子其言乎。』趙造曰：『臣聞之，聖人不易民而教，知者不變俗而動。因民而教者，不勞而成功；據俗而動者，慮徑而易見也。今王易初不循俗，胡服不顧世，非所以教民而成禮也。且服奇者志淫，俗辟者亂民。是以蒞國者不襲奇辟之服，中國不近蠻夷之行，非所以教民而成禮者也。且循法無過，修禮無邪，臣願王之圖之。』王曰：『古今不同俗，何古之法？帝王不相襲，何禮之循？宓戲、神農，教而不誅；黄帝、堯、舜，誅而不怒。及至三王，觀時而制法，因事而制禮；法度制令，各順其宜；衣服器械，各便其用。故理世不必一其道，便國不必法古。聖人之興也，不相襲而王。夏、殷之衰也，不易禮而滅。然則反古未可非，而循禮未足多也。且服奇而志淫，是鄒、魯無衺行也；俗辟而民易，是吳、越無俊民也。是以聖人利身之謂服，便事之謂教，進退之謂節。衣服之制，所以齊常民，非所以論賢者也。故聖與俗流，賢與變俱。諺曰：「以書爲御者，不盡於馬之情；以古制今者，不達於事之變。」故循法之功，不足以高世；法古之學，不足以制今。子其勿反也。』

蘇代約燕昭王　太陽

秦召燕王，燕王欲往。蘇代約燕王曰：『楚得枳而國亡，齊得宋而國亡，齊、楚不得以有枳、宋事秦者，何也？是則有功者，秦之深讎也。秦取天下，非行義也，暴也。』

『秦之行暴於天下，正告楚曰：「蜀地之甲，輕舟浮於汶，乘夏水而下江，五日而至郢。漢中之甲，乘舟出於巴，乘夏水而下漢，四日而至五渚。寡人積甲宛，東下隨，知者不及謀，勇者不及怒，寡人如射隼矣。王乃待天下之攻函谷，不亦遠乎？」楚王爲是之故，十七年事秦。』

『秦正告韓曰：「我起乎少[一]曲，一日而斷太行。我起乎宜陽，而觸平陽，二日而莫不盡繇。我離兩周而觸鄭，五日而國舉。」韓氏以爲然，故事秦。』

『秦正告魏曰：「我舉安邑，塞女戟，韓氏、太原卷。我下枳南陽、封、冀，包兩周，乘夏水，浮輕舟，强弩在前，銛戈在後。决滎陽之口，魏無大梁；决白馬之口，魏無濟陽；决宿胥之口，魏無虛、頓丘。陸攻則擊河内，水攻則滅大梁。」魏氏以爲然，故事秦。』

[一]『少』原作『小』。

『秦攻安邑，恐齊救之，則以宋委於齊，曰：「宋王無道，爲木人以寫寡人，射其面。寡人地絶兵遠，不能攻也。王苟能破宋有之，寡人如自得之。」已得安邑，塞女戟，因以破宋爲齊罪。』

『秦欲攻韓，恐天下救之，則以齊委於天下曰：「齊王四與寡人約，四欺寡人，必率天下以攻寡人者三。有齊無秦，無齊有秦，必伐之，必亡之！」已得宜陽、少曲，致藺、石，因以破齊爲天下罪。』

『秦欲攻魏，重楚，則以南陽委於楚曰：「寡人固與韓且絶矣！殘均陵，塞鄳隘，苟利於楚，寡人如自有之。」魏棄與國而合於秦，因以塞鄳隘爲楚罪。』

『兵困於林中，重燕、趙，以膠東委於燕，以濟西委於趙。已得講於魏，質公子延，因犀首屬行而攻趙。兵傷於離石，遇敗於馬陵，而重魏，則以葉、蔡委於魏。已得講於趙，則劫魏，魏不爲割。困則使太后、穰侯爲和，羸則兼欺[一]舅與母。適燕者曰：「以膠東」。適趙者曰：「以濟西」。適魏者曰：「以葉、蔡」。適楚者曰：「以塞鄳隘」。適齊者曰：「以宋」。此必令其言

[一]『欺』原作『棄』。

如循環，用兵如刺蜚，母不能制，舅不能約。龍賈之戰、岸門之戰、封陸[一]之戰、高商之戰、趙莊之戰，秦之所殺三晉之民數百萬。今其生者，皆死秦之孤也。西河之外、上雒之地、三川，晉國之禍，三晉之半。秦禍如此其大，而燕、趙之秦者，皆以争事秦説其主，此臣之所大患。』

燕昭王不行，蘇代復重於燕。

樂毅報燕惠王書　太陰

昌國君樂毅，爲燕昭王合五國之兵而攻齊，下七十餘城，盡郡縣之以屬燕。三城未下，而燕昭王死。

惠王即位，用齊人反間，疑樂毅，而使騎劫代之將。樂毅奔趙，趙封以爲望諸君。齊田單欺詐騎劫，卒敗燕軍，復收七十城以復齊。燕王悔，懼趙用樂毅，承燕之弊以伐燕。燕王乃使人讓樂毅，且謝之曰：『先王舉國而委將軍，將軍爲燕破齊，報先王之讎，天下莫不振動，寡人豈敢一日而忘將軍之功哉！會先王棄群臣，寡人新即位，左右誤寡人。寡人之使騎劫代將軍者，爲

[一]『陸』原作『陵』。

將軍久暴露於外，故召將軍且休計事。將軍過聽，以與寡人有隙，遂捐燕而歸趙。將軍自爲計則可矣，而亦何以報先王之所以遇將軍之意乎？』

望諸君乃使人獻書報燕王曰：『臣不佞，不能奉承先王之教，以順左右之心。恐抵斧質之罪，以傷先王之明，而又害於足下之義，故遁逃奔趙。自負以不肖之罪，故不敢爲辭説。今王使使者數之罪，臣恐侍御者之不察先王之所以畜幸臣之理，而又不白於臣之所以事先王之心，故敢以書對。』

『臣聞賢聖之君，不以祿私其親，功多者授之；不以官隨其愛，能當者處之。故察能而授官者，成功之君也；論行而結交者，立名之士也。臣以所學者觀之，先王之舉錯，有高世之心，故假節於魏王，而以身得察於燕。先王過舉，擢之乎賓客之中，而立之乎群臣之上，不謀於父兄，而使臣爲亞卿。臣自以爲奉令承教，可以幸無罪矣，故受命而不辭。』

『先王命之曰：「我有積怨深怒於齊，不量輕弱，而欲以齊爲事。」臣對曰：「夫齊，霸國之餘教，而驟勝之遺事也，閑於甲兵，習於戰攻。王若欲攻之，則必舉天下而圖之。舉天下而圖之，莫徑於結趙矣。且又淮北、宋地，楚、魏之所同願也。趙若許約，楚、魏、宋盡力，四國攻之，齊可大破也。」先王曰：「善。」臣乃口受令，具符節，南使臣於趙。顧反命，起兵隨而攻齊，以天之道，先王之靈，河北之地，隨先王舉而有之於濟上。濟上之軍，奉令擊齊，大勝之。輕卒鋭兵，長驅至國。齊王遁逃走莒，僅以身免。珠玉財寶，車甲珍器，盡收入燕。大吕陳於元英，故鼎反於歷室，齊器設於寧臺，薊丘之植，植於汶皇。自五伯以來，功未有及先王者也。先王以爲愜於志，以臣爲不頓命，故裂地而封之，使之得比乎小國諸侯。臣不佞，自以爲奉令承教，可以幸無罪矣，故受命而弗辭。』

『臣聞賢明之君，功立而不廢，故著於《春秋》；蚤知之士，名成而不毀，故稱於後世。若先王之報怨雪恥，夷萬乘之强國，收八百歲之蓄積，及至棄群臣之日，餘令詔後嗣之遺義，執政任事之臣，所以能循法令，順庶孽者，施及萌隸，皆可以教於後世。』

『臣聞善作者不必善成，善始者不必善終。昔者伍子胥説聽乎闔閭，故吴王遠迹至於郢。夫差弗是也，賜之鴟夷而浮之江。故吴王夫差不悟先論之可以立功，故沈子胥而弗悔。子胥不蚤見主之不同量，故入江而不化。夫免身全功，以明先王之迹者，臣之上計也。離毀辱之罪，墮先王之名者，臣之所大恐也。臨不測之罪，以幸爲利者，義之所不敢出也。』『臣聞古之君子，交絶不出惡聲；忠臣之去也，不潔其名。臣雖不佞，數奉教於君子矣。恐侍御者之親，左右之説，而不察疏遠之行也，故敢以書報，唯君之留意焉。』

荆軻刺秦王　太陰

燕太子丹質於秦，亡歸。見秦且滅六國，兵已臨易水，恐其禍至。太子丹患之，謂其太傅鞫武曰：『燕、秦不兩立，願太傅幸而圖之。』武對曰：『秦地遍天下，威脅韓、魏、趙氏，則易水以北，未有所定也。奈何以見陵之怨，欲排其逆鱗哉？』太子曰：『然則何由？』太傅曰：『請入圖之。』

居之有間，樊將軍亡秦之燕，太子客之。太傅鞫武諫曰：『不可。夫秦王之暴，而積怨於燕，足爲寒心，又況聞樊將軍之在乎！是以委肉當餓虎之蹊，禍必不振矣！雖有管、晏，不能爲謀。願太子急遣樊將軍入匈奴以滅口。請西約三晉，南連齊、楚，北講於單于，然後乃可圖也。』

太子丹曰：『太傅之計，曠日彌久，心惛然恐不能須臾。且非獨於此也。夫樊將軍困窮於天下，歸身於丹，丹終不迫於强秦，而棄所哀憐之交，置之匈奴，是丹命固卒之時也。願太傅更慮之。』鞫武曰：『燕有田光先生者，其智深，其勇沉，可與之謀也。』太子曰：『願因太傅交於田先生，可乎？』鞫武曰：『敬諾。』出見田光，道太子願圖國事於先生。田光曰：『敬奉教。』乃造焉。

太子跪而逢迎，却行爲道，跪而拂席。田先生坐定，左右無人，太子避席而請曰：『燕、秦不兩立，願先生留意也。』田光曰：『臣聞騏驥盛壯之時，一日而馳千里。至其衰也，駑馬先之。今太子聞光壯盛之時，不知吾精已消亡矣。雖然，光不敢以乏國事也。所善荆軻可使也。』太子曰：『願因先生得願交於荆軻，可乎？』田光曰：『敬諾。』即起趨出。太子送之，至門曰：『丹所報先生所言者，國大事也，願先生勿泄也。』田光俛而笑曰：『诺。』

僂行見荆軻曰：『光與子相善，燕國莫不知。今太子聞光壯盛之時，不知吾形已不逮也，幸而教之曰：「燕、秦不兩立，願先生留意也。」光竊不自外，言足下於太子，願足下過太子於宮。』荆軻曰：『謹奉教。』田光曰：『光聞長者爲行，不使人疑之，今太子約光曰：「所言者國之大事也，願先生勿泄也。」是太子疑光也。夫爲行使人疑之，非節俠士也。』欲自殺以激荊軻，曰：『願足下急過太子，言光已死，明不言也。』遂自剄而死。

軻見太子，言田光已死，明不言也。太子再拜而跪，膝下行，流涕。有頃，而後言曰：『丹所請田先生無言者，欲以成大事之謀，今田先生以死明不泄言，豈丹之心哉？』荊軻坐定，太子避席頓首曰：『田先生不知丹不肖，使得至前，願有所道，此天所以哀燕而不棄其孤也。今秦有貪饕之心，而欲不可足也。非盡天下之地，臣海内之王者，其意不饜。今秦已虜韓王，盡納其地，又舉兵南伐楚，北臨趙。王翦將數十萬之衆臨漳、鄴，而李信出太原、雲中。趙不能支秦，必入臣。入臣則禍至燕。燕小弱，數困於兵，今計舉國不足以當秦。諸侯服秦，莫敢合從。丹之私計，愚以爲誠得天下之勇士，使於秦，窺以重利，秦王貪其贄，必得所願矣。誠得劫秦王，使悉反諸侯之侵地，若曹沫之與齊桓公，則大善矣；則不可，因而刺殺之。彼大將擅兵於外，而内有大亂，則君臣相疑。以其間諸侯，諸侯得合從，其破秦必矣。此丹之上願，而不知所以委命，唯荊卿留意焉』久之，荊軻曰：『此國之大事，臣駑下，恐不足任使。』太子前頓首，固請無讓，然後許諾。於是尊荆軻爲上卿，舍上舍，太子日日造問，供太牢，具異物，間進車騎美女，恣荆軻所欲，以順適其意。

久之，荆軻未有行意。秦將王翦破趙，虜趙王，盡收其地，進兵北略地，至燕南界。太子丹恐懼，乃請荆卿曰：『秦兵旦暮渡易水，則雖欲長侍足下，豈可得哉？』荆卿曰：『微太子言，臣願得謁之。今行而無信，則秦未可親也。今樊將軍，秦王購之，金千斤，邑萬家。誠能得樊將軍首，與燕督亢之地圖獻秦王，秦王必説見臣，臣乃得有以報太子。』太子曰：『樊將軍以窮困來歸丹，丹不忍以己之私，而傷長者之意，願足下更慮之。』

荆軻知太子不忍，乃遂私見樊於期曰：『秦之遇將軍，可謂深矣。父母宗族，皆爲戮沒。今聞購將軍之首，金千斤，邑萬家，將奈何？』樊將軍仰天太息流涕曰：『吾每念常痛於骨髓，顧計不知所出耳。』軻曰：『今有一言，可以解燕國之患，而報將軍之仇者何如？』樊於期乃前曰：『爲之奈何？』荆軻曰：『願得將軍之首以獻秦，秦王必喜而善見臣。臣左手把其袖，而右手揕其胸，然則將軍之仇報，而燕國見陵之恥除矣。將軍豈有意乎？』樊於期偏袒扼腕而進之曰：『此臣日夜切齒拊心也，乃今得聞教。』遂自刎。太子聞之，馳往，伏屍而哭，極哀。既已無可奈何，乃遂收盛樊於期之首，函封之。

於是太子預求天下之利匕首，得趙人徐夫人之匕首，取之百金，使工以藥淬之，以試人，血濡縷，人無不立死者。乃爲裝遣荆軻。燕國有勇士秦武陽，年十二，殺人，人不敢忤視。乃令秦武陽爲副。荆軻有所待，欲與俱，其人居遠未來，而爲留待。頃之未發。太子遲之，疑其改悔，乃復請之曰：『日已盡矣，荆卿豈無意哉？丹請先遣秦武陽。』荆軻怒叱太子曰：『今日往而不反者，豎子也！今提一匕首，入不測之强秦，僕所以留者，待吾客與俱。今太子遲之，請辭決矣。』遂發。

太子及賓客知其事者，皆白衣冠以送之。至易水上，既祖取道。高漸離擊筑，荆軻和而歌，爲變徵之聲，士皆垂淚涕泣。又前而爲歌曰：『風蕭蕭兮易水寒，壯士一去兮不復還。』復爲忼慨羽聲，士皆瞋[一]目，髮盡上指冠。於是荆軻遂就車而去，終已不顧。

[一]『瞋』原作『瞑』。

既至秦，持千金之資幣物，厚遺秦王寵臣中庶子蒙嘉。嘉爲先言於秦王曰：『燕王誠振畏大王之威，不敢興兵以拒大王，願舉國爲内臣，比諸侯之列，給貢職如郡縣，而得奉守先王之宗廟。恐懼不敢自陳，謹斬樊於期頭，及獻燕之督亢之地圖，函封，燕王拜送于庭，使使以聞大王。唯大王命之。』

秦王聞之，大喜。乃朝服設九賓，見燕使者咸陽宫。荆軻奉樊於期頭函，而秦武陽奉地圖匣，以次進至陛下。秦武陽色變振恐，群臣怪之，荆軻顧笑武陽，前爲謝曰：『北蠻夷之鄙人，未嘗見天子，故振慴，願大王少假借之，使得畢使於前。』秦王謂軻曰：『起，取武陽所持圖。』軻既取圖奉之，發圖，圖窮而匕首見。因左手把秦王之袖，而右手持匕首揕之。未[一]至身，秦王驚，自引而起，絶袖。拔劍，劍長，操其室。時恐急，劍堅，故不可立拔。荆軻逐秦王，秦王環柱而走。群臣驚愕，卒起不意，盡失其度。而秦法群臣侍殿上者，不得持寸尺之兵。諸郎中執兵，皆陳殿下，非有詔不得上。方急時，不及召下兵，以故荆軻逐秦王，而卒惶急，無以擊軻，而

[一]『未』原本無，今補之。

乃以手共搏之。是時侍醫夏無且以其所奉藥囊提軻。秦王之方還柱走，卒惶急不知所爲。左右乃曰：『王負劍！王負劍！』遂拔以擊荆軻，斷其左股。荆軻廢，乃引其匕首提秦王，不中，中柱。秦王復擊軻，軻被八創。軻自知事不就，倚柱而笑，箕踞以罵曰：『事所以不成者，乃欲以生劫之，必得約契以報太子也。』左右既前斬荆軻，秦王目眩良久。而論功賞群臣及當坐者各有差。而賜夏無且黄金二百鎰，曰：『無且愛我，乃以藥囊提軻也。』

於是，秦大怒燕，益發兵詣趙，詔王翦軍以伐燕。十月而拔燕薊城。燕王喜、太子丹等皆率其精兵，東保於遼東。秦將李信追擊燕王，王急，用代王嘉計，殺太子丹，欲獻之秦。秦復進兵攻之。五歲而卒滅燕國，而虜燕王喜，秦兼天下。

其後荆軻客高漸離以擊筑見秦皇帝，而以筑擊秦皇帝，爲燕報仇，不中而死。

莊子

逍遥游　少陽

北冥有魚，其名爲鯤。鯤之大，不知其幾千里也。化而爲鳥，其名爲鵬。鵬之背，不知其幾千里也。怒而飛，其翼若垂天之雲。是鳥也，海運則將徙於南冥。南冥者，天池也。

《齊諧》者，志怪者也。《諧》之言曰：『鵬之徙於南冥也，水擊三千里，摶扶摇而上者九萬里，去以六月息者也。』野馬也，塵埃也，生物之以息相吹也。天之蒼蒼，其正色耶？其遠而無所至極耶？其視下也，亦若是則已矣。且夫水之積也不厚，則負大舟也無力。覆杯水於坳堂之上，則芥爲之舟，置杯焉則膠，水淺而舟大也。風之積也不厚，則其負大翼也無力。故九萬里則風斯在下矣，而後乃今培風；背負青天而莫之夭閼者，而後乃今將圖南。蜩與學鳩笑之曰：『我决起而飛，槍榆枋，時則不至，而控於地而已矣，奚以之九萬里而南爲？』適莽蒼者，三餐而反，腹猶果然；適百里者宿舂糧；適千里者三月聚糧。之二蟲又何知！小知不及大知，小年不及大年。奚以知其然也？朝菌不知晦朔，蟪蛄不知春秋，此小年也。楚之南有冥靈者，以五百歲爲春，五百歲爲秋；上古有大椿者，以八千歲爲春，八千歲爲秋。而彭祖乃今以久特聞，衆人匹之，不亦悲乎！

湯之問棘也是已。窮髪之北，有冥海者，天池也。有魚焉，其廣數千里，未有知其修者，其名爲鯤。有鳥焉，其名爲鵬，背若泰山，翼若垂天之雲，摶扶摇羊角而上者九萬里，絶雲氣，負青天，然後圖南，且適南冥也。斥鴳笑之曰：『彼且奚適也？我騰躍而上，不過數仞而下，翱翔蓬蒿之間，此亦飛之至也。而彼且奚適也？』此小大之辯也。

故夫知效一官，行比一鄉，德合一君，而徵一國者，其自視也，亦若此矣。而宋榮子猶然笑之。且舉世而譽之而不加勸，舉世而非之而不加沮，定乎内外之分，辯乎榮辱之境，斯已矣。彼其於世，未數數然也。雖然，猶有未樹也。夫列子御風而行，泠然善也，旬有五日而後反。彼於致福者，未數數然也。此雖免乎行，猶有所待者也。若夫乘天地之正，而御六氣之辯，以游無窮者，彼且惡乎待哉？故曰：至人無己，神人無功，聖人無名。

堯讓天下於許由，曰：『日月出矣，而爝火不息，其於光也，不亦難乎？時雨降矣，而猶浸灌，其於澤也，不亦勞乎？夫子立而天下治，而吾猶尸之。吾自視缺然，請致天下。』許由曰：『子治天下，天下既已治也。而我猶代子，吾將爲名乎？名者，實之賓也。吾將爲賓乎？鷦鷯巢於深林，不過一枝；偃鼠飮河，不過滿腹。歸休乎君，予無所用天下爲！庖人雖不治庖，尸祝不越樽俎而代之矣！』

肩吾問於連叔曰：『吾聞言於接輿，大而無當，往而不反。吾驚怖其言，猶河漢而無極也；大有徑庭，不近人情焉。』連叔曰：『其言謂何哉？』曰：『藐姑射之山，有神人居焉。肌膚若冰雪，淖約若處子，不食五穀，吸風飮露，乘雲氣，御飛龍，而游乎四海之外；其神凝，使物不疵癘，而年穀熟。吾以是狂而不信也。』連叔曰：『然。瞽者無以與乎文章之觀，聾者無以與乎鐘鼓之聲。豈唯形骸有聾盲哉？夫知亦有之。是其言也，猶時女也。之人也，之德也，將旁礴萬物以爲一，世蘄乎亂，孰弊弊焉以天下爲事？之人也，物莫之傷，大浸稽天而不溺，大旱金石流、土山焦而不熱。是其塵垢秕糠，將猶陶鑄堯舜者也，孰肯以物爲事？』

宋人資章甫而適諸越，越人斷髮文身，無所用之。堯治天下之民，平海内之政，往見四子藐姑射之山，汾水之陽，窅然喪其天下焉。

惠子謂莊子曰：『魏王貽我大瓠之種，我樹之成，而實五石。以盛水漿，其堅不能自舉也。剖之以爲瓢，則瓠落無所容。非不呺然大也，吾爲其無用而掊之。』莊子曰：『夫子固拙於用大矣。宋人有善爲不龜手之藥者，世世以洴澼絖爲事。客聞之，請買其方百金。聚族而謀曰：「我世世爲洴澼絖，不過數金，今一朝而鬻技百金，請與之。」客得之以説吴王。越有難，吴王使之將。冬與越人水戰，大敗越人。裂地而封之。能不龜手一也，或以封，或不免於洴澼絖，則所用之異也。今子有五石之瓠，何不慮以爲大樽，而浮乎江湖，而憂其瓠落無所容？則夫子猶有蓬之心也夫！』

惠子謂莊子曰：『吾有大樹，人謂之樗。其大本擁腫而不中繩墨，其小枝卷曲而不中規矩。立之塗，匠者不顧。今子之言，大而無用，衆所同去也。』莊子曰：『子獨不見狸狌乎？卑身而伏，以候敖者；東西跳梁，不辟高下；中於機辟，死於罔罟。今夫斄牛其大若垂天之雲，此能爲大矣，而不能執鼠。今子有大樹，患其無用，何不樹之於無何有之鄉，廣莫之野，彷徨乎無爲其側，逍遥乎寢卧其下。不夭斤斧，物無害者，無所可用，安所困苦哉！』

齊物論　少陽

南郭子綦隱机而坐，仰天而噓，嗒焉似喪其耦。顔成子游立侍乎前曰：『何居乎？形固可使如槁木，而心固可使如死灰乎？今之隱机者，非昔之隱机者也。』子綦曰：『偃，不亦善乎，而問之也！今者吾喪我，汝知之乎？女聞人籟，而未聞地籟，女聞地籟，而未聞天籟夫！』子游曰：『敢問其方。』子綦曰：『夫大塊噫氣，其名爲風。是唯無作，作則萬竅怒呺。而獨不聞之翏翏乎？山林之畏佳，大木百圍之竅穴，似鼻，似口，似耳，似枅，似圈，似臼，似洼者，似污者。激者、謞者、叱者、吸者、叫者、譹者、宎者、咬者。前者唱于，而隨者唱喁。泠風則小和，飄風則大和，厲風濟則衆竅爲虛。而獨不見之調調之刁刁乎？』子游曰：『地籟則衆竅是已，人籟則比竹是已，敢問天籟。』子綦曰：『夫吹萬不同，而使其自己也。咸其自取，怒者其誰耶？』

大知閑閑，小知間間。大言炎炎，小言詹詹。其寐也魂交，其覺也形開。與接爲構，日以心鬭。縵者、窖者、密者。小恐惴惴，大恐縵縵。其發若機栝，其司是非之謂也；其留如詛盟，其守勝之謂也；其殺如秋冬，以言其日消也；其溺之所爲之，不可使復之也；其厭也如緘，以言其老洫也；近死之心，莫使復陽也。喜怒哀樂、慮嘆變慹、姚佚啓態。樂出虛，蒸成菌。日夜相代乎前，而莫知其所萌。已乎已乎！旦暮得此，其所由以生乎！

非彼無我，非我無所取。是亦近矣，而不知其所爲使。若有真宰，而特不得其眹[一]。可行已信，而不見其形，有情而無形。百骸、九竅、六藏，賅而存焉，吾誰與爲親？汝皆説之乎？其有私焉？如是皆有爲臣妾乎？其臣妾不足以相治乎？其遞相爲君臣乎？其有真君存焉！如求得其情與不得，無益損乎其真。一受其成形，不亡以待盡。與物相刃相靡，其行盡如馳，而莫之能止，不亦悲乎！終身役役，而不見其成功，薾然疲役，而不知其所歸，可不哀耶！人謂之不死奚益？其形化，其心與之然，可不謂大哀乎？人之生也，固若是芒乎？其我獨芒，而人亦有不芒者乎？

夫隨其成心而師之，誰獨且無師乎？奚必知代，而心自取者有之？愚者與有焉！未成乎

[一]『眹』原作『朕』。

心而有是非，是今日適越而昔至也。是以無有爲有。無有爲有，雖有神禹，且不能知，吾獨且奈何哉！

夫言非吹也，言者有言。其所言者，特未定也。果有言耶？其未嘗有言耶？其以爲異於鷇音，亦有辯乎？其無辯乎？道惡乎隱而有真僞？言惡乎隱而是非？道惡乎往而不存？言惡乎存而不可？道隱於小成，言隱於榮華。故有儒墨之是非，以是其所非，而非其所是。欲是其所非而非其所是，則莫若以明。

物無非彼，物無非是。自彼則不見，自知則知之。故曰：彼出於是，是亦因彼。彼是，方生之説也。雖然，方生方死，方死方生；方可方不可，方不可方可；因是因非，因非因是。是以聖人不由，而照之於天，亦因是也。是亦彼也，彼亦是也。彼亦一是非，此亦一是非。果且有彼是乎哉？果且無彼是乎哉？彼是莫得其偶，謂之道樞。樞始得其環中，以應無窮。是亦一無窮，非亦一無窮也。故曰：莫若以明。

以指喻指之非指，不若以非指喻指之非指也；以馬喻馬之非馬，不若以非馬喻馬之非馬。

也。天地一指也，萬物一馬也。

可乎可，不可乎不可。道行之而成，物謂之而然。惡乎然？然於然。惡乎不然？不然於不然。物固有所然，物固有所可。無物不然，無物不可。故爲是舉莛與楹，厲與西施，恢恑憰怪，道通爲一。

其分也成也，其成也毁也。凡物無成與毁，復通爲一。唯達者知通爲一，爲是不用而寓諸庸。庸也者，用也；用也者，通也；通也者，得也；適得而幾矣。因是已。已而不知其然謂之道。勞神明爲一，而不知其同也，謂之『朝三』。何謂『朝三』？曰：狙公賦芧曰：『朝三而莫四。』衆狙皆怒。曰：『然則朝四而莫三。』衆狙皆悦。名實未虧，而喜怒爲用，亦因是也。是以聖人和之以是非，而休乎天鈞，是之謂兩行。

古之人其知有所至矣。惡乎至？有以爲未始有物者，至矣盡矣，不可以加矣。其次以爲有物矣，而未始有封也。其次以爲有封焉，而未始有是非也。是非之彰也，道之所以虧也。道之所以虧，愛之所以成。果且有成與虧乎哉？果且無成與虧乎哉？有成與虧，故昭氏之鼓琴也；

無成與虧，故昭氏之不鼓琴也。昭文之鼓琴也，師曠之枝策也，惠子之據梧也，三子之知幾乎，皆其盛者也，故載之末年。惟其好之也，以異於彼；其好之也，欲以明之。彼非所明而明之，故以堅白之昧終。而其子又以文之綸終，終身無成。若是而可謂成乎？雖我亦成也。若是而不可謂成乎？物與我無成也。是故滑疑之耀，聖人之所圖也。爲是不用而寓諸庸，此之謂以明。

今且有言於此，不知其與是類乎？其與是不類乎？類與不類，相與爲類，則與彼無以異矣。雖然，請嘗言之。有始也者，有未始有始也者，有未始有夫未始有始也者。有有也者，有無也者，有未始有無也者，有未始有夫未始有無也者。俄而有無矣，而未知有無之果孰有孰無也。今我則已有謂矣，而未知吾所謂之其果有謂乎？其果無謂乎？天下莫大於秋豪之末，而大山爲小；莫壽乎殤子，而彭祖爲夭。天地與我并生，而萬物與我爲一。既已爲一矣，且得有言乎？既已謂之一矣，且得無言乎？一與言爲二，二與一爲三。自此以往，巧歷不能得，而况其凡乎！故自無適有，以至於三，而况自有適有乎！無適焉，因是已！

夫道未始有封，言未始有常，爲是而有畛也。請言其畛：有左有右，有倫有義，有分有辯，有競有爭，此之謂八德。六合之外，聖人存而不論；六合之內，聖人論而不議。《春秋》經世先王之志，聖人議而不辯。故分也者，有不分也；辯也者，有不辯也。曰：『何也？』聖人懷之，衆人辯之，以相示也。故曰：『辯也者，有不見也。』夫大道不稱，大辯不言，大仁不仁，大廉不嗛[一]，大勇不忮。道昭而不道，言辯而不及，仁常而不成，廉清而不信，勇忮而不成。五者圓而幾向方矣。故知止其所不知，至矣。孰知不言之辯，不道之道？若有能知，此之謂天府。注焉而不滿，酌焉而不竭，而不知其所由來，此之謂葆光。

故昔者堯問於舜曰：『我欲伐宗、膾、胥敖，南面而不釋然，其故何也？』舜曰：『夫三子者，猶存乎蓬艾之間。若不釋然何哉？昔者十日并出，萬物皆照，而况德之進乎日者乎！』

齧缺問乎王倪曰：『子知物之所同是乎？』曰：『吾惡乎知之！』『子知子之所不知邪？』曰：『吾惡乎知之！』『然則物無知邪？』曰：『吾惡乎知之！雖然，嘗試言之。庸詎知吾所謂知之非不知邪？庸詎知吾所謂不知之非知邪？且吾嘗試問乎女：民溼寢則腰疾偏死，鰌然乎

[一]『嗛』原作『廉』。

哉？木處則惴慄恂懼，猨猴然乎哉？三者孰知正處？民食芻豢，麋鹿食薦，蝍且甘帶，鴟鴉耆鼠，四者孰知正味？猨猵狙以爲雌，麋與鹿交，鰌與魚游。毛嬙、麗姬，人之所美也，魚見之深入，鳥見之高飛，麋鹿見之決驟。四者孰知天下之正色哉？自我觀之，仁義之端，是非之塗，樊然殽亂，吾惡能知其辯！』齧缺曰：『子不知利害，則至人固不知利害乎？』王倪曰：『至人神矣！大澤焚而不能熱，河漢沍而不能寒，疾雷破山風振海而不驚。若然者，乘雲氣，騎日月，而游乎四海之外，死生無變於己，而況利害之端乎！』

瞿鵲子問乎長梧子曰：『吾聞諸夫子，聖人不從事於務，不就利，不違害，不喜求，不緣道，無謂有謂，有謂無謂，而游乎塵垢之外。夫子以爲孟浪之言，而我以爲妙道之行也。吾子以爲奚若？』長梧子曰：『是皇帝之所聽熒也，而丘也何足以知之！且女亦大早計，見卵而求時夜，見彈而求鴞炙。予嘗爲女妄言之，女以妄聽之。奚旁日月，挾宇宙，爲其脗合，置其滑涽，以隸相尊？衆人役役，聖人愚芚，參萬歲而一成純。萬物盡然，而以是相蘊。予惡乎知說生之非惑耶！予惡乎知惡死之非弱喪而不知歸者邪！麗之姬，艾封人之子也。晉國之始得之也，涕泣沾襟，及其至於王所，與王同筐牀，食芻豢，而後悔其泣也。予惡知夫死者不悔其始之蘄生乎？夢飲酒者，旦而哭泣；夢哭泣者，旦而田獵。方其夢也，不知其夢也。夢之中又占其夢焉，覺而後知其夢也。且有大覺，而後知此其大夢也。而愚者自以爲覺，竊竊然知之。君乎，牧乎，固哉！丘也與女皆夢也，予謂女夢亦夢也。是其言也，其名爲弔詭。萬世之後，而一遇大聖，知其解者，是旦暮遇之也。

既使我與若辯矣，若勝我，我不若勝，若果是也？我果非也邪？我勝若，若不吾勝，我果是也？而果非也邪？其或是也？其或非也邪？其俱是也？其俱非也邪？我與若不能相知也，則人固受其黮闇，吾誰使正之？使同乎若者正之，既與若同矣，惡能正之？使同乎我者正之，既同乎我矣，惡能正之？使異乎我與若者正之，既異乎我與若矣，惡能正之？使同乎我與若者正之，既同乎我與若矣，惡能正之？然則我與若與人俱不能相知也，而待彼也邪？』『何謂和之以天倪？』曰：『是不是，然不然。是若果是也，則是之，異乎不是也，亦無辯；然若果然也，則然之，異乎不然也，亦無辯。化聲之相待，若其不相待。和之以天倪，因之以曼衍，所以窮年也。忘年忘義，振於無竟，故寓諸無竟。』

罔兩問景曰：『曩子行，今子止；曩子坐，今子起。何其無特操與？』景曰：『吾有待而然者邪？吾所待又有待而然者邪？吾待蛇蚹蜩翼邪？惡識所以然？惡識所以不然？』

昔者莊周夢爲胡蝶，栩栩然胡蝶也。自喻適志與，不知周也。俄然覺，則蘧蘧然周也。不知周之夢爲胡蝶與？胡蝶之夢爲周與？周與胡蝶，則必有分矣。此之謂物化。

養生主　少陽

吾生也有涯，而知也無涯。以有涯隨無涯，殆已！已而爲知者，殆而已矣！爲善無近名，爲惡無近刑，緣督以爲經，可以保身，可以全生，可以養親，可以盡年。

庖丁爲文惠君解牛，手之所觸，肩之所倚，足之所履，膝之所踦，砉然嚮然，奏刀騞然，莫不中音。合於《桑林》之舞，乃中《經首》之會。

文惠君曰：『譆，善哉！技蓋至此乎？』庖丁釋刀對曰：『臣之所好者道也，進乎技矣。始臣之解牛之時，所見無非全牛者；三年之後，未嘗見全牛也。方今之時，臣以神遇而不以目視，官知止而神欲行。依乎天理，批大郤，導大窾，因其固然，技經肯綮之未嘗，而况大軱乎！良庖歲更刀，割也；族庖月更刀，折也。今臣之刀十九年矣，所解數千牛矣，而刀刃若新發於硎。彼節者有間，而刀刃者無厚，以無厚入有間，恢恢乎其於游刃必有餘地矣。是以十九年而刀刃若新發於硎。雖然，每至於族，吾見其難爲，怵然爲戒，視爲止，行爲遲，動刀甚微，謋然已解，如土委地。提刀而立，爲之四顧，爲之躊躇滿志，善刀而藏之。』文惠君曰：『善哉！吾聞庖丁之言，得養生焉。』

公文軒見右師而驚曰：『是何人也？惡乎介也？天與？其人與？』曰：『天也，非人也。天之生是使獨也，人之貌有與也。以是知其天也，非人也。』

澤雉十步一啄，百步一飲，不蘄畜乎樊中。神雖王，不善也。

老聃死，秦失弔之，三號而出。弟子曰：『非夫子之友邪？』曰：『然。』『然則弔焉若此可乎？』曰：『然。始也吾以爲其人也，而今非也。向吾入而弔焉，有老者哭之，如哭其子；少者哭之，如哭其母。彼其所以會之，必有不蘄言而言，不蘄哭而哭者。是遁天倍情，忘其所受，古者謂之遁天之刑。適來夫子時也，適去夫子順也。安時而處順，哀樂不能入也，古者謂是帝之縣解。』

指窮於爲薪，火傳也，不知其盡也。

胠篋　少陽

將爲胠篋、探囊、發匱之盜而爲守備，則必攝緘縢、固扃鐍，此世俗之所謂知也。然而巨盜至，則負匱、揭篋、擔囊而趨，唯恐緘縢扃鐍之不固也。然則鄉之所謂知者，不乃爲大盜積者也？

故嘗試論之，世俗所謂知者，有不爲大盜積者乎？所謂聖者，有不爲大盜守者乎？何以知其然耶？昔者齊國鄰邑相望，雞狗之音相聞，罔罟之所布，耒耨之所刺，方二千餘里。闔四竟之內，所以立宗廟社稷，治邑屋州閭鄉曲者，曷嘗不法聖人哉？然而田成子一旦殺齊君而盜其國。所盜者豈獨其國耶？并與其聖知之法而盜之。故田成子有乎盜賊之名，而身處堯舜之安，小國不敢非，大國不敢誅，十二世有齊國。則是不乃竊齊國并與其聖知之法，以守其盜賊之身乎？

嘗試論之，世俗之所謂至知者，有不爲大盜積者乎？所謂至聖者，有不爲大盜守者乎？何以知其然耶？昔者龍逢斬，比干剖，萇弘胣，子胥靡，故四子之賢，而身不免乎戮。故跖之徒問於跖曰：『盗亦有道乎？』跖曰：『何適而無有道耶？夫妄意室中之藏，聖也；入先，勇也；出後，義也；知可否，知也；分均，仁也。五者不備，而能成大盗者，天下未之有也。』由是觀之，善人不得聖人之道不立，跖不得聖人之道不行；天下之善人少，而不善人多，則聖人之利天下也少，而害天下也多。

故曰：脣竭則齒寒，魯酒薄而邯鄲圍，聖人生而大盗起。掊擊聖人，縱舍盗賊，而天下始治矣！夫川竭而谷虚，丘夷而淵實，聖人已死，則大盗不起，天下平而無故矣！聖人不死，大盗不止，雖重聖人而治天下，則是重利盗跖也。爲之斗斛以量之，則并與斗斛而竊之；爲之權衡以稱之，則并與權衡而竊之；爲之符璽以信之，則并與符璽而竊之；爲之仁義以矯之，則并與仁義而竊之。何以知其然耶？彼竊鉤者誅，竊國者爲諸侯，諸侯之門，而仁義存焉。則是非竊仁義聖知耶？故逐於大盗，揭諸侯，竊仁義，并斗斛、權衡、符璽之利者，雖有軒冕之賞弗能勸，斧鉞之威弗能禁。此重利盗跖而使不可禁者，是乃聖人之過也。

故曰：『魚不可脱於淵，國之利器，不可以示人。』彼聖人者，天下之利器也，非所以明天下也。故絶聖棄知，大盜乃止；擿玉毀珠，小盜不起；焚符破璽，而民朴鄙；掊斗折衡，而民不爭；殫殘天下之聖法，而民始可與論議；擢亂六律，鑠絶竽瑟，塞瞽曠之耳，而天下始人含其聰矣；滅文章，散五采，膠離朱之目，而天下始人含其明矣。毁絶鉤繩，而棄規矩，攦工倕之指，而天下始人有其巧矣。故曰：『大巧若拙。』削曾、史之行，鉗楊、墨之口，攘棄仁義，而天下之德始玄同矣。彼人含其明，則天下不鑠矣；人含其聰，則天下不累矣；人含其知，則天下不惑矣；人含其德，則天下不僻矣。彼曾、史、楊、墨、師曠、工倕、離朱者，皆外立其德，而以爚亂天下者也，法之所無用也。

子獨不知至德之世乎？昔者容成氏、大庭氏、伯皇氏、中央氏、栗陸氏、驪畜氏、軒轅氏、赫胥氏、尊盧氏、祝融氏、伏戲氏、神農氏，當是時也，民結繩而用之，甘其食，美其服，樂其俗，安其居，鄰國相望，雞狗之音相聞，民至老死而不相往來。若此之時，則至治已。今遂至使民延頸舉踵，曰，『某所有賢者』，贏糧而趣之，則内棄其親，而外去其主之事，足迹接乎諸侯之境，車軌結乎千里之外，則是上好知之過也。上誠好知而無道，則天下大亂矣！何以知其然耶？夫弓弩、畢弋、機變之知多，則鳥亂於上矣；鉤餌、網罟、罾笱之知多，則魚亂於水矣；削格、羅落、罝罘之知多，則獸亂於澤矣；知詐漸毒、頡滑堅白、解垢同異之變多，則俗惑於辯矣。故天下每每大亂，罪在於好知。故天下皆知求其所不知，而莫知求其所已知者；皆知非其所不善，而莫知非其所已善者，是以大亂。故上悖日月之明，下爍山川之精，中墮四時之施。惴耎之蟲，肖翹之物，莫不失其性。甚矣夫好知之亂天下也！自三代以下者是已。舍夫種種之機，而悅夫役役之佞；釋夫恬淡無爲，而悅夫啍啍之意，啍啍已亂天下矣！

劈頭一喻，以引起盜資，以下發仁義聖知之弊。一段爲盜賊之利，一段爲天下之害，又一段申盜賊之利，又一段申天下之害。然後疊疊致歎，將亂本兩番，歸咎好知；將好知三番，痛其致亂。反覆披露，盡興而止。

刻意　太陰

刻意尚行，離世異俗，高論怨誹，爲亢而已矣。此山谷之士、非世之人、枯槁赴淵者之所好也。語仁義忠信，恭儉推讓，爲修而已矣。此平世之士、教誨之人、游居學者之所好也。語大功，立大名，禮君臣，正上下，爲治而已矣。此朝廷之士、尊主强國之人、致功并兼者之所好也。就藪澤，處閑曠，釣魚閑處，無爲而已矣。此江海之士、避世之人、閑暇者之所好也。吹呴呼吸，吐故納新，熊經鳥申，爲壽而已矣。此道引之士、養形之人、彭祖壽考者之所好也。若夫不刻意而高，無仁義而修，無功名而治，無江海而閑，不道引而壽，無不忘也，無不有也，澹然無極，而衆美從之。此天地之道，聖人之德也。

故曰：夫恬惔寂漠，虚無無爲，此天地之平而道德之質也。故曰：聖人休休焉則平易矣，平易則恬惔矣。平易恬惔，則憂患不能入，邪氣不能襲，故其德全而神不虧。故曰：聖人之生也天行，其死也物化；靜而與陰同德，動而與陽同波；不爲福先，不爲禍始；感而後應，迫而後動，不得已而後起。去知與故，循天之理。故無天災，無物累，無人非，無鬼責。其生若浮，其死若休。不思慮，不豫謀。光矣而不耀，信矣而不期。其寢不夢，其覺無憂。其神純粹，其魂不罷。虛無恬淡，乃合天德。故曰：悲樂者，德之邪；喜怒者，道之過；好惡者，德之失。故心不憂樂，德之至也；一而不變，静之至也；無所於忤，虛之至也；不與物交，淡之至也；無所於逆，粹之至也。故曰：形勞而不休則弊，精用而不已則勞，勞則竭。水之性不雜則清，莫動則平，鬱閉而不流，亦不能清，天德之象也。故曰：純粹而不雜，静一而不變，淡而無爲，動而以天行，此養神之道也。

夫有干越之劍者，柙而藏之，不敢用也，寶之至也。精神四達并流，無所不極，上際於天，下蟠於地，化育萬物，不可爲象，其名爲同帝。純素之道，唯神是守，守而勿失，與神爲一。一之精通，合於天倫。野語有之曰：『衆人重利，廉士重名，賢人尚志，聖人貴精。』故素也者，謂其無所與雜也；純也者，謂其不虧其神[一]也。能體純素，謂之真人。

［一］『神』原作『仁』。

此篇先將五樣人排列，然後遞入聖人，五者乃更不足道。接連用六個『故曰』，寫聖人之所以爲聖。末引野語作結，見凡人各有所尚，惟聖人爲得所尚耳。

繕性　太陰

繕性於俗，學以求復其初；滑欲於俗，思以求致其明，謂之蔽蒙之民。

古之治道者，以恬養知。生而無以知爲也，謂之以知養恬。知與恬交相養，而和理出其性。夫德，和也；道，理也。德無不容，仁也；道無不理，義也；義明而物親，忠也；中純實而反乎情，樂也；信行容體而順乎文，禮也。禮樂遍行，則天下亂矣。彼正而蒙己德，德則不冒，冒則物必失其性也。

古之人在混芒之中，與一世而得澹漠焉。當是時也，陰陽和静，鬼神不擾，四時得節，萬物不傷，群生不夭，人雖有知，無所用之，此之謂至一。當是時也，莫之爲而常自然。逮德下衰，及燧人、伏戲，始爲天下，是故順而不一。德又下衰，及神農、黄帝，始爲天下，是故安而不順。德又下衰，及唐、虞始爲天下，興治化之流，濠淯散朴，離道以善，險德以行，然後去性而從於心。

心與心識，知而不足以定天下，然後附之以文，益之以博。文滅質，博溺心，然後民始惑亂，無以反其性情而復其初。由是觀之，世喪道矣，道喪世矣。世與道交相喪也，道之人何由興乎世，世何由興乎道哉！道無以興乎世，世無以興乎道，雖聖人不在山林之中，其德隱矣。隱，故不自隱。

古之所謂隱士者，非伏其身而弗見也，非閉其言而不出也，非藏其知而不發也，時命大謬也。當時命而大行乎天下，則反一無迹；不當時命而大窮乎天下，則深根寧極而待；此存身之道也。

古之存身者，不以辯飾知，不以知窮天下，不以知窮德，危然處其所而反其性，已又何爲哉！道固不小行，德固不小識。小識傷德，小行傷道。故曰：正己而已矣。樂全之謂得志。

古之所謂得志者，非軒冕之謂也，謂其無以益其樂而已矣。今之所謂得志者，軒冕之謂也。軒冕在身，非性命也，物之儻來，寄也。寄之，其來不可圉，其去不可止。故不爲軒冕肆志，不爲窮約趨俗，其樂彼與此同，故無憂而已矣。今寄去則不樂，由是觀之，雖樂，未嘗不荒也。故曰，喪己於物，失性於俗者，謂之倒置之民。

此篇前後兩小段相應，中間一氣滚下，包無數小段，其每小段住處皆官止神行，似住非住，起處皆用提筆，司馬子長及韓昌黎文妙處皆出於此。

首段言講學而不善治性者。二段言繕性宜知與恬交相養。迨枝葉多則天下亂，由於己之蒙冒，故物失其性。三段徵實二段之意。古之人混芒澹漠，是最善治性者。迨燧人、伏羲後，民智日開，民性日失，心性識知，民益惑亂。然在上者導民以文博，而士君子在下者，宜求所以繕性之方，於是以『世喪道，道喪世』。潛氣内轉至隱士『隱，故不自隱』句，收束特奇，此爲似頓非頓之法。四段『時命大謬』句，接得尤奇。要知世人之迷亂其性，皆由『不安時命』『反一無迹』『深根寧極而待』，與上『至一』遥應。繕性至此，乃能存身。《易傳》：『龍蛇之蟄，以存身也[一]。』五段『不以辯飾知』三句，是繕性功夫。『反其性』三字，與上『反其性情』相應，是繕性宗旨。反其性者，反其混芒澹漠無有之天也，『正己』與上『彼正而蒙己德』相應，大人正己物正而後樂全。

[一]『也』原作『世』。

『樂全之謂得志』句，神氣直射，至末『倒置之民』句。六段『軒冕之樂』與上『止己之樂』相反。樂而荒則性益迷，故古之繕性者，先在不以儻來之物動其心。末段以『己性』二字雙結，與首段句法呼應。然而『倒置之民』尤不如『蔽蒙之民』。蔽蒙者，以講學而失其性；倒置者，以軒冕而失其性也。

以上皆就此文之迹象言，而神氣之妙，學者須處處善自領會，姑舉一二處言之。如『文滅質，博溺心』『世喪道，道喪世』等句，唯神氣奇，故句法益奇。又如三段『其德隱矣。隱，故不自隱』、六段『今寄去則不樂。由是觀之，雖樂，未嘗不荒也』，皆虛頓法。而『其德隱矣』下，疾速以『隱，故不自隱』一折；『去則不樂』下，疾速以『雖樂，未嘗不荒也』一挽。一折一挽中，包無限餘意，此皆文之神髓。凡學古者務於此等處學步。

秋水　少陽

秋水時至，百川灌河，涇流之大，兩涘渚崖之間，不辯牛馬。於是焉[一]河伯欣然自喜，以天下之美爲盡在己。順流而東行，至於北海，東面而視，不見水端。於是焉河伯始旋其面目，望洋向若而歎曰：『野語有之曰：「聞道百，以爲莫己若」者，我之謂也。且夫我嘗聞少仲尼之聞而輕伯夷之義者，始吾弗信；今我睹子之難窮也，吾非至於子之門，則殆矣，吾長見笑於大方之家。』北海若曰：『井鼃不可以語於海者，拘於虚也；夏蟲不可以語於冰者，篤於時也；曲士不可以語於道者，束於教也。今爾出於崖涘，觀於大海，乃知爾醜，爾將可與語大理矣。天下之水，莫大於海，萬川歸之，不知何時止而不盈；尾閭泄之，不知何時已而不虚；春秋不變，水旱不知。此其過江河之流，不可爲量數。而吾未嘗以此自多者，自以比形於天地而受氣於陰陽，吾在於天地之間，猶小石小木之在大山也。方存乎見少，又奚以自多！計四海之在天地之間也，不似礨空之在大澤乎？計中國之在海内，不似稊米之在大倉乎？號物之數謂之萬，人處一

[一]『焉』原本無，今補之。

焉；人卒九州，穀食之所生，舟車之所通，人處一焉，此其比萬物也，不似豪末之在於馬體乎？五帝之所連，三王之所争，仁人之所憂，任士之所勞，盡此矣！伯夷辭之以爲名，仲尼語之以爲博，此其自多也，不似爾向之自多於水乎？』

河伯曰：『然則吾大天地而小豪末，可乎？』北海若曰：『否，夫物量無窮，時無止，分無常，終始無故。是故大知觀於遠近，故小而不寡，大而不多，知量無窮，證曏今故，故遥而不悶，掇而不跂，知時無止；察乎盈虛，故得而不喜，失而不憂，知分之無常也；明乎坦塗，故生而不説，死而不禍，知終始之不可故也。計人之所知，不若其所不知；其生之時，不若未生之時；以其至小求窮其至大之域，是故迷亂而不能自得也。由此觀之，又何以知豪末之足以定至細之倪？又何以知天地之足以窮至大之域？』

河伯曰：『世之議者皆曰：「至精無形，至大不可圍。」是信情乎？』北海若曰：『夫自細視大者不盡，自大視細者不明。夫精，小之微也；垺，大之殷也。故異便。此勢之有也。夫精粗者，期於有形者也；無形者，數之所不能分也；不可圍者，數之所不能窮也。可以言論者，物之粗也；可以意致者，物之精也。言之所不能論，意之所不能察致者，不期精粗焉。是故大人之行，不出乎害人，不多仁恩；動不爲利，不賤門隸；貨財弗争，不多辭讓；事焉不借人，不多食乎力，不賤貪污；行殊乎俗，不多辟異；爲在從衆，不賤佞諂；世之爵禄不足以爲勸，戮恥不足以爲辱；知是非之不可爲分，細大之不可爲倪。聞曰：「道人不聞，至德不得，大人無己」。約分之至也。』

河伯曰：『若物之外，若物之内，惡至而倪貴賤？惡至而倪小大？』北海若曰：『以道觀之，物無貴賤。以物觀之，自貴而相賤。以俗觀之，貴賤不在己。以差觀之，因其所大而大之，則萬物莫不大；因其所小而小之，則萬物莫不小。知天地之爲稊米也，知豪末之爲丘山也，則差數覩矣。以功觀之，因其所有而有之，則萬物莫不有；因其所無而無之，則萬物莫不無。知東西之相反而不可以相無，則功分定矣。以趣觀之，因其所然而然之，則萬物莫不然；因其所非而非之，則萬物莫不非。知堯、桀之自然而相非，則趣操覩矣。昔者堯、舜讓而帝，之、噲讓而絶，湯、武争而王，白公争而滅。由此觀之，争讓之禮，堯、桀之行，貴賤有時，未可以爲常也。梁麗可以衝城，而不可以窒穴，言殊器也。騏驥驊騮，一日而馳千里，捕鼠不如狸狌，言殊技也。鴟鵂夜撮蚤，察豪末，晝出瞋目而不見丘山，言殊性也。故曰：『蓋師是而無非，師治而無亂乎？』是未明天地之理、萬物之情者也。是猶師天而無地，師陰而無陽，其不可行明矣。然且語而不舍，非愚則誣也！帝王殊禪，三代殊繼。差其時逆其俗者，謂之篡夫；當其時順其俗者，謂之義之徒。默默乎河伯！女惡知貴賤之門、小大之家！』

河伯曰：『然則我何爲乎？何不爲乎？吾辭受趣舍，吾終奈何？』北海若曰：『以道觀之，何貴何賤，是謂反衍；無拘而志，與道大蹇。何少何多，是謂謝施；無一而行，與道參差。嚴乎若國之有君，其無私德；繇繇乎若祭之有社，其無私福；泛泛乎其若四方之無窮，其無所畛域。兼懷萬物，其孰承翼？是謂無方。萬物一齊，孰短孰長？道無終始，物有死生，不恃其成。一虛一滿，不位乎其形。年不可舉，時不可止，消息盈虛，終則有始。是所以語大義之方，論萬物之理也。物之生也，若驟而馳，無動而不變，無時而不移。何爲乎？何不爲乎？夫固將自化』。

河伯曰：『然則何貴於道邪？』北海若曰：『知道者必達於理，達於理者必明於權，明於權者不以物害己。至德者，火弗能熱，水弗能溺，寒暑弗能害，禽獸弗能賊。非謂其薄之也，言察乎安危，寧於禍福，謹於去就，而莫之能害也。故曰：『天在內，人在外，德在乎天。』知天人之行，本乎天，位乎得，蹢躅而屈伸，反要而語極。』

曰：『何謂天？何謂人？』北海若曰：『牛馬四足，是謂天；落馬首，穿牛鼻，是謂人。故曰：無以人滅天，無以故滅命，無以得徇名。謹守而勿失，是謂反其真。』

夔憐蚿，蚿憐蛇，蛇憐風，風憐目，目憐心。夔謂蚿曰：『吾以一足跉踔而行，予[一]無如矣！今子之使萬足，獨奈何？』蚿曰：『不然。子不見夫唾者乎？噴則大者如珠，小者如霧，雜而下者不可勝數也。今予動吾天機，而不知其所以然。』蚿謂蛇曰：『吾以衆足行，而不及子之無足，何也？』蛇曰：『夫天機之所動，何可易邪？吾安用足哉！』蛇謂風曰：『予動吾脊脅而行，則有似也。今子蓬蓬然起於北海，蓬蓬然入於南海，而似無有，何也？』風曰：『然。予蓬

[一]『予』原作『子』。

蓬然起於北海而入於南海也，然而指我則勝我，鰌我亦勝我。雖然，夫折大木蜚大屋者，惟我能也，故以衆小不勝爲大勝也。爲大勝者，唯聖人能之』。

孔子游於匡，宋人圍之數匝，而弦歌不惙。子路入見，曰：『何夫子之娱也？』孔子曰：『來，吾語女！我諱窮久矣，而不免，命也；求通久矣，而不得，時也。當堯、舜而天下無窮人，非知得也；當桀、紂而天下無通人，非知失也。時勢適然。夫水行不避蛟龍者，漁父之勇也。陸行不避兕虎者，獵夫之勇也。白刃交於前，視死若生者，烈士之勇也。知窮之有命，知通之有時，臨大難而不懼者，聖人之勇也。由，處矣！吾命有所制矣。』無幾何，將甲者進辭曰：『以爲陽虎也，故圍之。今非也，請辭而退。』

公孫龍問於魏牟曰：『龍少學先王之道，長而明仁義之行；合同異，離堅白；然不然，可不可；困百家之知，窮衆口之辯，吾自以爲至達已。今吾聞莊子之言，汒焉異之。不知論之不及與，知之弗若與？今吾無所開吾喙，敢問其方？』

公子牟隱機大息，仰天而笑，曰：『子獨不聞夫埳井之鼃乎？謂東海之鱉曰：「吾樂與！

吾跳梁乎井幹之上，入休乎缺甃之崖；赴水則接腋[一]持頤，蹶泥則沒足滅跗；還虷、蟹與科斗，莫吾能若也！且夫擅一壑之水，而跨跱埳井之樂，此亦至矣。夫子奚不時來入觀乎！」東海之鱉左足未入，而右膝已縶矣。於是逡巡而卻，告之海曰：「夫千里之遠，不足以舉其大；千仞之高，不足以極其深。禹之時十年九潦，而水弗爲加益；湯之時八年七旱，而崖不爲加損。夫不爲頃久推移，不以多少進退者，此亦東海之大樂也。」於是埳井之鼃聞之，適適然驚，規規然自失也。且夫知不知是非之竟，而猶欲觀於莊子之言，是猶使蚉負山，商蚷馳河也，必不勝任矣！且夫知不知論極妙之言，而自適一時之利者，是非埳井之鼃與？且彼方跐黃泉而登大皇，無南無北，奭然四解，淪於不測；無東無西，始於玄冥，反於大通。子乃規規然而求之以察，索之以辯，是直用管闚天，用錐指地也，不亦小乎？子往矣！且子獨不聞夫壽陵餘子之學行於邯鄲與？未得國能，又失其故行矣，直匍匐而歸耳。今子不去，將忘子之故，失子之業。』公孫龍口呿而不合，舌舉而不下，乃逸而走。

[一]『腋』原作『掖』。

莊子釣于濮水，楚王使大夫二人往先焉，曰：『願以境內累矣！』莊子持竿不顧，曰：『吾聞楚有神龜，死已三千歲矣，王巾笥而藏之廟堂之上。此龜者，寧其死爲留骨而貴乎？寧其生而曳尾於塗中乎？』二大夫曰：『寧生而曳尾塗中。』莊子曰：『往矣！吾將曳尾於塗中。』

惠子相梁，莊子往見之。或謂惠子曰：『莊子來，欲代子相。』於是惠子恐，搜於國中，三日三夜。莊子往見之，曰：『南方有鳥，其名鵷鶵，子知之乎？夫鵷鶵發於南海而飛于北海，非梧桐不止，非楝實不食，非醴泉不飲。於是鴟得腐鼠，鵷鶵過之，仰而視之曰：「嚇！」今子欲以子之梁國而嚇我邪？』

莊子與惠子游于濠梁之上。莊子曰：『儵魚出游從容，是魚樂也？』惠子曰：『子非魚，安知魚之樂？』莊子曰：『子非我，安知我不知魚之樂？』惠子曰：『我非子，固不知子矣。子固非魚也，子之不知魚之樂全矣。』莊子曰：『請循其本。子曰「女安知魚樂」云者，既已知我知之而問我，我知之濠上也。』

此篇一層進一層。如剝蕉心，不盡不止。學道最忌識卑，第一番要見大，見大似可忽小。第二番不可忽小。然則大小俱當究心矣。第三番小大一齊掃却。掃郤小大，則物何故又有個貴賤，有個大小？第四番本無貴賤小大。既無貴賤小大，學者將何者當爲？何者不當爲？第五番爲不爲一齊放下，只是無方自化，如此似乎無取學道。第六番知道者超然物外，純乎在天，則是無方自化之妙處，正天之妙處，豈不足貴？天人何所分別。第七番自然者是天，作爲著是人，故不可以人滅天，豈可以故滅命？豈可以名喪德？凡七番披剝，用三句一束，結出反真，漸引漸深，造乎極微而後止。

至樂　少陽

天下有至樂無有哉？有可以活身者無有哉？今奚爲奚據？奚避奚處？奚就奚去？奚樂奚惡？

夫天下之所尊者，富貴壽善也；所樂者，身安、厚味、美服、好色、音聲也；所下者，貧賤、夭惡也；所苦者，身不得安逸，口不得厚味，形不得美服，目不得好色，耳不得音聲。若不得者，則大憂以懼，其爲形也亦愚哉！

夫富者苦身疾作，多積財而不得盡用，其爲形也亦外矣！夫貴者夜以繼日，思慮善否，其爲形也亦疏矣！人之生也，與憂俱生，壽者惛惛，久憂不死，何之苦也！其爲形也亦遠矣！烈士爲天下見善矣，未足以活身。吾未知善之誠善邪？誠不善邪？若以爲善矣，不足活身；以爲不善矣，足以活人。故曰：『忠諫不聽，蹲循勿争。』故夫子胥争之以殘其形，不争名亦不成。誠有善無有哉？今俗之所爲與其所樂，吾又未知樂之果樂邪？果不樂邪？吾觀夫俗之所樂，舉群趣者誙誙然如將不得已，而皆曰樂者，吾未之樂也，亦未之不樂也。果有樂無有哉？吾以爲無爲誠樂矣，又俗之所大苦也。故曰：『至樂無樂，至譽無譽。』

天下是非果未可定也。雖然，無爲可以定是非。至樂活身，唯無爲幾存。請嘗試言之：天無爲以之清，地無爲以之寧，故兩無爲相合，萬物皆化。芒乎芴乎，而無從出乎！芴乎芒乎，而無有象乎！萬物職職，皆從無爲殖。故曰：『天地無爲也，而無不爲也。』人也孰能得無爲哉！

莊子妻死，惠子弔之，莊子則方箕踞鼓盆而歌。惠子曰：『與人居，長子、老、身死，不哭，亦足矣。又鼓盆而歌，不亦甚乎！』莊子曰：『不然。是其始死也，我獨何能無槩！然察其始，而本無生；非徒無生也，而本無形；非徒無形也，而本無氣。雜乎芒芴之間，變而有氣，氣變而有形，形變而有生。今又變而之死，是相與爲春秋冬夏四時行也。人且偃然寢於巨室，而我噭噭然隨而哭之，自以爲不通乎命，故止也。』

支離叔與滑介叔觀於冥伯之丘，崑崙之虛，黄帝之所休。俄而柳生左肘，其意蹶蹶然惡之。支離叔曰：『子惡之乎？』滑介叔曰：『亡，予何惡！生者，假借也，假之而生。生者，塵垢也。死生爲晝夜。且吾與子觀化，而化及我，我又何惡焉！』

莊子之楚，見空髑髏，髐然有形，撽以馬捶，因而問之曰：『夫子貪生失理而爲此乎？將子有亡國之事，斧鉞之誅，而爲此乎？將子有不善之行，愧遺父母妻子之醜，而爲此乎？將子有凍餒之患，而爲此乎？將子之春秋故及此乎？』於是語卒，援髑髏枕而卧。夜半，髑髏見夢曰：『子之談者似辯士。諸子所言，皆生人之累也，死則無此矣。子欲聞死之説乎？』莊子曰：

『然。』髑髏曰：『死，無君於上，無臣於下，亦無四時之事，從然以天地爲春秋，雖南面王樂，不能過也。』莊子不信，曰：『吾使司命復生子形，爲子骨肉肌膚，反子父母、妻子、閭里、知識，子欲之乎？』髑髏深矉蹙頞曰：『吾安能棄南面王樂，而復爲人間之勞乎！』

顔淵東之齊，孔子有憂色。子貢下席而問曰：『小子敢問回東之齊，夫子有憂色，何邪？』孔子曰：『善哉女問。昔者管子有言，丘甚善之，曰：「褚小者不可以懷大，綆短者不可以汲深。」夫若是者，以爲命有所成，而形有所適也，夫不可損益。吾恐回與齊侯言堯、舜、黄帝之道，而重以燧人、神農之言。彼將内求於己而不得，不得則惑，人惑則死。且女獨不聞邪？昔者海鳥止於魯郊，魯侯御而觴之於廟，奏《九韶》以爲樂，具太牢以爲膳。鳥乃眩視憂悲，不敢食一臠，不敢飲一杯，三日而死。此以己養養鳥也，非以鳥養養鳥也。夫以鳥養養鳥者，宜棲之深林，游之壇陸，浮之江湖，食之鰌鰷，隨行列而止，委蛇而處。彼唯人言之惡聞，奚以夫譊譊爲乎？《咸池》《九韶》之樂，張之洞庭之野，鳥聞之而飛，獸聞之而走，魚聞之而下入，人卒聞之，相與還而觀之。魚處水而生，人處水而死，彼必相與異，其好惡故異也。故先聖不一其能，不同其事。名止於實，義設於適，是之謂條達而福持。』

列子行食於道，從見百歲髑髏，攓蓬而指之曰：『唯予與女知，而未嘗死，未嘗生也。若果養乎？予果歡乎？』種有幾，得水則爲㡭，得水土之際，則爲鼃蠙之衣；生於陵屯，則爲陵舄。陵舄得鬱棲，則爲烏足。烏足之根爲蠐螬，其葉爲胡蝶。胡蝶胥也，化而爲蟲，生於竈下，其狀若脱，其名爲鴝掇。鴝掇千日爲鳥，其名爲乾餘骨。乾餘骨之沫爲斯彌，斯彌爲食醯。頤輅生乎食醯，黄軦生乎九猷，瞀生乎腐蠸，羊奚比乎不箰。久竹生青寧，青寧生程，程生馬，馬生人，人又反入於機。萬物皆出於機，皆入於機。

外物　少陽

外物不可必，故龍逢誅，比干戮，箕子狂，惡來死，桀、紂亡。人主莫不欲其臣之忠，而忠未必信，故伍員流于江，萇弘死于蜀，藏其血，三年而化爲碧。人親莫不欲其子之孝，而孝未必愛，故孝己憂而曾參悲。

木與木相摩則然，金與火相守則流。陰陽錯行，則天地大絯，於是乎有雷有霆，水中有火，乃焚大槐。有甚憂兩陷而無所逃，螴蜳不得成，心若縣於天地之間，慰暋沈屯，利害相摩，生火甚多，衆人焚和。月固不勝火，於是乎有僓然而道盡。

莊周家貧，故往貸粟於監河侯。監河侯曰：『諾。我將得邑金，將貸子三百金可乎？』莊周忿然作色曰：『周昨來有中道而呼者。周顧視車轍中有鮒魚焉。周問之曰：「鮒魚來！子何爲者耶？」對曰：「我東海之波臣也，君豈有斗升之水而活我哉？」周曰：「諾哉。且南游吳越之王，激[一]西江之水而迎子可乎？」鮒魚忿然作色曰：「吾失我常，與我無所處。吾得斗升之水然活耳，君乃言此，曾不如早索我於枯魚之肆。」』

任公子爲大鉤巨緇，五十犗以爲餌，蹲乎會稽，投竿東海，旦旦而釣，期年不得魚。已而大魚食之，牽巨鉤錎没而下，騖揚而奮鬐，白波若山，海水震蕩，聲侔鬼神，憚赫千里。任公子得若魚，離而腊之，自制河以東，蒼梧以北，莫不厭若魚者。已而後世輇才諷說之徒，皆驚而相告也。夫揭竿累，趣灌瀆，守鯢鮒，其於得大魚難矣。飾小說以干縣令，其於大達亦遠矣。是以未嘗聞

[一]『激』原作『澈』。

任氏之風俗，其不可與經於世亦遠矣。

儒以《詩》《禮》發冢，大儒臚傳曰：『東方作矣，事之若何？』小儒曰：『未解裙襦，口中有珠。《詩》固有之曰：「青青之麥，生於陵陂。生不布施，死何含珠爲？」接其鬢，壓其顪，儒以金椎控其頤，徐別其頰，無傷口中珠。』

老萊子之弟子出薪，遇仲尼，反以告曰：『有人於彼，修上而趨下，末僂而後耳，視若營四海，不知其誰氏之子。』老萊子曰：『是丘也，召而來。』仲尼至。曰：『丘，去汝躬矜，與汝容知，斯爲君子矣。』仲尼揖而退，蹙然改容而問曰：『業可得進乎？』老萊子曰：『夫不忍一世之傷，而鶩萬世之患，抑固窶耶，亡其略弗及耶？惠以歡爲鶩，終身之醜，中民之行進焉耳。相引以名，相結以隱。與其譽堯而非桀，不如兩忘而閉其所譽。反無非傷也，動無非邪也。聖人躊躇以興事，以每成功。奈何哉，其載焉終矜爾！』

宋元君夜半而夢人被髮闚阿門，曰：『予自宰路之淵，予爲清江使河伯之所，漁者余且得予。』元君覺，使人占之，曰：『此神龜也。』君曰：『漁者有余且乎？』左右曰：『有。』君曰：

『令余且會朝。』明日余且朝。君曰：『漁何得？』對曰：『且之網得白龜焉，箕圓五尺。』君曰：『獻若之龜。』龜至，君再欲殺之，再欲活之，心疑，卜之，曰：『殺龜以卜，吉。』乃刳龜，七十二鑽而無遺筴。仲尼曰：『神龜能見夢於元君，而不能避余且之網；知能七十二鑽而無遺筴，不能避刳腸之患。如是則知有所困，神有所不及也。雖有至知，萬人謀之。魚不畏網，而畏鵜鶘。去小知而大知明，去善而自善矣。』嬰兒生，無石師而能言，與能言者處也。

惠子謂莊子曰：『子言無用。』莊子曰：『知無用而始可與言用矣。夫地非不廣且大也，人之所用容足耳。然則厠足而墊之致黃泉，人尚有用乎？』惠子曰：『無用。』莊子曰：『然則無用之爲用也亦明矣。』

莊子曰：『人有能游，且得不游乎？人而不能游，且得游乎？夫流遁之志，決絕之行，噫，其非至知厚德之任與！覆墮而不反，火馳而不顧，雖相與爲君臣，時也，易世而無以相賤。故曰至人不留行焉。夫尊古而卑今，學者之流也。且以狶韋氏之流觀今之世，夫孰能不波？唯至人乃能游於世而不僻，順人而不失己。彼教不學，承意不彼。目徹爲明，耳徹爲聰，鼻徹爲顫，口徹爲甘，心徹爲知，知徹爲德。凡道不欲壅，壅則哽，哽而不止則跈，跈則衆害生。物之有知者恃息，其不殷，非天之罪。天之穿之，日夜無降，人則顧塞其竇。胞有重閬，心有天游。室無空虛，則婦姑勃谿；心無天游，則六鑿相攘。大林丘山之善於人也，亦神者不勝。德溢乎名，名溢乎暴；謀稽乎誸，知出乎爭；柴生乎守，官事果乎衆宜。春雨日時，草木怒生，銚鎒於是乎始修，草木之到植者過半，而不知其然。静默可以補病，眥媙可以休老，寧可以止遽。雖然，若是勞者之務也，非佚者之所，未嘗過而問焉。聖人之所以駴天下，神人未嘗過而問焉；賢人所以駴世，聖人未嘗過而問焉；君子所以駴國，賢人未嘗過而問焉；小人所以合時，君子未嘗過而問焉。

演門有親死者，以善毁爵爲官師，其黨人毁而死者半。堯與許由天下，許由逃之；湯與務光，務光怒之；紀他聞之，帥弟子而踆於窾水；諸侯弔之，三年申徒狄因以踣河。

荃者所以在魚，得魚而忘荃；蹄者所以在兔，得兔而忘蹄；言者所以在意，得意而忘言。吾安得夫忘言之人而與之言哉！』

國文陰陽剛柔大義下之上

賈生文

陳政事疏　太陽

臣竊惟事勢，可爲痛哭者一，可爲流涕者二，可爲長太息者六，若其它背理而傷道者，難遍以疏舉。進言者皆曰：天下已安已治矣，臣獨以爲未也。曰安且治者，非愚則諛，皆非事實知治亂之體者也。夫抱火厝之積薪之下而寢其上，火未及燃，因謂之安，方今之勢，何以異此！本末舛逆，首尾衡决，國制搶攘，非甚有紀，胡可謂治！陛下何不壹令臣得孰數之於前，因陳治安之策，試詳擇焉！

夫射獵之娱，與安危之機孰急？使爲治勞智慮，苦身體，乏鐘鼓之樂，勿爲可也。樂與今同，而加之諸侯軌道，兵革不動，民保首領，匈奴賓服，四荒鄉風，百姓素樸，獄訟衰息，大數既得，則天下順治，海内之氣，清和咸理，生爲明帝，没爲明神，名譽之美，垂於無窮。《禮》祖有功而宗有德，使顧成之廟，稱爲太宗，上配太祖，與漢亡極。建久安之勢，成長治之業，以承祖廟，以奉六親，至孝也；以幸天下，以育群生，至仁也；立經陳紀，輕重同得，後可以爲萬世法程，雖有愚幼不肖之嗣，猶得蒙業而安，至明也。以陛下之明達，因使少知治體者，得佐下風，致此非難也。其具可素陳於前，願幸無忽。臣謹稽之天地，驗之往古，按之當今之務，日夜念此至孰也，雖使舜，禹復生，爲陛下計，亡以易此。

夫樹國固必相疑之勢，下數被其殃，上數爽其憂，甚非所以安上而全下也。今或親弟謀爲東帝，親兄之子，西鄉而擊，今吴又見告矣。天子春秋鼎盛，行義未過，德澤有加焉，猶尚如是，况莫大諸侯，權力且十此者乎！

然而天下少安，何也？大國之王，幼弱未壯，漢之所置傅相，方握其事。數年之後，諸侯之王，大抵皆冠，血氣方剛，漢之傅相，稱病而賜罷，彼自丞尉以上，遍置私人。如此，有異淮南、濟北之爲耶？此時而欲爲治安，雖堯、舜不治。

黄帝曰：『日中必熭，操刀必割。』今令此道順而全安，甚易，不肯蚤爲，已乃墮骨肉之屬而抗剄之，豈有異秦之季世乎！夫以天子之位，乘今之時，因天之助，尚憚以危爲安，以亂爲治，假設陛下居齊桓之處，將不合諸侯而匡天下乎？臣又知陛下有所必不能矣。假設天下如曩時，淮陰侯尚王楚，黥布王淮南，彭越王梁，韓信王韓，張敖王趙，貫高爲相，盧綰王燕，陳豨在代，令此六七公者皆亡恙，當是時而陛下即天子位，能自安乎？臣有以知陛下之不能也。天下殽亂，高皇帝與諸公并起，非有仄室之勢以豫席之也。諸公幸者，乃爲中涓，其次厪得舍人，材之不逮至遠也。高皇帝以明聖威武，即天子位，割膏腴之地，以王諸公，多者百餘城，少者乃三四十縣，德至渥也。然其後十年之間，反者九起。陛下之與諸公，非親角材而臣之也，又非身封王之也，自高皇帝不能以是一歲爲安，故臣知陛下之不能也。然尚有可諉者曰疏，臣請試言其親者。假令悼惠王王齊，元王王楚，中子王趙，幽王王淮陽，共王王梁，靈王王燕，厲王王淮南，六七貴人皆亡恙。當是時，陛下即位，能爲治乎？臣又知陛下之不能也。若此諸王，雖名爲臣，實皆有布衣昆弟之心，慮亡不帝制而天子自爲者。擅爵人，赦死罪，甚者或戴黄屋，漢法令非行也。雖行不軌如厲王者，令之不肯聽，召之安可致乎！幸而來至，法安可得加！動一親戚，天下圜視而起。陛下之臣，雖有悍如馮敬者，適啓其口，匕首已陷其胸矣。陛下雖賢，誰與領此？

故疏者必危，親者必亂，已然之效也。其異姓負强而動者，漢已幸勝之矣，又不易其所以然。同姓襲是迹而動，既有徵矣，其勢盡又復然。殃禍之變，未知所移，明帝處之，尚不能以安，後世將如之何！

屠牛坦一朝解十二牛，而芒刃不頓者，所排擊剥割，皆衆理解也。至於髖髀之所，非斤則斧。夫仁義恩厚，人主之芒刃也；權勢法制，人主之斤斧也。今諸侯王，皆衆髖髀也，釋斤斧之用，而欲嬰以芒刃，臣以爲不缺則折。胡不用之淮南、濟北？勢不可也。

臣竊迹前事，大抵强者先反，淮陰王楚最强，則最先反；韓信倚胡，則又反；貫高因趙資，則又反；陳豨兵精，則又反；彭越用梁，則又反；黥布用淮南，則又反；盧綰最弱最後反。長沙乃在二萬五千户耳，功少而最完，勢疏而最忠，非獨性異人也，亦形勢然也。曩令樊、酈、絳、灌據數十城而王，今雖以殘亡可也；令信、越之倫，列爲徹侯而居，雖至今存可也。然則天下之大計可知已。欲諸王之皆忠附，則莫若令如長沙王；欲臣子之勿菹醢，則莫若令如樊、酈等；欲天下之治安，莫若衆建諸侯而少其力。力少則易使以義，國小則無邪心。令海内之勢，如身之使臂，臂之使指，莫不制從。諸侯之君，不敢有異心，輻湊并進，而歸命天子，雖在細民，且知其安，故天下咸知陛下之明。割地定制，令齊、趙、楚各爲若干國，使悼惠王、幽王、元王之子孫，畢以次各受祖之分地，地盡而止，及燕、梁它國皆然。其分地衆而子孫少者，建以爲國，空而置之，須其子孫生者，舉使君之。諸侯之地，其削頗入漢者，爲徙其侯國，及封其子孫也，所以數償之。一寸之地，一人之衆，天子亡所利焉，誠以定治而已，故天下咸知陛下之廉。地制壹定，宗室子孫，莫慮不王，下無倍畔之心，上無誅伐之志，故天下咸知陛下之仁。法立而不犯，令行而不逆，貫高、利幾之謀不生，柴奇、開章之計不萌，細民鄉善，大臣致順，故天下咸知陛下之義。卧赤子天下之上而安，植遺腹，朝委裘，而天下不亂。當時大治，後世誦聖。壹動而五業附，陛下誰憚而久不爲此？

天下之勢，方病大瘇。一脛之大幾如要，一指之大幾如股，平居不可屈信，一二指搐，身慮亡聊。失今不治，必爲錮疾，後雖有扁鵲，不能爲已。病非徒瘇也，又苦蹠盭。元王之子，帝之從弟也，今之王者，從弟之子也。惠王之子，親兄子也，今之王者，兄子之子也。親者或亡分地以安天下，疏者或制大權以逼天子，臣故曰非徒病瘇也，又苦蹠盭。可爲痛哭者，此病是也。

天下之勢方倒縣。凡天子者，天下之首，何也？上也。蠻夷者，天下之足，何也？下也。今匈奴嫚姆侵掠，至不敬也，爲天下患，至亡已也，而漢歲金絮采繒[一]以奉之。夷狄徵令，是主上之操也；天子共貢，是臣下之禮也。足反居上，首顧居下，倒縣如此，莫之能解，猶爲國有人乎？非亶倒縣而已，又類辟，且病痱。夫辟者一面病，痱者一方痛。今西邊北邊之郡，雖有長爵，不輕得復，五尺以上，不輕得息，斥候望烽燧不得卧，將吏被介冑而睡，臣故曰一方病矣。醫能治之，而上不使，可爲流涕者此也。

陛下何忍以帝皇之號，爲戎人諸侯，勢既卑辱，而禍不息，長此安窮！進謀者率以爲是，固

[一]『繒』原作『繪』。

不可解也，亡具甚矣。臣竊料匈奴之衆不過漢一大縣，以天下之大，困於一縣之衆，甚爲執事者羞之。陛下何不試以臣爲屬國之官，以主匈奴？行臣之計，請必係單于之頸，而制其命，伏中行説而笞其背，舉匈奴之衆，唯上之令。今不獵猛敵而獵田彘，不搏反寇而搏畜菟，玩細娛而不圖大患，非所以爲安也。德可遠施，威可遠加，而直數百里外，威令不信，可爲流涕者此也。

今民賣僮者，爲之繡衣絲履偏諸緣，内之閑中，是古天子后服，所以廟而不宴者也，而庶人得以衣婢妾。白縠之表，薄紈之裏，緁以偏諸，美者黼繡，是古天子之服，今富人大賈，嘉會召客者以被牆。古者以奉一帝一后而節適，今庶人屋壁，得爲帝服，倡優下賤，得爲后飾，然而天下不屈者，殆未有也。且帝之身自衣皁綈，而富民牆屋被文繡；天子之后以緣其領，庶人孽妾緣其履：此臣所謂舛也。夫百人作之，不能衣一人，欲天下亡寒，胡可得也？一人耕之，十人聚而食之，欲天下亡飢，不可得也。飢寒切於民之肌膚，欲其亡爲奸邪，不可得也。國已屈矣，盜賊直須時耳，然而獻計者曰『毋動』，爲大耳。夫俗至大不敬也，至亡等也，至冒上也，進計者猶曰『毋爲』，可爲長太息者此也。

商君遺禮義，棄仁恩，并心於進取。行之二歲，秦俗日敗。故秦人家富子壯則出分，家貧子壯則出贅。借父耰鉏，慮有德色；母取箕箒，立而誶語。抱哺其子，與公并倨；婦姑不相説，則反唇而相稽。其慈子嗜利，不同禽獸者亡幾耳。然并心而赴時，猶曰『蹶六國，兼天下』。功成求得矣，終不知反廉愧之節，仁義之厚。信并兼之法，遂進取之業，天下大敗；衆掩寡，智欺愚，勇威怯，壯陵衰，其亂至矣。是以大賢起之，威震海内，德從天下。曩之爲秦者，今轉而爲漢矣。然其遺風餘俗，猶尚未改。今世以侈靡相競，而上無制度，棄禮誼，捐廉恥日甚，可謂月異而歲不同矣。逐利不耳，慮非顧行也，今其甚者，殺父兄矣。盗者剟寢户之簾，搴兩廟之器，白晝大都之中，剽吏而奪之金。矯僞者出幾十萬石粟，賦六百餘萬錢，乘傳而行郡國，此其無行義之尤至者也。而大臣特以簿書不報，期會之間，以爲大故。至於俗流失，世壞敗，因恬而不知怪，慮不動於耳目，以爲是適然耳。夫移風易俗，使天下回心而鄉道，類非俗吏之所能爲也。俗吏之所務，在於刀筆筐篋，而不知大體。陛下又不自憂，竊爲陛下惜之。

夫立君臣，等上下，使父子有禮，六親有紀，此非天之所爲，人之所設也。夫人之所設，不爲不立，不植則僵，不修則壞。《管子》曰：『禮義廉恥，是謂四維；四維不張，國乃滅亡。』使筦子愚人也則可，筦子而少知治體，則是豈可不爲寒心哉！秦滅四維而不張，故君臣乖亂，六親殃戮，奸人并起，萬民離叛，凡十三歲而社稷爲虚。今四維猶未備也，故奸人幾幸，而衆心疑惑。豈如今定經制，令君君臣臣，上下有差，父子六親，各得其宜，奸人亡所幾幸，而群臣衆信，上不疑惑！此業壹定，世世常安，而後有所持循矣。若夫經制不定，是猶渡江河亡維楫，中流而遇風波，船必覆矣。可爲長太息者此也。

夏爲天子，十有餘世，而殷受之。殷爲天子，二十餘世，而周受之。周爲天子，三十餘世，而秦受之。秦爲天子，二世而亡。人性不甚相遠也，何三代之君有道之長，而秦無道之暴也？其故可知也。古之王者，太子乃生，固舉以禮，使士負之，有司齊肅端冕，見之南郊，見於天也。過闕則下，過廟則趨，孝子之道也，故自爲赤子，而教固已行矣。昔者成王幼在繦抱之中，召公爲太保，周公爲太傅，太公爲太師。保，保其身體；傅，傅之德義；師，道之教訓：此三公之職也。於是爲置三少，皆上大夫也，曰少保、少傅、少師，是與太子宴者也。故乃孩提有識，三公、三少固明孝仁禮義以道習之，逐去邪人，不使見惡行。於是皆選天下之端士，孝悌博聞有道術者，以衛翼之，使與太子居處出入。故太子乃生而見正事，聞正言，行正道，左右前後皆正人也。夫習與正人居之，不能毋正，猶生長於齊，不能不齊言也；習與不正人居之，不能毋不正，猶生長於楚之地，不能不楚言也。故擇其所嗜，必先受業，乃得嘗之；擇其所樂，必先有習，乃得爲之。孔子曰：『少成若天性，習慣如自然。』及太子少長，知妃色，則入于學。學者，所學之官也。《學禮》曰：『帝入東學，上親而貴仁，則親疏有序，而恩相及矣；帝入南學，上齒而貴信，則長幼有差，而民不誣矣；帝入西學，上賢而貴德，則聖智在位，而功不遺矣；帝入北學，上貴而尊爵，則貴賤有等，而下不踰矣；帝入太學，承師問道，退習而考於太傅，太傅罰其不則，而匡其不及，則德智長，而治道得矣。此五學者既成於上，則百姓黎民，化輯於下矣。』及太子既冠成人，免於保傅之嚴，則有記過之史，徹膳之宰，進善之旌，誹謗之木，敢諫之鼓。瞽史誦詩，工誦箴諫，大夫進謀，士傳民語。習與智長，故切而不媿；化與心成，故中道若性。三代之禮，春朝朝日，秋暮夕月，所以明有敬也；春秋入學，坐國老，執醬而親饋之，所以明有孝也；行以鸞和，步中《采齊》，趣中《肆夏》，所以明有度也；其於禽獸，見其生不食其死，聞其聲不食其肉，故遠庖厨，所以長恩，且明有仁也。

夫三代之所以長久者，以其輔翼太子，有此具也。及秦而不然。其俗固非貴辭讓也，所上者告訐也；固非貴禮義也，所上者刑罰也。使趙高傅胡亥而教之獄，所習者非斬劓人，則夷人之三族也。故胡亥今日即位，而明日射人，忠諫者謂之誹謗，深計者謂之妖言，其視殺人若艾草菅然。豈惟胡亥之性惡哉？彼其所以道之者非其理故也。

鄙諺曰：『不習爲吏，視已成事。』又曰：『前車覆，後車誡。』夫三代之所以長久者，其已事可知也；然而不能從者，是不法聖智也。秦世之所以亟絶者，其轍迹可見也；然而不避，是後車又將覆也。夫存亡之變，治亂之機，其要在是矣。天下之命，縣於太子；太子之善，在於早諭教與選左右。夫心未濫而先諭教，則化易成也；開於道術智誼之指，則教之力也。若其服習積貫，則左右而已。夫胡、粤之人，生而同聲，嗜欲不異，及其長而成俗，累數譯而不能相通，行有雖死而不相爲者，則教習然也。臣故曰：選左右早諭教最急。夫教得而左右正，則太子正矣，太子正而天下定矣。《書》曰：『一人有慶，兆民賴之。』此時務也。

凡人之智，能見已然，不能見將然。夫禮者，禁於將然之前；而法者，禁於已然之後，是故法之所用易見，而禮之所爲至難知也。若夫慶賞以勸善，刑罰以懲惡，先王執此之政，堅如金石，行此之令，信如四時，據此之公，無私如天地耳，豈顧不用哉？然而曰禮云禮云者，貴絕惡於未萌，而起教於微眇，使民日遷善遠罪，而不自知也。孔子曰：『聽訟，吾猶人也，必也使無訟乎！』爲人主計者，莫如先審取捨，取捨之極定於內，而安危之萌應於外矣。安者非一日而安也，危者非一日而危也，皆以積漸然，不可不察也。人主之所積，在於取捨，以禮義治之者積禮義，以刑罰治之者積刑罰，刑罰積而民怨背，禮義積而民和親。故世主欲民之善同，而所以使民善者或異。或道之以德教，或驅之以法令。道之以德教者，德教洽而民氣樂；驅之以法令者，法令極而民風哀。哀樂之感，禍福之應也。秦王之欲尊宗廟而安子孫，與湯、武同，然而湯、武廣大其德，行六七百歲而弗失，秦王治天下十餘歲則大敗。此無它故矣，湯、武之定取捨審，而秦王之定取捨不審矣。夫天下，大器也。今人之置器，置諸安處則安，置之危處則危。天下之情，與器無以異，在天子之所置之。湯、武置天下於仁義禮樂，而德澤洽，禽獸草木廣裕，德被蠻貊四夷，累子孫數十世，此天下所共聞也。秦王置天下於法令刑罰，德澤亡一有，而怨毒盈於世，下憎惡之如仇讎，禍幾及身，子孫誅絶，此天下之所共見也。是非其明效大驗邪！人之言曰：『聽言之道，必以其事觀之，則言者莫敢妄言。』今或言禮誼之不如法令，教化之不如刑罰，人主胡不引殷、周、秦事以觀之也？

人主之尊譬如堂，群臣如陛，衆庶如地。故陛九級上，廉遠地則堂高；陛亡級，廉近地則堂卑。高者難攀，卑者易陵，理勢然也。故古者聖王制爲等列，内有公卿、大夫、士，外有公、侯、伯、子、男，然後有官師、小吏，延及庶人，等級分明，而天子加焉，故其尊不可及也。里諺曰：『欲投鼠而忌器。』此善諭也。鼠近於器，尚憚不投，恐傷其器，況於貴臣之近主乎！

廉恥節禮以治君子，故有賜死而亡戮辱。是以黥劓之罪不及大夫，以其離主上不遠也，禮不敢齒君之路馬，蹴其芻者有罰；見君之几杖則起，遭君之乘車則下，入正門則趨；君之寵臣雖或有過，刑罰之罪不加其身者，尊君之故也。此所以爲主上豫遠不敬也，所以體貌大臣而勵其節也。今自王、侯、三公之貴，皆天子之所改容而禮之也，古天子之所謂伯父、伯舅也，而今與衆庶同黥、劓、髡、刖、笞、傌、棄市之法，然則堂不亡陛乎？被戮辱者不泰迫乎？廉恥不行，大臣無乃握重權，大官而有徒隸亡恥之心乎？夫望夷之事，二世見當以重法者，投鼠而不忌器之習也。

臣聞之，履雖鮮，不加於枕，冠雖敝，不以苴履。夫嘗已在貴寵之位，天子改容而禮貌之矣，吏民嘗俯伏以敬畏之矣，今而有過，帝令廢之可也，退之可也，賜之死可也，滅之可也；若夫束縛之，係緤之，輸之司寇，編之徒官，司寇小吏，詈罵而榜笞之，殆非所以令衆庶見也。夫卑賤者習知尊貴者之一旦，吾亦乃可以加此也，非所以習天下也，非尊尊貴貴之化也。夫天子之所嘗敬，衆庶之所嘗寵，死而死耳，賤人安宜得如此而頓辱之哉！

豫讓事中行之君，智伯伐而滅之，移事智伯。及趙滅智伯，豫讓釁面吞炭，必報襄子，五起而不中。人問豫子，豫子曰：『中行衆人畜我，我故衆人事之；智伯國士遇我，我故國士報之。』故此一豫讓也，反君事讐，行若狗彘，已而抗節致忠，行出乎列士，人主使然也。故主上遇其大臣如遇犬馬，彼將犬馬自爲也；如遇官徒，彼將官徒自爲也。頑頓亡恥，奊詬亡節，廉恥不立，且不自好，苟若而可，故見利則逝，見便則奪。主上有敗，則因而挻之矣；主上有患，則吾苟免而已，立而觀之耳；有便吾身者，則欺賣而利之耳。人主將何便於此？群下至衆，而主上至少也，所托財器職業者，粹於群下也。俱亡恥，俱苟妄，則主上最病。故古者禮不及庶人，刑不至大夫，所以厲寵臣之節也。古者大臣有坐不廉而廢者，不謂不廉，曰『簠簋不飾』；坐污穢淫亂，男女無别者，不曰污穢，曰『帷薄不修』；坐罷軟不勝任者，不曰罷軟，曰『下官不職』。故貴大臣定有其罪矣，猶未斥然正以謼之也，尚遷就而爲之諱也。故其在大譴大何之域者，聞譴何，則白冠氂纓，盤水加劍，造請室而請罪耳，上不執縛係引而行也。其有中罪者，聞命而自弛，上不使人頸盭而加也。其有大罪者，聞命則北面再拜，跪而自裁，上不使捽抑而刑之也，曰：『子大夫自有過耳！吾遇子有禮矣。』遇之有禮，故群臣自憙；嬰以廉恥，故人矜節行。上設廉恥禮義以遇其臣，而臣不以節行報其上者，則非人類也。故化成俗定，則爲人臣者，主耳忘身，國耳忘家，公耳忘私，利不苟就，害不苟去，唯義所在，上之化也。故父兄之臣，誠死宗廟，法度之臣，誠死社稷，輔翼之臣，誠死君上，守圉捍敵之臣，誠死城郭封疆。故曰聖人有金城者，比物此志也。彼且爲我死，故吾得與之俱生；彼且爲我亡，故吾得與之俱存；夫將爲我危，故吾得與之皆安。顧行而忘利，守節而仗義，故可以托不御之權，可以寄六尺之孤。此厲廉恥行禮誼之所致也，主上何喪焉！此之不爲，而顧彼之久行，故曰可爲長太息者此也。

論積貯疏　太陽

筦子曰：『倉廩實而知禮節。』民不足而可治者，自古及今，未之嘗聞。古之人曰：『一夫不耕，或受之飢；一女不織，或受之寒。』生之有時，而用之亡度，則物力必屈。古之治天下，至纖至悉也，故其畜積足恃。今背本而趨末，食者甚衆，是天下之大殘也；淫侈之俗，日日以長，是天下之大賊也。殘賊公行，莫之或止；大命將泛，莫之振救。生之者甚少，而靡之者甚多，天下財産，何得不蹶！漢之爲漢，幾四十年矣，公私之積，猶可哀痛！失時不雨，民且狼顧；歲惡不入，請賣爵子。既聞耳矣，安有爲天下阽危者若是而上不驚者？

世之有饑穰，天之行也，禹、湯被之矣。即不幸而有方二三千里之旱，國胡以相恤？卒然邊境有急，數千百萬之衆，國胡以餽之？兵旱相乘，天下大屈，有勇力者聚徒而衡擊；罷夫羸老，易子而齩其骨。政治未畢通也，遠方之能疑者，并舉而爭起矣。乃駭而圖之，豈將有及乎？

夫積貯者，天下之大命也。苟粟多而財有餘，何爲而不成？以攻則取，以守則固，以戰則勝。懷敵附遠，何招而不至？今敺民而歸之農，皆著於本，使天下各食其力，末技游食之民，轉而緣南晦，則蓄積足而人樂其所矣。可以爲富安天下，而直爲此廩廩也，竊爲陛下惜之。

弔屈原賦　少陰

恭承嘉惠兮，俟[一]罪長沙；側聞屈原兮，自沉汨羅。造托湘流兮，敬弔先生；遭世罔極兮，乃殞厥身。嗚呼哀哉兮！逢時不祥。鸞鳳伏竄兮，鴟梟翱翔。闒茸尊顯兮，讒諛得志；賢聖逆曳兮，方正倒植。世謂隨、夷溷兮，謂跖、蹻廉；莫邪爲頓兮，鉛刀爲銛。于嗟嘿嘿兮，生之無故。斡棄周鼎兮，而寶康瓠。騰駕罷牛兮，驂蹇驢；驥垂兩耳兮，服鹽車。章甫薦履兮，漸不可久；嗟苦先生兮，獨離此咎。

[一]『俟』原作『竢』。

訊曰：已矣！國其莫我知，獨堙鬱兮其誰語？鳳漂漂其高逝兮，夫固自縮而遠去。襲九淵之神龍兮，沕深潛以自珍。彌融爚以隱處兮，夫豈從蟻與蛭螾？所貴聖人之神德兮，遠濁世而自藏。使騏驥可得係羈兮，豈云異夫犬羊？般紛紛其離此尤兮，亦夫子之辜也。瞝九州而相君兮，何必懷此都也？鳳皇翔于千仞兮，覽德輝焉下之；見細德之險微兮，搖增翮逝而去之。彼尋常之污瀆兮，豈能容吞舟之魚？橫江湖之鱣鱏兮，固將制於螻蟻。

鵩鳥賦　少陰

誼爲長沙王傅，三年有鵩鳥飛入誼舍，止於坐隅。鵩似[一]鴞，不祥鳥也。誼既以謫居長沙，長沙卑濕，誼自傷悼，以爲壽不得長，乃爲賦以自廣。其辭曰：

單閼之歲兮，四月孟夏，庚子日斜兮，鵩集予舍。止于坐隅兮，貌甚閑暇。異物來萃兮，私怪其故。發書占之兮，讖言其度，曰：『野鳥入室，主人將去。』請問於鵩：『予去何之？吉乎告我，凶言其災。淹速之度兮，語余其期。』鵩乃歎息，舉首奮翼；口不能言，請對以臆。

[一]『似』原作『如』。

曰：『萬物變化兮，固無休息。斡流而遷兮，或推而還。形氣轉續兮，變化而嬗。沕穆無窮兮，胡可勝言！禍兮福所倚，福兮禍所伏；憂喜聚門兮，吉凶同域。彼吴强大兮，夫差以敗；越棲會稽兮，勾踐霸世。斯游遂成兮，卒被五刑；傅説胥靡兮，乃相武丁。夫禍之與福兮，何異糾纆；命不可説兮，孰知其極！水激則旱兮，矢激則遠；萬物迴薄兮，振盪相轉。雲蒸雨降兮，糾錯相紛。大鈞播物兮，坱圠無垠。天不可預慮兮，道不可預謀；遲速有命兮，焉識其時。且夫天地爲爐兮，造化爲工；陰陽爲炭兮，萬物爲銅。合散消息兮，安有常則？千變萬化兮，未始有極，忽然爲人兮，何足控摶；化爲異物兮，又何足患！小智自私兮，賤彼貴我；達人大觀兮，物無不可。貪夫殉財兮，烈士殉名。夸者死權兮，品庶每生。怵迫之徒兮，或趨西東；大人不曲兮，意變齊同。愚士繫俗兮，窘若囚拘；至人遺物兮，獨與道俱。衆人惑惑兮，好惡積億；真人恬漠兮，獨與道息。釋智遺形兮，超然自喪；寥廓忽荒兮，與道翺翔。乘流則逝兮，得坻則止；縱軀委命兮，不私與己。其生兮若浮，其死兮若休；澹乎若深淵之静，泛乎若不繫之舟。不以生故自寶兮，養空而浮；德人無累兮，知命不憂。細故蔕芥兮，何足以疑！』

董生文

對賢良策一　太陰

制曰：朕獲承至尊休德，傳之無窮，而施之罔極，任大而守重，是以夙夜不皇康寧，永維萬事之統，猶懼有闕。故廣延四方之豪儁，郡國諸侯，公選賢良修絜博習之士，欲聞大道之要，至論之極。今子大夫褎然爲舉首，朕甚嘉之。子大夫其精心致思，朕垂聽而問焉。

蓋聞五帝三王之道，改制作樂，而天下洽和，百王同之。當虞氏之樂，莫盛於《韶》，於周莫盛於《勺》。聖王已沒，鐘鼓筦弦之聲未衰，而大道微缺，陵夷至乎桀、紂之行，王道大壞矣。夫五百年之間，守文之君，當塗之士，欲則先王之法以戴翼其世者甚衆，然猶不能反，日以仆滅，至後王而後止，豈其所持操，或誖繆而失其統歟？固天降命不可復反，必推之於大衰而後息歟？烏乎！凡所爲屑屑，夙興夜寐，務法上古者，又將無補歟？三代受命，其符安在？災異之變，何緣而起？性命之情，或壽或夭，或仁或鄙，習聞其號，未燭厥理。伊欲風流而令行，刑輕而奸改，百姓和樂，政事宣昭，何修何飾而膏露降，百穀登，德潤四海，澤臻草木，三光全，寒暑平，受天之祐，享鬼神之靈，德澤洋溢，施乎方外，延及群生？

子大夫明先聖之業，習俗化之變，終始之序，講聞高誼之日久矣，其明以諭朕。科別其條，勿猥勿并，取之於術，慎其所出。乃其不正不直，不忠不極，枉於執事，書之不泄，興於朕躬，毋悼後害。子大夫其盡心，靡有所隱，朕將親覽焉。

仲舒對曰：陛下發德音，下明詔，求天命與情性，皆非愚臣之所能及也。臣謹案《春秋》之中，視前世已行之事，以觀天人相與之際，甚可畏也。國家將有失道之敗，而天乃先出災害以譴告之，不知自省，又出怪異以警懼之；尚不知變，而傷敗乃至。以此見天心之仁愛人君而欲止其亂也。自非大亡道之世者，天盡欲扶持而全安之，事在强勉而已矣。强勉學問，則聞見博而知益明；强勉行道，則德日起而大有功：此皆可使還至而立有效者也。《詩》云：『夙夜匪懈』，《書》云『茂哉茂哉』，皆强勉之謂也。

道者，所繇適於治之路也，仁義禮樂，皆其具也。故聖王已殁，而子孫長久安寧數百歲，此皆禮樂教化之功也。王者未作樂之時，乃用先王之樂宜於世者，而以深入教化於民。教化之情不得，雅頌之樂不成，故王者功成作樂，樂其德也。樂者，所以變民風、化民俗也。其變民也易，其化民也著。故聲發於和而本於情，接於肌膚，臧於骨髓。故王道雖微缺，而筦弦之聲未衰也。夫虞氏之不爲政久矣，然而樂頌遺風，猶有存者，是以孔子在齊而聞《韶》也。

夫人君莫不欲安存而惡危亡，然而政亂國危者甚衆，所任者非其人，而所繇者非其道，是以政日以仆滅也。夫周道衰於幽、厲，非道亡也，幽、厲不繇也。至於宣王，思昔先王之德，興滯補弊，明文、武之功業，周道粲然復興，詩人美之而作，上天祐之，爲生賢佐，後世稱誦，至今不絶。此夙夜不懈行善之所致也。孔子曰『人能宏道，非道宏人』也。故治亂廢興在於己，非天降命不可得反，其所操持誖謬，失其統也。

臣聞天之所大奉使之王者，必有非人力之所能致而自至者，此受命之符也。天下之人，同心歸之，若歸父母，故天瑞應誠而至。《書》曰：『白魚入於王舟，有火覆於王屋，流爲烏』，此蓋受命之符也。周公曰：『復哉復哉』，孔子曰：『德不孤，必有鄰』，皆積善累德之效也。及至後世，淫佚衰微，不能統理群生，諸侯背畔，殘賊良民，以争壤土，廢德教而任刑罰。刑罰不中則生邪氣，邪氣積於下，怨惡畜於上。上下不和，則陰陽繆盭，而妖孽生矣。此災異所緣而起也。

臣聞命者，天之令也；性者，生之質也；情者，人之欲也。或夭或壽，或仁或鄙，陶冶而成之，不能粹美，有治亂之所生，故不齊也。孔子曰：『君子之德風也，小人之德草也，草上之風必偃。』故堯、舜行德，則民仁壽；桀、紂行暴，則民鄙夭。夫上之化下，下之從上，猶泥之在鈞，惟甄者之所爲；猶金之在鎔，惟冶者之所鑄。『綏之斯來，動之斯和』，此之謂也。

臣謹案《春秋》之文，求王道之端，得之於正。正次王，王次春。春者，天之所爲也；正者，王之所爲也。其意曰：上承天之所爲，而下以正其所爲，正王道之端云爾。然則王者欲有所爲，宜求其端於天。天道之大者在陰陽。陽爲德，陰爲刑。刑主殺而德主生。是故陽常居大夏，而以生育養長爲事；陰常居大冬，而積於空虚無用之處。以此見天之任德不任刑也。天使陽出布施於上，而主歲功；使陰入伏于下，而時出佐陽。陽不得陰之助，亦不能獨成歲。終陽以成歲爲名，此天意也。王者承天意以從事，故任德教而不任刑。刑者不可任以治世，猶陰之不可任以成歲也。爲政而任刑，不順於天，故先王莫之肯爲也。今廢先王德教之官，而獨任執法之吏治民，毋乃任刑之意歟？孔子曰：『不教而誅謂之虐。』虐政用於下，而欲德教之被四海，故難成也。

臣謹案《春秋》謂一元之意，一者，萬物之所從始也；元者，辭之所謂大也。謂一爲元者，視大始而欲正本也。《春秋》深探其本，而反自貴者始。故爲人君，正心以正朝廷，正朝廷以正百官，正百官以正萬民，正萬民以正四方。四方正，遠近莫敢不一於正，而亡有邪氣奸其間者。是以陰陽調而風雨時，群生和而萬民殖，五穀登而草木茂，天地之間被潤澤而大豐美，四海之內聞盛德而皆徠臣。諸福之物，可致之祥，莫不畢至，而王道終矣。

孔子曰：『鳳鳥不至，河不出圖，吾已矣夫！』自悲可致此物，而身卑賤不得致也。今陛下貴爲天子，富有四海，居得致之位，操可致之勢，又有能致之資，行高而恩厚，知明而意美，愛民而好士，可謂誼主矣。然而天地未應，而美祥莫至者，何也？凡以教化不立，而萬民不正也。夫萬民之從利也，如水之走下，不以教化堤防之，不能止也。是故教化立而奸邪皆止者，其堤防完也；教化廢而奸邪并出，刑罰不能勝者，其堤防壞也。古之王者明於此，是故，南面而治天下，莫不以教化爲大務。立太學以教於國，設庠序以化於邑，漸民以仁，摩民以誼，節民以禮，故其刑罰甚輕而禁不犯者，教化行而習俗美也。

聖王之繼亂世也，掃除其迹而悉去之，復修教化而崇起之。教化已明，習俗已成，子孫循之，行五六百歲，尚未敗也。至周之末世，大爲亡道以失天下。秦繼其後，獨不能改，又益甚之，重禁文學，不得挾書，棄捐禮誼而惡聞之，其心欲盡滅先聖之道，而顓爲自恣苟簡之治，故立爲天子，十四歲而國破亡矣。自古以來，未嘗有以亂濟亂，大敗天下之民如秦者也。其遺毒餘烈，至今未滅，使習俗薄惡，人民嚚頑，抵冒殊扞，熟爛如此之甚者也。孔子曰：『腐朽之木，不可雕也；糞土之牆，不可圬也。』今漢繼秦之後，如朽木、糞牆矣，雖欲善治之，亡可奈何。法出而奸生，令下而詐起，如以湯止沸，抱薪救火，愈甚亡益也。竊譬之琴瑟不調，甚者必解而更張之，乃可鼓也；爲政而不行，甚者必變而更化之，乃可理也。當更張而不更張，雖有良工，不能善調也；當更化而不更化，雖有大賢，不能善治也。故漢得天下以來，常欲善治，而至今不可善治者，失之於當更化而不更化也。古人有言曰：『臨淵羨魚，不如退而結網。』今臨政而願治，七十餘歲矣，不如退而更化；更化則可善治，善治則災害日去，福禄日來。詩云：『宜民宜人，受禄於天。』爲政而宜於民者，固當受禄於天。夫仁義禮智信，五常之道，王者所當修飭也。五者修飭，故受天之祐，而享鬼神之靈，德施於方外，延及群生也。

對賢良策二　太陰

制曰：『蓋聞虞舜之時，游於巖廊之上，垂拱無爲，而天下太平。周文王至於日昃不暇食，而宇内亦治。夫帝王之道，豈不同條共貫歟？何逸勞之殊也？蓋儉者不造玄黄旌旗之飾。及至周室，設兩觀，乘大路，朱干玉戚，八佾陳於庭，而頌聲興。夫帝王之道，豈異指哉？或曰「良玉不瑑」，又云：「非文亡以辅德」，二端異焉。殷人執五刑以督奸，傷肌膚以懲惡。成、康不式，四十餘年，天下不犯，囹圄空虛。秦國用之，死者甚衆，刑者相望，耗矣哀哉！

烏乎！朕夙寤晨興，惟前帝王之憲，永思所以奉至尊，章洪業，皆在力本任賢。今朕親耕籍田，以爲農先，勸孝弟，崇有德，使者冠蓋相望，問勤勞，恤孤獨，盡思極神，功烈休德，未始云獲也。今陰陽錯繆，氛氣充塞，群生寡遂，黎民未濟，廉恥貿亂，賢不肖渾殽，未得其真，故詳延特起之士，意庶幾乎！今子大夫待詔百餘人，或道世務而未濟，稽諸上古而不同，考之於今而難行，毋乃牽於文繫而不得騁與？將所繇異術，所聞殊方與？各悉對著於篇，毋諱有司。明其指略，切磋究之，以稱朕意。」

仲舒對曰：『臣聞堯受命以天下爲憂，而未以位爲樂也，故誅逐亂臣，務求賢聖，是以舜、禹、稷、卨咎繇衆聖輔德，賢能佐職，教化大行，天下和洽，萬民皆安仁樂誼，各得其宜，動作應禮，從容中道。故孔子曰「如有王者，必世而後仁」，此之謂也。堯在位七十載，乃遜於位以禪虞舜。堯崩，天下不歸堯子丹朱而歸舜。舜知不可辟，乃即天子之位，以禹爲相，因堯之輔佐，繼其統業，是以垂拱無爲而天下治。孔子曰「《韶》盡美矣，又盡善也」，此之謂也。至於殷紂，逆天暴物，殺戮賢知，殘賊百姓。伯夷、太公，皆當世賢者，隱處而不爲臣。守職之人，皆奔走逃亡，入於河海。天下秏亂，萬民不安，故天下去殷而從周。文王順天理物，師用賢聖，是以閎夭、大顛、散宜生等，亦聚於朝廷。愛施兆民，天下歸之，故太公起海濱而即三公也。當此之時，紂尚在上，尊卑昏亂，百姓散亡，故文王悼痛而欲安之，是以日昃不暇食也。孔子作《春秋》，先正王而繫萬事，見素王之文焉。繇此觀之，帝王之條貫同，然而勞逸異者，所遇之時異也。孔子曰：「《武》盡美矣，未盡善也」，此之謂也。

臣聞制度文采玄黄之飾，所以明尊卑，異貴賤，而勸有德也。故《春秋》受命所先制者，改正朔，易服色，所以應天也。然則宫室旌旗之制，有法而然者也。故孔子曰：「奢則不遜，儉則固。」儉非聖人之中制也。臣聞良玉不瑑，資質潤美，不待刻瑑，此亡異於達巷黨人，不學而自知也。然則常玉不瑑，不成文章；君子不學，不成其德。

臣聞聖王之治天下也，少則習之學，長則材諸位，爵禄以養其德，刑罰以威其惡，故民曉於禮誼，而恥犯其上。武王行大誼，平殘賊，周公作禮樂以文之，至於成、康之隆，囹圄空虚，四十餘年，此亦教化之漸，而仁誼之流，非獨傷肌膚之效也。至秦則不然。師申、商之法，行韓非之説，憎帝王之道，以貪狼爲俗，非有文德以教訓於天下也。誅名而不察實，爲善者不必免，而犯惡者不必刑也。是以百官皆飾虚辭而不顧實，外有事君之禮，内有背上之心，造僞飾詐，趣利無恥；又好用憯酷之吏，賦斂亡度，竭民財力，百姓散亡，不得從耕織之業，群盜并起。是以刑者甚衆，死者相望，而奸不息，俗化使然也。故孔子曰：「道之以政，齊之以刑，民免而無恥」，此之謂也。

今陛下并有天下，海内莫不率服，廣覽兼聽，極群下之知，盡天下之美，至德昭然，施於方外。夜郎、康居，殊方萬里，説德歸誼，此太平之致也。然而功不加於百姓者，殆王心來加焉。曾子曰：「尊其所聞，則高明矣；行其所知，則光大焉。高明光大，不在於它，在乎加之意而已。」願陛下因用所聞，設誠於内而致行之，則三王何異哉！

陛下親耕籍田，以爲農先，夙寤晨興，憂勞萬民，思惟往古，而務以求賢，此亦堯、舜之用心也，然而未云獲者，士素不厲也。夫不素養士而欲求賢，譬猶不瑑玉而求文采也。故養士之大者，莫大乎太學；太學者，賢士之所關也，教化之本原也。今以一郡一國之衆，對亡應書者，是王道往往而絶也。臣願陛下興太學，置明師，以養天下之士，數考問以盡其材，則英俊宜可得矣。今之郡縣、守令，民之師帥，所使承流而宣化也；故師帥不賢，則主德不宣，恩澤不流。今吏既亡教訓於下，或不承用主上之法，暴虐百姓，與奸爲市，貧窮孤弱，冤苦失職，甚不稱陛下之意。是以陰陽錯繆，氛氣充塞，群生寡遂，黎民未濟，皆長吏不明，使至於此也。

夫長吏多出於郎中、中[一]郎，吏二千石子弟，選郎吏又以富訾，未必賢也。且古所謂功者，以任官稱職爲差，非所謂積日累久也。故小材雖累日，不離於小官；賢材雖未久，不害爲輔佐。是以有司竭力盡知，務治其業而以赴功。今則不然。累日以取貴，積久以致官，是以廉恥貿亂，賢不肖渾殽，未得其真。臣愚以爲使諸列侯、郡守、二千石，各擇其吏民之賢者，歲貢各二人，以給宿衛，且以觀大臣之能；所貢賢者有賞，所貢不肖者有罰。夫如是，諸侯、吏二千石，皆盡心於求賢，天下之士，可得而官使也。遍得天下之賢人，則三王之盛易爲，而堯、舜之名可及也。毋以日月爲功，實試賢能爲上，量材而授官，録德而定位，則廉耻殊路，賢不肖異處矣。陛下加惠寬臣之罪，令勿牽制於文，使得切磋究之，臣敢不盡愚！』

[一]『中』原本無，今補之。

對賢良策三　太陰

制曰：『蓋聞「善言天者，必有徵於人；善言古者，必有驗於今」。故朕垂問乎天人之應，上嘉唐虞，下悼桀、紂，寖微寖滅寖明寖昌之道，虛心以改。今子大夫明於陰陽所以造化，習於先聖之道業，然而文采未極，豈惑乎當世之務哉？條貫靡竟，統紀未終，意朕之不明歟？聽若眩歟？夫三王之教，所祖不同，而皆有失，或謂久而不易者道也，意豈異哉？今子大夫既著大道之極，陳治亂之端矣，其悉之究之，孰之復之。《詩》不云乎，「嗟爾君子，毋常安息，神之聽之，介爾景福。」朕將親覽焉，子大夫其茂明之。』

仲舒復對曰：『臣聞《論語》曰：「有始有卒者，其唯聖人乎！」今陛下幸加惠，留聽於承學之臣，復下明册，以切其意，而究盡聖德，非愚臣之所能具也。前所上對，條貫靡竟，統紀不終，辭不別白，指不分明，此臣淺陋之罪也。

册曰：「善言天者，必有徵於人，善言古者，必有驗於今。」臣聞天者群物之祖也。故徧覆包函而無所殊，建日月風雨以和之，經陰陽寒暑以成之。故聖人法天而立道，亦溥愛而亡私，布德施仁以厚之，設誼立義以導之。春者天之所以生也，仁者君之所以愛也；夏者天之所以長也，德者君之所以養也；霜者天之所以殺也，刑者君之所以罰也。繇此言之，天人之徵，古今之道也。孔子作《春秋》，上揆之天道，下質諸人情，參之於古，考之於今。故《春秋》之所譏，災害之所加也；《春秋》之所惡，怪異之所施也。書邦家之過，兼災異之變，以此見人之所爲，其美惡之極，乃與天地流通而往來相應，此亦言天之一端也。古者修教訓之官，務以德善化民，民以大化之後，天下常亡一人之獄矣。今世廢而不修，亡以化民，民以故棄行誼而死財利，是以犯法而罪多，一歲之獄以萬千數。以此見古之不可不用也，故《春秋》變古則譏之。天令之謂命，命非聖人不行；質樸之謂性，性非教化不成；人欲之謂情，情非度制不節。是故王者上謹於承天意，以順命也；下務明教化民，以成性也；正法度之宜，别上下之序，以防欲也；修此三者，而大本舉矣。人受命於天，固超然異於群生，入有父子兄弟之親，出有君臣上下之誼，會聚相遇，則有耆老長幼之施，粲然有文以相接，歡然有恩以相愛，此人之所以貴也。生五穀以食之，桑麻以衣之，六畜以養之，服牛乘馬，圈豹檻虎，是其得天之靈，貴於物也。故孔子曰：「天地之性人爲貴。」明於天性，知自貴於物；知自貴於物，然後知仁誼；知仁誼，然後重禮節；重禮節，然後安處善；安處善，然後樂循理；樂循理，然後謂之君子。故孔子曰：「不知命，亡以爲君子」，此之謂也。

冊曰：「上嘉唐、虞，下悼桀、紂，寖微寖滅寖明寖昌之道，虚心以改。」臣聞聚少成多，積小致鉅，故聖人莫不以晻致明，以微致顯。是以堯發於諸侯，舜興乎深山，非一日而顯也，蓋有漸以致之矣。言出於己，不可塞也；行發於身，不可掩也。言行治之大者，君子之所以動天地也。故盡小者大，慎微者著。《詩》云：「惟此文王，小心翼翼。」故堯兢兢日行其道，而舜業業日致其孝，善積而名顯，德章而身尊，以其寖明寖昌之道也。積善在身，猶長日加益，而人不知也；積惡在身，猶火之銷膏，而人不見也。非明乎情性，察乎流俗者，孰能知之？此唐、虞之所以得令名，而桀、紂之可爲悼懼者也。夫善惡之相從，如景鄉之應形聲也。故桀、紂暴謾，讒賊并進，賢知隱伏，惡日顯，國日亂，晏然自以如日在天，終陵夷而大壞。夫暴逆不仁者，非一日而亡也，亦以漸至，故桀、紂雖亡道，然猶享國十餘年，此其寖微寖滅之道也。

冊曰：「三王之教，所祖不同，而皆有失，或曰久而不易者道也，意豈異哉？」臣聞夫樂而不亂，復而不厭者，謂之道；道者萬世無弊，弊者道之失也。先王之道，必有偏而不起之處，故政有眊而不行，舉其偏者以補其弊而已矣。三王之道，所祖不同，非其相反，將以救溢扶衰，所遭之變然也。故孔子曰：「無爲而治者，其舜乎！」改正朔，易服色，以順天命而已；其餘盡循堯道，何更爲哉！故王者有改制之名，亡變道之實。然夏上忠，殷上敬，周上文者，所繼之捄，當用此也。孔子曰：「殷因於夏禮，所損益可知也；周因於殷禮，所損益可知也；其或繼周者，雖百世可知也。」此言百王之用，以此三者矣。夏因於虞，而獨不言所損益者，其道如一，而所上同也。道之大原出於天，天不變，道亦不變，是以禹繼舜，舜繼堯，三聖相受而守一道，亡救弊之政也，故不言其所損益也。繇此觀之，繼治世者其道同，繼亂世者其道變。今漢繼大亂之後，若宜少損周之文，致用夏之忠者。

陛下有明德嘉道，愍世俗之靡薄，悼王道之不昭，故舉賢良方正之士，論議考問，將欲興仁誼之休德，明帝王之法制，建太平之道也。臣愚不肖，述所聞，誦所學，道師之言，廑能勿失爾。

若乃論政事之得失，察天下之息耗，此大臣輔佐之職，三公九卿之任，非臣仲舒所能及也。然而臣竊有怪者。夫古之天下，亦今之天下，今之天下，亦古之天下。共是天下，古亦大治，上下和睦，習俗美盛，不令而行，不禁而止，吏無奸邪，民亡盜賊，囹圄空虛，德潤草木，澤被四海，鳳皇來集，麒麟來游，以古準今，壹何不相逮之遠也！安所繆盭而陵夷若是？意者有所失於古之道與？有所詭於天之理與？試迹之古，返之於天，黨可得見乎。夫天亦有所分予，予之齒者去其角，傅之翼者兩其足，是所受大者，不得取小也。古之所予祿者，不食於力，不動於末，是亦受大者不得取小，與天同意也。夫已受大，又取小，天不能足，而況人乎！此民之所以囂囂苦不足也。身寵而載高位，家溫而食厚祿，因乘富貴之資力，以與民爭利於下，民安能如之哉！是故衆其奴婢，多其牛羊，廣其田宅，博其產業，畜其積委，務此而亡已，以迫蹵民，民日削月朘，寖以大窮。富者奢侈羨溢，貧者窮急愁苦；窮急愁苦而上不救，則民不樂生；民不樂生，尚不避死，安能避罪！此刑罰之所以蕃，而奸邪不可勝者也。故受祿之家，食祿而已，不與民爭業，然後利可均布，而民可家足。此上天之理，而亦太古之道，天子之所宜法以爲制，大夫之所當循以爲行也。

故公儀子相魯，之其家，見織帛，怒而出其妻；食於舍而茹葵，愠而拔其葵，曰：「吾已食禄，又奪園夫紅女利乎！」古之賢人君子，在列位者皆如是，是故下高其行而從其教，民化其廉而不貪鄙。及至周室之衰，其卿大夫緩於誼而急於利，亡推讓之風，而有争田之訟。故詩人疾而刺之曰：「節彼南山，維石巖巖，赫赫師尹，民具爾瞻。」爾好誼，則民鄉仁而俗善；爾好利，則民好邪而俗敗。由是觀之，天子大夫者，下民之所視效，遠方之所四面而内望也。近者視而放之，遠者望而效之，豈可以居賢人之位，而爲庶人行哉！夫皇皇求財利，常恐乏匱者，庶人之意也；皇皇求仁義，常恐不能化民者，大夫之意也。《易》曰：「負且乘，致寇至。」乘車者，君子之位也；負擔者，小人之事也。此言居君子之位，而爲庶人之行者，其患禍必至也。若居君子之位，當君子之行，則舍公儀休之相魯，亡可爲者矣。

《春秋》大一統者，天地之常經，古今之通誼也。今師異道，人異論，百家殊方，指意不同，是以上亡以持一統；法制數變，下不知所守。臣愚以爲，諸不在六藝之科、孔子之術者，皆絶其道，勿使并進。邪辟之説滅息，然後統紀可一，而法度可明，民知所從矣。』

司马长卿文

諫獵書　太陽

臣聞物有同類而殊能者，故力稱乌獲，捷言慶忌，勇期賁、育。臣之愚，竊以爲人誠有之，獸亦宜然。今陛下好陵阻險，射猛獸，卒然遇軼材之獸，駭不存之地，犯屬車之清塵，輿不及還轅，人不暇施巧，雖有烏獲、逢蒙之技，力不得用，枯木朽株，盡爲害矣。是胡、越起於轂下，而羌、夷接軫也，豈不殆哉！雖萬全无害，然本非天子之所宜近也。

且夫清道而後行，中路而後馳，猶時有銜橛之變。而況涉乎蓬蒿，騁乎丘墳，前有利獸之樂，而內無存變之意，其爲害也不難矣！夫輕萬乘之重，不以爲安，樂出萬有一危之塗以爲娱，臣竊爲陛下不取。

蓋明者遠見於未萌，而智者避危於無形，禍固多藏於隱微而發於人之所忽者也。故鄙諺曰：『家累千金，坐不垂堂。』此言雖小，可以喻大。臣願陛下留意幸察。

論巴蜀檄　太陽

告巴蜀太守：蠻夷自擅，不討之日久矣，時侵犯邊境，勞士大夫。陛下即位，存撫天下，安集中國，然後興師出兵，北征匈奴。單于怖駭，交臂受事，屈膝請和。康居西域，重譯納貢，稽顙來享。移師東指，閩、越相誅。右弔番禺，太子入朝。南夷之君，西僰之長，常效貢職，不敢惰怠，延頸舉踵，喁喁然皆嚮風慕義，欲爲臣妾。道里遼遠，山川阻深，不能自致。夫不順者已誅，而爲善者未賞，故遣中郎將往賓之，發巴、蜀之士各五百人，以奉幣帛，衛使者不然，靡有兵革之事，戰鬭之患。今聞其乃發軍興制，驚懼子弟，憂患長老，郡又擅爲轉粟運輸，皆非陛下之意也。當行者或逃亡自賊殺，亦非人臣之節也。

夫邊郡之士，聞烽舉燧燔，皆攝弓而馳，荷兵而走，流汗相屬，惟恐居後；觸白刃，冒流矢，議不反顧，計不旋踵，人懷怒心，如報私讎。彼豈樂死惡生，非編列之民，而與巴、蜀異主哉？計深慮遠，急國家之難，而樂盡人臣之道也。故有剖符之封，析珪而爵，位爲通侯，處列東第，終則遺顯號於後世，傳土地於子孫。行事甚忠敬，居位甚安逸，名聲施於無窮，功烈著而不滅。是以賢人君子，肝腦塗中原，膏液潤野草而不辭也。今奉幣役至南夷，即自賊殺，或亡逃抵誅，身死無名，謚爲至愚，恥及父母，爲天下笑。人之度量相越，豈不遠哉！然此非獨行者之罪也，父兄之教不先，子弟之率不謹，寡廉鮮恥而俗不長厚也。其被刑戮不亦宜乎！

陛下患使者有司之若彼，悼不肖愚民之如此，故遣信使曉諭百姓以發卒之事，因數之以不忠死亡之罪，讓三老孝悌以不教誨之過。方今田時，重煩百姓，已親見近縣，恐遠所谿谷山澤之民不遍聞，檄到，亟下縣道，使咸喻陛下之意，無忽。

子虛賦　太陽

楚使子虛使於齊，王悉發車騎，與使者出畋。畋罷，子虛過奼烏有先生，亡是公存焉。坐定，烏有先生問曰：『今日畋，樂乎？』子虛曰：『樂。』『獲多乎？』曰：『少。』『然則何樂？』對曰：『僕樂齊王之欲夸僕以車騎之衆，而僕對以雲夢之事也。』曰：『可得聞乎？』

子虛曰：『可。王車駕千乘，選徒萬騎，畋於海濱。列卒滿澤，罘網彌山，掩兔轔鹿，射麋脚麟，鶩於鹽浦，割鮮染輪。射中獲多，矜而自功。顧謂僕曰：「楚亦有平原廣澤游獵之地，饒樂若此者乎？楚王之獵，孰與寡人乎？」僕下車對曰：「臣，楚國之鄙人也，幸得宿衛十有餘年，時從出游，游於後園，覽於有無，然猶未能遍覩也，又焉足以言其外澤乎！」齊王曰：「雖然，略以子之所聞見而言之。」

僕對曰：「唯唯。臣聞楚有七澤，嘗見其一，未覩其餘也。臣之所見，蓋特其小小耳者，名曰雲夢。雲夢者，方九百里，其中有山焉。其山則盤紆岪鬱，隆崇嵂崒；岑崟參差，日月蔽虧。交錯糾紛，上干青雲。罷池陂陀，下屬江河。其土則丹青赭堊，雌黄白附，錫碧金銀，衆色炫耀，昭爛龍鱗。其石則赤玉玫瑰，琳瑉昆吾，瑊玏玄厲，碝石碔砆。其東則有蕙圃，衡蘭芷若，芎藭昌蒲，江蘺蘪蕪，諸柘芭苴。其南則有平原廣澤，登高陁靡，案衍壇曼。緣以大江，限以巫山。其高燥則生葴菥苞荔，薜沙青薠。其埤溼則生藏莨蒹葭，東蘠雕胡，蓮藕觚盧，菴閭軒于，衆物居之，不可勝圖。其西則有涌泉清池，激水推移，外發芙蓉菱華，内隱巨石白沙。其中則有神龜蛟鼉，瑇瑁鼈黿。其北則有陰林，其樹楩枏豫章，桂椒木蘭，檗離朱楊，樝梨梬栗，橘柚芬芳。其上則有鵷雛孔鸞，騰遠射干。其下則有白虎玄豹，蟃蜒貙犴。於是乃使剸諸之倫，手格此獸。

楚王乃駕馴駁之駟，乘雕玉之輿。靡魚須之橈旃，曳明月之珠旗。建干將之雄戟，左烏號之雕弓，右夏服之勁箭。陽子驂乘，孅阿爲御。案節未舒，即陵狡獸。蹵蛩蛩，轔距虚，軼野馬，轊陶駼，乘遺風，射游騏。倏眒倩浰[一]，雷動猋至，星流霆擊。弓不虚發，中必决眦，洞胸達掖，絶乎心繫。獲若雨獸，揜草蔽地。

於是楚王乃弭節徘徊，翺翔容與。覽乎陰林，觀壯士之暴怒，與猛獸之恐懼。徼谻受詘，殫覩衆物之變態。

於是鄭女曼姬，被阿緆，揄紵縞，雜纖羅，垂霧縠。襞積褰縐，紆徐委曲，鬱橈谿谷。衯衯裶裶，揚袘戌[二]削，蜚襳垂髾。扶輿猗靡，翕呷萃蔡。下靡蘭蕙，上拂羽蓋。錯翡翠之威蕤，繆繞玉綏。眇眇忽忽，若神僊之髣髴。

於是乃相與獠於蕙圃，媻姍勃窣，上下金隄。揜翡翠，射鵕鸃，微矰出，孅繳施，弋白鵠，連

[一]『浰』原作『利』。

[二]『戌』原作『戊』。

駕鵝，雙鶬下，玄鶴加。怠而後發，游於清池。浮文鷁，揚旌枻，張翠帷，建羽蓋。罔瑇瑁，鉤紫貝。摐金鼓，吹鳴籟，榜人歌，聲流喝，水蟲駭，波鴻沸，涌泉起，奔揚會。礧石相擊，硠硠礚礚，若雷霆之聲，聞乎數百里之外。將息獠者，擊靈鼓，起烽燧。車按行，騎就隊。纚乎淫淫，般乎裔裔。

於是楚王乃登雲陽之臺，怕乎無爲，憺乎自持，勺藥之和具而後御之。不若大王終日馳騁，曾不下輿，脟割輪焠，自以爲娛。臣竊觀之，齊殆不如。」於是齊王無所應僕也。』

烏有先生曰：『是何言之過也！足下不遠千里，來貺吾國，王悉發境内之士，備車騎之衆，與使者出畋，乃欲戮力致獲，以娛左右，何名爲夸哉！問楚地之有無者，願聞大國之風烈，先生之餘論也。今足下不稱楚王之德厚，而盛推雲夢以爲高，奢言淫樂而顯侈靡，竊爲足下不取也。必若所言，固非楚國之美也。無而言之，是害足下之信也。彰君惡、傷私義，二者無一可，而先生行之，必且輕於齊而累於楚矣。且齊東陼鉅海，南有琅琊，觀乎成山，射乎之罘。浮渤澥，游孟諸。邪與肅慎爲鄰，右以湯谷爲界。秋田乎青邱，傍徨乎海外。吞若雲夢者八九於其胸中，曾不蔕芥。若乃俶儻瑰偉，異方殊類，珍怪鳥獸，萬端鱗崪，充牣其中，不可勝記。禹不能名，卨不能計。然在諸侯之位，不敢言游戲之樂，苑囿之大；先生又見客，是以王辭不復，何爲無以應哉！』

上林賦 太陽

亡是公听然笑曰：『楚則失矣，而齊亦未爲得也。夫使諸侯納貢者，非爲財幣，所以述職也。封疆畫界者，非爲守禦，所以禁淫也。今齊列爲東藩，而外私肅愼，捐國踰限，越海而田，其於義固未可也。且二君之論，不務明君臣之義，正諸侯之禮，徒事争於游戲之樂，苑囿之大，欲以奢侈相勝，荒淫相越。此不可以揚名發譽，而適足以㚅君自損也。且夫齊、楚之事，又烏足道乎？君未覩夫巨麗也，獨不聞天子之上林乎？

左蒼梧，右西極，丹水更其南，紫淵徑其北。終始灞滻，出入涇渭，酆、鎬、潦、潏，紆餘委蛇，經營乎其内。蕩蕩乎八川分流，相背而異態。東西南北，馳騖往來，出乎椒邱之闕，行乎洲淤之浦，經乎桂林之中，過乎泱漭之壄。汩乎混流，順阿而下，赴隘陜之口，觸穹石，激堆埼，沸乎暴怒，洶涌彭湃。滭弗宓汩，逼側泌瀄，横流逆折，轉騰潎洌，滂濞沆溉，穹隆雲橈，宛潬膠盭，踰波趨浥，涖涖下瀨。批巖衝擁，奔揚滯沛，臨坻注壑，瀺灂賈墜，沈沈隱隱，砰磅訇礚。潏潏淈淈，湁潗鼎沸，馳波跳沫，汩濦漂疾，悠遠長懷，寂漻無聲，肆乎永歸。然後灝溔潢漾，安翔徐回，翯乎滈滈，東注太湖，衍溢陂池。

於是乎蛟龍赤螭，䱭䲛漸離，鰅鰫鰬魠，禺禺魼鰨，揵鰭掉尾，振鱗奮翼，潛處乎深巖。魚鱉讙聲，萬物衆夥。明月珠子，的皪江靡。蜀石黄碝，水玉磊砢，磷磷爛爛，采色澔汗，藂積乎其中。鴻鷫鵠鴇，駕鵞屬玉，交精旋目，煩鶩庸渠，箴疵鵁盧，群浮乎其上。汎淫泛濫，隨風澹淡，與波摇蕩，奄薄水渚，唼喋菁藻，咀嚼菱藕。

於是乎崇山矗矗，巃嵸崔巍，深林巨木，嶄巖參差。九嵕巀嶭，南山峩峩，巖陁甗锜，摧崣崛崎。振溪通谷，蹇産溝瀆，谽呀豁閜，阜陵别隝。崴磈㟪廆，邱虚堀礨，隱轔鬱壘，登降施靡。陂池貏豸，沇溶淫鬻，散涣夷陸，亭皋千里，靡不被築。揜以緑蕙，被以江蘺，糅以蘪蕪，雜以留夷。布結縷，攢戾莎，揭車衡蘭，稾本射干，茈薑蘘荷，葴持若蓀，鮮支黄礫，蔣芧青薠，布濩閎澤，延曼太原。離靡廣衍，應風披靡。吐芳揚烈，郁郁菲菲，衆香發越，肸蠁布寫，晻薆咇茀。

於是乎周覽泛觀，縝紛軋芴，芒芒恍忽。視之無端，察之無涯。日出東沼，入乎西陂。其南則隆冬生長，踊水躍波。其獸則獑旄貘犛，沈牛麈麋，赤首圜題，窮奇象犀。其北則盛夏含凍裂地，涉冰揭河。其獸則麒麟角端，騊駼橐駝，蛩蛩驒騱，駃騠驢鸁。

於是乎離宮別館，彌山跨谷，高廊四注，重坐曲閣，華榱璧璫，輦道纚屬，步櫩周流，長途中宿。夷峻築堂，累臺增成，巖突洞房。頫杳眇而無見，仰攀[一]橑而捫天，奔星更於閨闥，宛虹拖於楯軒。青龍蚴蟉於東廂，象輿婉僤於西清，靈圄燕於閑館。偓佺之倫，暴於南榮。醴泉涌於清室，通川過於中庭。盤石振崖，嶔巖倚傾，嵯峨磼礏，刻削崢嶸，玫瑰碧琳，珊瑚叢生，瑉玉旁唐，玢豳文鱗，赤瑕駁犖，雜臿其間，晁采琬琰，和氏出焉。

於是乎盧橘夏熟，黄甘橙楱，枇杷橪柿，亭柰厚朴，梬棗楊梅，櫻桃蒲陶，隱夫薁棣，荅遝離支，羅乎後宮，列乎北園。貤邱陵，下平原，揚翠葉，杌紫莖，發紅華，垂朱榮。煌煌扈扈，照曜鉅

[一]『攀』原作『扳』。

野。沙棠櫟櫧，華楓枰櫨，留落胥邪，仁頻并閭，欃檀木蘭，豫章女貞。長千仞，大連抱，夸條直暢，實葉葰楙。攢立叢倚，連卷欐佹，崔錯發骫，坑衡閜砢，垂條扶疏，落英幡纚。紛溶萷蔘，猗狔從風，藰莅芔歙，蓋象金石之聲，管籥之音。偨池茈虒，旋還乎後宮，雜襲絫輯，被山緣谷，循阪下隰，視之無端，究之無窮。

於是乎玄猨素雌，蜼玃飛蠝，蛭蜩蠼蝚，獑胡豰蛫，棲息乎其間。長嘯哀鳴，翩幡互經，夭蟜枝格，偃蹇杪顛。隃絶梁，騰殊榛，捷垂條，掉希間，牢落陸離，爛漫遠遷。若此者數百千處。娛游往來，宮宿館舍，庖厨不徙，後宮不移，百官備具。

於是乎背秋涉冬，天子校獵。乘鏤象，六玉虬，拖蜺旌，靡雲旗，前皮軒，後道游。孫叔奉轡，衛公參乘，扈從横行，出乎四校之中。鼓嚴簿，縱獵者，江河爲阹，泰山爲櫓，車騎靁起，殷天動地，先後陸離，離散别追。淫淫裔裔，緣陵流澤，雲布雨施。生貔豹，搏豺狼，手熊羆，足壄羊，蒙鶡蘇，絝白虎，被斑文，跨壄馬。凌三嵕之危，下磧曆之坻。徑峻赴險，越壑厲水。椎蜚廉，弄獬豸，格蝦蛤，鋋猛氏，羂騕褭，射封豕。箭不苟害，解脰陷腦，弓不虚發，應聲而倒。

於是乘輿弭節徘徊，翱翔往來，睨部曲之進退，覽將帥之變態。然後侵淫促節，儵夐遠去，流離輕禽，蹴履狡獸。轊白鹿，捷狡兔，軼赤電，遺光耀，追怪物，出宇宙，彎蕃弱，滿白羽，射游梟，櫟蜚遽。擇肉而後發，先中而命處，弦矢分，藝殪仆。然後揚節而上浮，淩驚風，歷駭猋，乘虛無，與神俱。躪玄鶴，亂昆雞，遒孔鸞，促鵔鸃，拂翳鳥，捎鳳皇，捷鵷鶵，揜焦明。道盡途殫，迴車而還。消搖乎襄羊，降集乎北紘，率乎直指，晻乎反鄉。蹷石闕，歷封巒，過鳷鵲，望露寒，下棠梨，息宜春，西馳宣曲，濯鷁牛首，登龍臺，掩細柳。觀士大夫之勤略，均獵者之所得獲，徒車之所轥轢，步騎之所蹂若，人臣之所蹈籍，與其窮極倦谻，驚憚讋伏，不被創刃而死者，他他藉藉，填坑滿谷，掩平彌澤。

於是乎游戲懈怠，置酒乎顥天之臺，張樂乎膠葛之宇。撞千石之鐘，立萬石之虡，建翠華之旗，樹靈鼉之鼓，奏陶唐氏之舞，聽葛天氏之歌。千人唱，萬人和，山陵爲之震動，川谷爲之蕩波。巴渝宋、蔡，淮南干遮，文成顛歌，族居遞奏，金鼓迭起，鏗鎗闛鞈，洞心駭耳。荆、吴、鄭、衛之聲，《韶》《濩》《武》《象》之樂，陰淫案衍之音，鄢、郢繽紛，激楚結風。俳優侏儒，狄鞮之倡，所以娛耳目樂心意者，麗靡爛漫於前，靡曼美色於後。若夫青琴、宓妃之徒，絶殊離俗，妖冶嫺都，靚妝刻飾，便嬛綽約，柔橈嫚嫚，嫵媚孅弱。曳獨繭之褕絏，眇閻易以卹削，便姍嫳屑，與俗殊服，芬芳漚鬱，酷烈淑郁；皓齒粲爛，宜笑的皪；長眉連娟，微睇緜藐。色授魂與，心愉於側。

於是酒中樂酣，天子芒然而思，似若有亡，曰：「嗟乎！此大奢侈！朕以覽聽餘閑，無事棄日，順天道以殺伐，時休息於此，恐後葉靡麗，遂往而不返，非所以爲繼嗣創業垂統也。」

於是乎乃解酒罷獵，而命有司曰：「地可墾闢，悉爲農郊，以贍萌隸，隤牆填塹，使山澤之人得至焉。實陂池而勿禁，虚宫館而勿仞，發倉廩以救貧窮，補不足，恤鰥寡，存孤獨，出德號，省刑罰，改制度，易服色，革正朔，與天下爲更始。」

於是歷吉日以齋戒，襲朝服，乘法駕，建華旗，鳴玉鸞。游於六藝之囿，馳騖乎仁義之塗，覽觀《春秋》之林，射《貍首》，兼《騶虞》，弋玄鶴，舞干戚，載雲罕，揜群雅，悲《伐檀》，樂樂胥。修容乎禮園，翱翔乎書圃。述《易》道，放怪獸，登明堂，坐清廟，次群臣，奏得失，四海之内，靡不受獲。於斯之時，天下大悦，鄉風而聽，隨流而化，芔然興道而遷義，刑錯而不用，德隆於三王，而功羨於五帝。若此故獵，乃可喜也。若夫終日馳騁，勞神苦形，罷車馬之用，抗士卒之精，費府庫之財，而無德厚之恩。務在獨樂，不顧衆庶，忘國家之政，貪雉兔之獲，則仁者不繇也。從此觀之，齊、楚之事，豈不哀哉！地方不過千里，而囿居九百，是草木不得墾闢，而人無所食也。夫以諸侯之細，而樂萬乘之侈，僕恐百姓被其尤也。』

於是二子愀然改容，超若自失，逡巡避席，曰：『鄙人固陋，不知忌諱，乃今日見教，謹受命矣。』

司馬子長文

項羽本紀　太陽

項籍者，下相人也，字羽。初起時，年二十四。其季父項梁，梁父即楚將項燕，爲秦將王翦所戮者也。項氏世世爲楚將，封於項，故姓項氏。

項籍少時，學書不成，去學劍，又不成。項梁怒之。籍曰：『書足以記名姓而已。劍一人敵，不足學，學萬人敵。』於是項梁乃教籍兵法，籍大喜，略知其意，又不肯竟學。項梁嘗有櫟陽逮，乃請蘄獄掾曹咎，書抵櫟陽獄掾司馬欣，以故事得已。項梁殺人，與籍避仇於吴中。吴中賢士大夫，皆出項梁下。每吴中有大繇役及喪，項梁常爲主辦，陰以兵法部勒賓客及子弟，以是知其能。秦始皇帝游會稽，渡浙江，梁與籍俱觀。籍曰：『彼可取而代也。』梁掩其口，曰：『毋妄言，族矣！』梁以此奇籍。籍長八尺餘，力能扛鼎，才氣過人，雖吴中子弟，皆已憚籍矣。

秦二世元年七月，陳涉等起大澤中。其九月，會稽守通謂梁曰：『江西皆反，此亦天亡秦之時也。吾聞先即制人，後則爲人所制。吾欲發兵，使公及桓楚將。』是時桓楚亡在澤中。梁曰：『桓楚亡，人莫知其處，獨籍知之耳。』梁乃出，誡籍持劍居外待。梁復入，與守坐，曰：『請召籍，使受命召桓楚。』守曰：『諾。』梁召籍入。須臾，梁眴籍曰：『可行矣！』於是籍遂拔劍斬守頭。項梁持守頭，佩其印綬。門下大驚，擾亂，籍所擊殺數十百人。一府中皆慴伏莫敢起。梁乃召故所知豪吏，諭以所爲起大事，遂舉吴中兵。使人收下縣，得精兵八千人。梁部署吴中豪傑爲校尉、候、司馬。有一人不得用，自言于梁。梁曰：『前時某喪，使公主某事，不能辦，以此不任用公。』衆乃皆伏。於是梁爲會稽守，籍爲裨將，徇下縣。

廣陵人召平，於是爲陳王徇廣陵，未能下。聞陳王敗走，秦兵又且至，乃渡江矯陳王命，拜梁爲楚王上柱國。曰：『江東已定，急引兵西擊秦。』項梁乃以八千人渡江而西。聞陳嬰已下東陽，使使欲與連和俱西。陳嬰者，故東陽令史，居縣中，素信謹，稱爲長者。東陽少年殺其令，相聚數千人，欲置長，無適用，乃請陳嬰。嬰謝不能，遂强立嬰爲長，縣中從者得二萬人。少年欲立嬰便爲王，異軍蒼頭特起。陳嬰母謂嬰曰：『自我爲汝家婦，未嘗聞汝先古之有貴者。今暴得大名，不祥。不如有所屬，事成猶得封侯，事敗易以亡，非世所指名也。』嬰乃不敢爲王。謂其軍吏曰：『項氏世世將家，有名於楚。今欲舉大事，將非其人不可。我倚名族，亡秦必矣。』於是衆從其言，以兵屬項梁。項梁渡淮，黥布、蒲將軍亦以兵屬焉。凡六七萬人，軍下邳。

當是時，秦嘉已立景駒爲楚王，軍彭城東，欲距項梁。項梁謂軍吏曰：『陳王先首事，戰不利，未聞所在。今秦嘉倍陳王而立景駒，逆無道。』乃進兵擊秦嘉。秦嘉軍敗走，追之至胡陵。嘉還戰一日，嘉死，軍降。景駒走死梁地。項梁已并秦嘉軍，軍胡陵，將引軍而西。章邯軍至栗，項梁使別將朱雞石、餘樊君與戰。餘樊君死。朱雞石軍敗，亡走胡陵。項梁乃引兵入薛，誅雞石。項梁前使項羽別攻襄城，襄城堅守不下。已拔，皆坑之。還報項梁。項梁聞陳王定死，召諸別將會薛計事。此時沛公亦起沛，往焉。

居鄛人范增，年七十，素居家，好奇計，往說項梁曰：『陳勝敗固當。夫秦滅六國，楚最無罪。自懷王入秦不反，楚人憐之至今，故楚南公曰「楚雖三户，亡秦必楚」也。今陳勝首事，不立楚後而自立，其勢不長。今君起江東，楚蠭午之將，皆爭附君者，以君世世楚將，爲能復立楚之後也。』於是項梁然其言，乃求楚懷王孫心民間，爲人牧羊，立以爲楚懷王，從民所望也。陳嬰爲楚上柱國，封五縣，與懷王都盱台。項梁自號爲武信君。

居數月，引兵攻亢父，與齊田榮、司馬龍且軍救東阿，大破秦軍於東阿。田榮即引兵歸，逐其王假。假亡走楚。假相田角亡走趙。角弟田間故齊將，居趙不敢歸。田榮立田儋子市爲齊王。項梁已破東阿下軍，遂追秦軍。數使使趣齊兵，欲與俱西。田榮曰：『楚殺田假，趙殺田角、田間，乃發兵。』項梁曰：『田假爲與國之王，窮來從我，不忍殺之。』趙亦不殺田角、田間以市於齊。齊遂不肯發兵助楚。項梁使沛公及項羽，別攻城陽，屠之。西破秦軍濮陽東，秦兵收入濮陽。沛公、項羽乃攻定陶。定陶未下，去，西略地至雝邱，大破秦軍，斬李由。還攻外黃，外黃未下。

項梁起東阿，西北至定陶，再破秦軍，項羽等又斬李由，益輕秦，有驕色。宋義乃諫項梁曰：『戰勝而將驕卒惰者敗。今卒少惰矣，秦兵日益，臣爲君畏之。』項梁弗聽。乃使宋義使於齊。道遇齊使者高陵君顯，曰：『公將見武信君乎？』曰：『然。』曰：『臣論武信君軍必敗。公徐行即免死，疾行則及禍。』秦果悉起兵益章邯，擊楚軍，大破之定陶，項梁死。沛公、項羽去外黃攻陳留，陳留堅守不能下。沛公、項羽相與謀曰：『今項梁軍破，士卒恐。』乃與呂臣軍俱引兵而東。呂臣軍彭城東，項羽軍彭城西，沛公軍碭。

章邯已破項梁軍，則以爲楚地兵不足憂，乃渡河擊趙，大破之。當此時，趙歇爲主，陳餘爲將，張耳爲相，皆走入鉅鹿城。章邯令王離、涉間圍鉅鹿，章邯軍其南，築甬道而輸之粟。陳餘爲將，將卒數萬人，而軍鉅鹿之北，此所謂河北之軍也。

楚兵已破於定陶，懷王恐，從盱台之彭城，并項羽、吕臣軍自將之。以吕臣爲司徒，以其父吕青爲令尹。以沛公爲碭郡長，封爲武安侯，將碭郡兵。

初，宋義所遇齊使者高陵君顯在楚軍，見楚王曰：『宋義論武信君之軍必敗，居數日，軍果敗。兵未戰而先見敗徵，此可謂知兵矣。』王召宋義，與計事而大悦之，因置以爲上將軍；項羽爲魯公，爲次將，范增爲末將，救趙。諸別將皆屬宋義，號爲卿子冠軍。行至安陽，留四十六日，不進。項羽曰：『吾聞秦軍圍趙王鉅鹿，疾引兵渡河，楚擊其外，趙應其内，破秦軍必矣。』宋義曰：『不然。夫搏牛之蝱，不可以破蟣蝨。今秦攻趙，戰勝則兵罷，我承其敝；不勝則我引兵鼓行而西，必舉秦矣。故不如先鬭秦、趙。夫被堅執鋭，義不如公；坐而運策，公不如義。』因下令軍中曰：『猛如虎，很如羊，貪如狼，强不可使者，皆斬之。』乃遣其子宋襄相齊，身送之至無鹽，飲酒高會。天寒大雨，士卒凍飢。項羽曰：『將戮力而攻秦，久留不行。今歲饑民病，士卒食芋菽，軍無見糧，乃飲酒高會，不引兵渡河因趙食，與趙并力攻秦，乃曰「承其敝」。夫以秦之强，攻新造之趙，其勢必舉趙。趙舉而秦强，何敝之承！且國兵新破，王坐不安席，掃境内而專屬於將軍，國家安危，在此一舉。今不恤士卒而徇其私，非社稷之臣。』項羽晨朝上將軍宋義，即其帳中斬宋義頭，出令軍中曰：『宋義與齊謀反楚，楚王陰令羽誅之。』當是時，諸將皆慴服，莫敢枝梧，皆曰：『首立楚者，將軍家也。今將軍誅亂。』乃相與共立羽爲假上將軍。使人追宋義子，及之齊，殺之。使桓楚報命於懷王。懷王因使項羽爲上將軍，當陽君、蒲將軍皆屬項羽。

項羽已殺卿子冠軍，威震楚國，名聞諸侯。乃遣當陽君、蒲將軍將卒二萬渡河救鉅鹿。戰少利，陳餘復請兵。項羽乃悉引兵渡河，皆沈船，破釜甑，燒廬舍，持三日糧，以示士卒必死，無一還心。於是至則圍王離，與秦軍遇，九戰，絶其甬道，大破之，殺蘇角，虜王離。涉間不降楚，自燒殺。當是時，楚兵冠諸侯。諸侯軍救鉅鹿下者十餘壁，莫敢縱兵。及楚擊秦，諸將皆從壁上觀。楚戰士無不一以當十，楚兵呼聲動天，諸侯軍無不人人惴恐。於是已破秦軍，項羽召見諸侯將，入轅門，無不膝行而前，莫敢仰視。項羽由是始爲諸侯上將軍，諸侯皆屬焉。

章邯軍棘原，項羽軍漳南，相持未戰。秦軍數郤，二世使人讓章邯。章邯恐，使長史欣請事。至咸陽，留司馬門三日，趙高不見，有不信之心。長史欣恐，還走其軍，不敢出故道。趙高果使人追之，不及。欣至軍，報曰：『趙高用事於中，下無可爲者。今戰能勝，高必疾妒吾功；戰不能勝，不免於死。願將軍孰計之。』陳餘亦遺章邯書曰：『白起爲秦將，南征鄢、郢，北阬馬服，攻城略地，不可勝計，而竟賜死。蒙恬爲秦將，北逐戎人，開榆中地數千里，竟斬陽周。何者？功多，秦不能盡封，因以法誅之。今將軍爲秦將三歲矣，所亡失以十萬數，而諸侯并起滋益多。彼趙高素諛日久，今事急，亦恐二世誅之，故欲以法誅將軍以塞責，使人更代將軍以脱其禍。夫將軍居外久，多内郤，有功亦誅，無功亦誅。且天之亡秦，無愚智皆知之。今將軍内不能直諫，外爲亡國將，孤特獨立而欲常存，豈不哀哉！將軍何不還兵與諸侯爲從，約共攻秦，分王其地，南面稱孤。此孰與身伏鈇質，妻子爲僇乎？』章邯狐疑，陰使侯始成使項羽，欲約。約未成，項羽使蒲將軍，日夜引兵渡三户，軍漳南，與秦戰，再破之。項羽悉引兵，擊秦軍汙水上，大破之。

章邯使人見項羽，欲約。項羽召軍吏謀曰：『糧少，欲聽其約。』軍吏皆曰『善』。項羽乃與期洹水南殷虚上。已盟，章邯見項羽而流涕，爲言趙高。項羽乃立章邯爲雍王，置楚軍中。使長史欣爲上將軍，將秦軍爲前行。

到新安。諸侯吏卒，異時故繇使屯戍過秦中，秦中吏卒遇之多無狀，及秦軍降諸侯，諸侯吏卒乘勝，多奴虜使之，輕折辱秦吏卒。秦吏卒多竊言曰：『章將軍等詐吾屬降諸侯，今能入關破秦，大善；即不能，諸侯虜吾屬而東，秦必盡誅吾父母妻子。』諸將微聞其計，以告項羽。項羽乃召黥布、蒲將軍計曰：『秦吏卒尚衆，其心不服，至關中不聽，事必危。不如擊殺之，而獨與章邯、長史欣、都尉翳入秦。』於是楚軍夜擊阬秦卒二十餘萬人新安城南。

行略定秦地。函谷關有兵守關不得入。又聞沛公已破咸陽，項羽大怒，使當陽君等擊關。項羽遂入，至于戲西。沛公軍霸上，未得與項羽相見。沛公左司馬曹無傷，使人言於項羽曰：『沛公欲王關中，使子嬰爲相，珍寶盡有之。』項羽大怒，曰：『旦日饗士卒，爲擊破沛公軍！』當是時，項羽兵四十萬，在新豐鴻門，沛公兵十萬，在霸上。范增説項羽曰：『沛公居山東時，貪於財貨，好美姬。今入關，財物無所取，婦女無所幸，此其志不在小。吾令人望其氣，皆爲龍虎，成五采，此天子氣也。急擊勿失。』

楚左尹項伯者，項羽季父也，素善留侯張良。張良是時從沛公，項伯乃夜馳之沛公軍，私見張良，具告以事，欲呼張良與俱去。曰：『毋從俱死也。』張良曰：『臣爲韓王送沛公，沛公今事有急，亡去不義，不可不語。』良乃入，具告沛公。沛公大驚，曰：『爲之奈何？』張良曰：『誰爲大王爲此計者？』曰：『鯫生説我曰「距關毋納諸侯，秦地可盡王也」。故聽之。』良曰：『料大王士卒，足以當項王乎？』沛公默然，曰：『固不如也，且爲之奈何？』張良曰：『請往謂項伯，言沛公不敢背項王也。』沛公曰：『君安與項伯有故？』張良曰：『秦時與臣游，項伯殺人，臣活之。今事有急，故幸來告良。』沛公曰：『孰與君少長？』良曰：『長於臣。』沛公曰：『君爲我呼入，吾得兄事之。』張良出要項伯。項伯即入見沛公。沛公奉卮酒爲壽，約爲婚姻，曰：『吾入關，秋毫不敢有所近，籍吏民，封府庫，而待將軍。所以遣將守關者，備他盜之出入與非常也。日夜望將軍至，豈敢反乎！願伯具言臣之不敢倍德也。』項伯許諾，謂沛公曰：『旦日不可不蚤自來謝項王。』沛公曰：『諾。』於是項伯復夜去，至軍中，具以沛公言報項王。因言曰：『沛公不先破關中，公豈敢入乎？今人有大功而擊之，不義也，不如因善遇之。』項王許諾。

沛公旦日從百餘騎來見項王，至鴻門，謝曰：『臣與將軍戮力而攻秦，將軍戰河北，臣戰河南，然不自意能先入關破秦，得復見將軍於此。今者有小人之言，令將軍與臣有郤。』項王曰：『此沛公左司馬曹無傷言之；不然，籍何以至此。』項王即日因留沛公與飲。項王、項伯東嚮坐，亞父南嚮坐。亞父者，范增也。沛公北嚮坐，張良西嚮侍。范增數目項王，舉所佩玉玦以示之者三，項王默然不應。范增起出，召項莊謂曰：『君王爲人不忍，若入前爲壽，壽畢，請以劍舞，因擊沛公於坐，殺之。不者，若屬皆且爲所虜。』莊則入爲壽。壽畢，曰：『君王與沛公飲，軍中無以爲樂，請以劍舞。』項王曰：『諾。』項莊拔劍起舞，項伯亦拔劍起舞，常以身翼蔽沛公，莊不得擊。於是張良至軍門見樊噲。樊噲曰：『今日之事何如？』良曰：『甚急！今者項莊拔劍舞，其意常在沛公也。』噲曰：『此迫矣，臣請入與之同命。』噲即帶劍擁盾入軍門。交戟之衛士，欲止不內，樊噲側其盾以撞，衛士仆地，噲遂入，披帷西向立，瞋目視項王，頭髮上指，目眥盡裂。項王按劍而跽曰：『客何爲者？』張良曰：『沛公之驂乘樊噲者也。』項王曰：『壯士！賜之卮酒。』則與斗卮酒。噲拜謝，起，立而飲之。項王曰：『賜之彘肩。』則與一生彘肩。樊噲覆其盾於地，加彘肩上，拔劍切而啗之。項王曰：『壯士，能復飲乎？』樊噲曰：『臣死且不避，卮酒安足辭！夫秦王有虎狼之心，殺人如不能舉，刑人如恐不勝，天下皆叛之。懷王與諸將約曰「先破秦入咸陽者王之」，今沛公先破秦入咸陽，毫[一]毛不敢有所近，封閉宫室，還軍霸上，以待大王來。故遣將守關者，備他盜出入與非常也。勞苦而功高如此，未有封侯之賞，而聽細說，欲誅有功之人。此亡秦之續耳，竊爲大王不取也。』項王未有以應，曰：『坐。』樊噲從良坐。坐須臾，沛公起如厠，因招樊噲出。

沛公已出，項王使都尉陳平召沛公。沛公曰：『今者出，未辭也，爲之奈何？』樊噲曰：『大行不顧細謹，大禮不辭小讓。如今人方爲刀俎，我爲魚肉，何辭爲！』於是遂去。乃令張良留謝。良問曰：『大王來何操？』曰：『我持白璧一雙，欲獻項王；玉斗一雙，欲與亞父。會其怒，不敢獻。公爲我獻之。』張良曰：『謹諾。』當是時，項王軍在鴻門下，沛公軍在霸上，相去四十里。沛公則置車騎，脱身獨騎，與樊噲、夏侯嬰、靳强、紀信等四人，持劍盾步走，從酈山下，道芷陽間行。沛公謂張良曰：『從此道至吾軍，不過二十里耳。度我至軍中，公乃入。』沛公已

［一］『毫』原作『豪』。

去，間至軍中。張良入謝，曰：『沛公不勝桮杓，不能辭。謹使臣良奉白璧一雙，再拜獻大王足下；玉斗一雙，再拜奉大將軍足下。』項王曰：『沛公安在？』良曰：『聞大王有意督過之，脱身獨去，已至軍矣。』項王則受璧，置之坐上。亞父受玉斗，置之地，拔劍撞而破之，曰：『唉！豎子不足與謀。奪項王天下者，必沛公也。吾屬今爲之虜矣。』沛公至軍，立誅殺曹無傷。

居數日，項羽引兵西屠咸陽，殺秦降王子嬰，燒秦宫室，火三月不滅；收其貨寶婦女而東。人或説項王曰：『關中阻山河四塞，地肥饒，可都以霸。』項王見秦宫室皆以燒殘破，又心懷思欲東歸，曰：『富貴不歸故鄉，如衣繡夜行，誰知之者！』説者曰：『人言楚人沐猴而冠耳，果然。』項王聞之，烹説者。

項王使人致命懷王。懷王曰：『如約。』乃尊懷王爲義帝。項王欲自王，先王諸將相，謂曰：『天下初發難時，假立諸侯後以伐秦。然身被堅執鋭首事，暴露於野三年，滅秦定天下者，皆將相諸君與籍之力也。義帝雖無功，故當分其地而王之。』諸將皆曰：『善。』乃分天下，立諸將爲侯王。項王、范增疑沛公之有天下，業已講解，又惡負約，恐諸侯叛之，乃陰謀曰：『巴、蜀道險，秦之遷人皆居蜀。』乃曰：『巴、蜀亦關中地也。』故立沛公爲漢王，王巴、蜀、漢中，都南鄭。而三分關中，王秦降將，以距塞漢王。項王乃立章邯爲雍王，王咸陽以西，都廢丘。長史欣者，故爲櫟陽獄掾，嘗有德於項梁；都尉董翳者，本勸章邯降楚。故立司馬欣爲塞王，王咸陽以東至河，都櫟陽；立董翳爲翟王，王上郡，都高奴。徙魏王豹爲西魏王，王河東，都平陽。瑕丘申陽者，張耳嬖臣也，先下河南郡，迎楚河上，故立申陽爲河南王，都雒陽。韓王成因故都，都陽翟。趙將司馬卬定河內，數有功，故立卬爲殷王，王河內，都朝歌。徙趙王歇爲代王。趙相張耳素賢，又從入關，故立耳爲常山王，王趙地，都襄國。當陽君黥布爲楚將，常冠軍，故立布爲九江王，都六。鄱君吳芮率百越佐諸侯，又從入關，故立芮爲衡山王，都邾。義帝柱國共敖，將兵擊南郡功多，因立敖爲臨江王，都江陵。徙燕王韓廣爲遼東王。燕將臧荼，從楚救趙，因從入關，故立荼爲燕王，都薊。徙齊王田市爲膠東王。齊將田都，從共救趙，因從入關，故立都爲齊王，都臨菑。故秦所滅齊王建孫田安，項羽方渡河救趙，田安下濟北數城，引其兵降項羽，故立安爲濟北王，都博陽。田榮者，數負項梁，又不肯將兵從楚擊秦，以故不封。成安君陳餘，棄將印去，不從入關，然素聞其賢，有功於趙，聞其在南皮，故因環封三縣。番君將梅鋗功多，故封十萬户侯。項王自立爲西楚霸王，王九郡，都彭城。

漢之元年四月，諸侯罷戲下，各就國。項王出之國，使人徙義帝，曰：『古之帝者，地方千里，必居上游。』乃使使徙義帝長沙郴縣。趣義帝行，其群臣稍稍背叛之，乃陰令衡山、臨江王擊殺之江中。韓王成無軍功，項王不使之國，與俱至彭城，廢以爲侯，已又殺之。臧荼之國，因逐韓廣之遼東，廣弗聽，荼擊殺廣無終，并王其地。

田榮聞項羽徙齊王市膠東，而立齊將田都爲齊王，乃大怒，不肯遣齊王之膠東，因以齊反，迎擊田都。田都走楚。齊王市畏項王，乃亡之膠東就國。田榮怒，追擊殺之即墨。榮因自立爲齊王，而西擊殺濟北王田安，并王三齊。榮與彭越將軍印，令反梁地。陳餘陰使張同、夏説，説齊王田榮曰：『項羽爲天下宰，不平。今盡王故王於醜地，而王其群臣諸將善地，逐其故主，趙王乃北居代，餘以爲不可。聞大王起兵，且不聽不義，願大王資餘兵，請以擊常山，以復趙王，請以國爲捍蔽。』齊王許之，因遣兵之趙。陳餘悉發三縣兵，與齊并力擊常山，大破之。張耳走歸漢。陳餘迎故趙王歇於代，反之趙。趙王因立陳餘爲代王。

是時，漢還定三秦。項羽聞漢王皆已并關中，且東，齊、趙叛之，大怒。乃以故吴令鄭昌爲韓王，以距漢。令蕭公角等擊彭越。彭越敗蕭公角等。漢使張良徇韓，乃遺項王書曰：『漢王失職，欲得關中，如約即止，不敢東。』又以齊、梁反書遺項王曰：『齊欲與趙并滅楚。』楚以此故無西意，而北擊齊。徵兵九江王布。布稱疾不往，使將將數千人行。項王由此怨布也。漢之二年冬，項羽遂北至城陽，田榮亦將兵會戰。田榮不勝，走至平原，平原民殺之。遂北燒夷齊城郭宫屋，皆阬田榮降卒，係虜其老弱婦女。徇齊至北海，多所殘滅。齊人相聚而叛之。於是田榮弟田横收齊亡卒，得數萬人，反城陽。項王因留，連戰未能下。

春，漢王部五諸侯兵，凡五十六萬人，東伐楚。項王聞之，即令諸將擊齊，而自以精兵三萬人南從魯，出胡陵。四月，漢皆已入彭城，收其貨寶美人，日置酒高會。項王乃西從蕭，晨擊漢軍而東，至彭城，日中大破漢軍。漢軍皆走，相隨入穀、泗水，殺漢卒十餘萬人。漢卒皆南走山，楚又追擊至靈壁東睢水上。漢軍却，爲楚所擠，多殺，漢卒十餘萬人，皆入睢水，睢水爲之不流。

圍漢王三帀。於是大風從西北而起，折木發屋，揚沙石，窈冥晝晦，逢迎楚軍。楚軍大亂壞散，而漢王乃得與數十騎遁去。欲過沛，收家室而西；楚亦使人追之沛，取漢王家；家皆亡，不與漢王相見。漢王道逢得孝惠、魯元，乃載行。楚騎追漢王，漢王急，推墮孝惠、魯元車下，滕公常下收載之。如是者三。曰：『雖急不可以驅，柰何棄之？』於是遂得脱。求太公、呂后不相遇。審食其從太公、呂后，間行求漢王，反遇楚軍。楚軍遂與歸，報項王，項王常置軍中。

是時呂后兄周呂侯，爲漢將兵，居下邑，漢王間往從之，稍稍收其士卒。至滎陽，諸敗軍皆會，蕭何亦發關中老弱未傅，悉詣滎陽，復大振。楚起於彭城，常乘勝逐北，與漢戰滎陽南京、索間，漢敗楚，楚以故不能過滎陽而西。

項王之救彭城，追漢王，至滎陽，田横亦得收齊，立田榮子廣爲齊王。漢王之敗彭城，諸侯皆復與楚而背漢。漢軍滎陽，築甬道屬之河，以取敖倉粟。漢之三年，項王數侵奪漢甬道，漢王食乏，恐，請和，割滎陽以西爲漢。

項王欲聽之。曆陽侯范增曰：『漢易與耳，今釋弗取，後必悔之。』項王乃與范增急圍滎陽。

漢王患之，乃用陳平計，間項王。項王使者來，爲太牢具，舉欲進之。見使者，佯驚愕曰：『吾以爲亞父使者，乃反項王使者。』更持去，以惡食食項王使者。使者歸報項王，項王乃疑范增與漢有私，稍奪之權。范增大怒，曰：『天下事大定矣，君王自爲之。願賜骸骨歸卒伍。』項王許之。行未至彭城，疽發背而死。

漢將紀信説漢王曰：『事已急矣，請爲王誑楚爲王，王可以間出。』於是漢王夜出女子滎陽東門被甲二千人，楚兵四面擊之。紀信乘黄屋車，傅左纛，曰：『城中食盡，漢王降。』楚軍皆呼萬歲。漢王亦與數十騎從城西門出，走成皋。項王見紀信，問：『漢王安在？』信曰：『漢王已出矣。』項王燒殺紀信。

漢王使御史大夫周苛、樅公、魏豹守滎陽。周苛、樅公謀曰：『反國之王，難與守城。』乃共殺魏豹。楚下滎陽城，生得周苛。項王謂周苛曰：『爲我將，我以公爲上將軍，封三萬户。』周苛罵曰：『若不趣降漢，漢今虜若，若非漢敵也。』項王怒，烹周苛，并殺樅公。

漢王之出滎陽，南走宛、葉，得九江王布，行收兵，復入保成皋。漢之四年，項王進兵圍成皋。漢王逃，獨與滕公出成皋北門，渡河走修武，從張耳、韓信軍。諸將稍稍得出成皋，從漢王。楚遂拔成皋欲西。漢使兵距之鞏，令其不得西。

是時，彭越渡河擊楚東阿，殺楚將軍薛公。項王乃自東擊彭越。漢王得淮陰侯兵，欲渡河南。鄭忠説漢王，乃止壁河内。使劉賈將兵佐彭越，燒楚積聚。項王東擊破之，走彭越。漢王則引兵渡河，復取成皋，軍廣武，就敖倉食。項王已定東海來，西與漢俱臨廣武而軍，相守數月。

當此時，彭越數反梁地，絶楚糧食，項王患之。爲高俎置太公其上，告漢王曰：『今不急下，吾烹太公。』漢王曰：『吾與項羽俱北面受命懷王，曰：「約爲兄弟」，吾翁即若翁，必欲烹而翁，則幸分我一杯羹。』項王怒，欲殺之。項伯曰：『天下事未可知，且爲天下者不顧家，雖殺之無益，祇益禍耳。』項王從之。

楚漢久相持未決，丁壯苦軍旅，老弱罷轉漕。項王謂漢王曰：『天下匈匈數歲者，徒以吾兩人耳，願與漢王挑戰決雌雄，毋徒苦天下之民父子爲也。』漢王笑謝曰：『吾寧鬭智，不能鬭力。』項王令壯士出挑戰。漢有善騎射者樓煩，楚挑戰三合，樓煩輒射殺之。項王大怒，乃自被甲持戟挑戰。樓煩欲射之，項王瞋目叱之，樓煩目不敢視，手不敢發，遂走還入壁，不敢復出。漢王使人間問之，乃項王也。漢王大驚。於是項王乃即漢王相與臨廣武間而語。漢王數之，項王怒欲一戰。漢王不聽，項王伏弩射中漢王。漢王傷，走入成皋。

項王聞淮陰侯已舉河北，破齊、趙，且欲擊楚，乃使龍且往擊之。淮陰侯與戰，騎將灌嬰擊之，大破楚軍，殺龍且。韓信因自立爲齊王。項王聞龍且軍破，則恐，使盱台人武涉，往説淮陰侯。淮陰侯弗聽。是時，彭越復反，下梁地，絶楚糧。項王乃謂海春侯大司馬曹咎等曰：『謹守成皋，則漢欲挑戰，慎勿與戰，毋令得東而已。我十五日必誅彭越，定梁地，復從將軍。』乃東行，擊陳留、外黄。

外黄不下。數日已降，項王怒，悉令男子年十五已上詣城東，欲阬之。外黄令舍人兒年十三，往説項王曰：『彭越强劫外黄，外黄恐，故且降待大王。大王至，又皆阬之，百姓豈有歸心？從此以東，梁地十餘城皆恐，莫肯下矣。』項王然其言，乃赦外黄當阬者。東至睢陽，聞之皆争下項王。

漢果數挑楚軍戰，楚軍不出。使人辱之，五六日，大司馬怒，渡兵汜水。士卒半渡，漢擊之，大破楚軍，盡得楚國貨賂。大司馬咎、長史翳[一]、塞王欣皆自剄汜水上。大司馬咎者，故蘄獄掾，長史欣亦故櫟陽獄吏，兩人嘗有德於項梁，是以項王信任之。當是時，項王在睢陽，聞海春侯軍敗，則引兵還。漢軍方圍鍾離眛於滎陽東，項王至，漢軍畏楚，盡走險阻。

是時，漢兵盛食多，項王兵罷食絶。漢遣陸賈説項王請太公，項王弗聽。漢王復使侯公往説項王，項王乃與漢約，中分天下，割鴻溝以西者爲漢，鴻溝而東者爲楚。項王許之，即歸漢王父母妻子。軍皆呼萬歲。漢王乃封侯公爲平國君。匿弗肯復見。曰：『此天下辯士，所居傾國，故號爲平國君。』項王已約，乃引兵解而東歸。

漢欲西歸，張良、陳平説曰：『漢有天下太半，而諸侯皆附之。楚兵罷食盡，此天亡楚之時也，不如因其機而遂取之。今釋弗擊，此所謂「養虎自遺患」也。』漢王聽之。漢五年，漢王乃

[一]『翳』原本無，今補之。

追項王至陽夏南，止軍，與淮陰侯韓信、建成侯彭越，期會而擊楚[一]軍。至固陵，而信、越之兵不會。楚擊漢軍，大破之。漢王復入壁，深塹而自守。謂張子房曰：『諸侯不從約，爲之奈何？』對曰：『楚兵且破，信、越未有分地，其不至固宜。君王能與共分天下，今可立致也。即不能，事未可知也。君王能自陳以東傅海，盡與韓信；睢陽以北至穀城，以與彭越：使各自爲戰，則楚易敗也。』漢王曰：『善。』於是乃發使者告韓信、彭越曰：『并力擊楚。楚破，自陳以東傅海與齊王，睢陽以北至穀城與彭相國。』使者至，韓信、彭越皆報曰：『請今進兵。』韓信乃從齊往，劉賈軍從壽春并行，屠城父，至垓下。大司馬周殷叛楚，以舒屠六，舉九江兵，隨劉賈、彭越皆會垓下，詣項王。

項王軍壁垓下，兵少食盡，漢軍及諸侯兵圍之數重。夜聞漢軍四面皆楚歌，項王乃大驚曰：『漢皆已得楚乎？是何楚人之多也！』項王則夜起，飲帳中。有美人名虞，常幸從；駿馬名騅，常騎之。於是項王乃悲歌忼慨，自爲詩曰：『力拔山兮氣蓋世，時不利兮騅不逝。騅不逝兮可

[一]『楚』原作『漢』。

奈何，虞兮虞兮奈若何！』歌數闋，美人和之。項王泣數行下，左右皆泣，莫能仰視。

於是項王乃上馬騎，麾下壯士騎從者八百餘人，直夜潰圍南出馳走。平明，漢軍乃覺之，令騎將灌嬰以五千騎追之。項王渡淮，騎能屬者百餘人耳。項王至陰陵，迷失道，問一田夫，田夫紿曰『左』。左，乃陷大澤中。以故漢追及之。項王乃復引兵而東，至東城，乃有二十八騎。漢騎追者數千人。項王自度不得脱。謂其騎曰：『吾起兵至今八歲矣，身七十餘戰，所當者破，所擊者服，未嘗敗北，遂霸有天下。然今卒困於此，此天之亡我，非戰之罪也。今日固決死，願爲諸君決戰，必三勝之，爲諸君潰圍，斬將刈旗，令諸君知天亡我，非戰之罪也。』乃分其騎，以爲四隊四嚮，漢軍圍之數重。項王謂其騎曰：『吾爲公取彼一將。』令四面騎馳下，期山東爲三處。於是項王大呼馳下，漢軍皆披靡，遂斬漢一將。是時，赤泉侯爲騎將，追項王，項王瞋目而叱之，赤泉侯人馬俱驚，辟易數里，與其騎會爲三處。漢軍不知項王所在，乃分軍爲三，復圍之。項王乃馳，復斬漢一都尉，殺數十百人，復聚其騎，亡其兩騎耳。乃謂其騎曰：『何如？』騎皆伏曰：『如大王言。』

於是項王乃欲東渡烏江。烏江亭長檥船待，謂項王曰：『江東雖小，地方千里，衆數十萬人，亦足王也。願大王急渡。今獨臣有船，漢軍至，無以渡。』項王笑曰：『天之亡我，我何渡爲！且籍與江東子弟八千人，渡江而西，今無一人還，縱江東父兄，憐而王我，我何面目見之？縱彼不言，籍獨不愧於心乎？』乃謂亭長曰：『吾知公長者。吾騎此馬五歲，所當無敵，嘗一日行千里，不忍殺之，以賜公。』乃令騎皆下馬步行，持短兵接戰。獨籍所殺漢軍數百人。項王身亦被十餘創。顧見漢騎司馬呂馬童，曰：『若非吾故人乎？』馬童面之，指王翳曰：『此項王也。』項王乃曰：『吾聞漢購我頭千金，邑萬户，吾爲若德。』乃自刎而死。王翳取其頭，餘騎相蹂踐，爭項王，相殺者數十人。最其後，郎中騎楊喜，騎司馬呂馬童，郎中呂勝、楊武，各得其一體。五人共會其體皆是。故分其地爲五：封呂馬童爲中水侯，封王翳爲杜衍侯，封楊喜爲赤泉侯，封楊武爲吴防侯，封呂勝爲涅陽侯。

項王已死，楚地皆降漢，獨魯不下。漢乃引天下兵欲屠之，爲其守禮義，爲主死節，乃持項王頭示魯，魯父兄乃降。始，楚懷王初封項籍爲魯公，及其死，魯最後下，故以魯公禮葬項王穀城。漢王爲發哀，泣之而去。

諸項氏枝屬，漢王皆不誅。乃封項伯爲射陽侯。桃侯、平皋侯、玄武侯皆項氏，賜姓劉。

太史公曰：吾聞之周生曰『舜目蓋重瞳子』，又聞項羽亦重瞳子。羽豈其苗裔邪？何興之暴也！夫秦失其政，陳涉首難，豪傑蠭起，相與并争，不可勝數。然羽非有尺寸，乘勢起隴畝之中，三年遂將五諸侯滅秦，分裂天下而封王侯，政由羽出，號爲『霸王』，位雖不終，近古以來未嘗有也。及羽背關懷楚，放逐義帝而自立，怨王侯叛己，難矣。自矜功伐，奮其私智，而不師古。謂霸王之業，欲以力征經營天下。五年，卒亡其國，身死東城，尚不覺寤，而不自責，過矣。乃引『天亡我，非用兵之罪也』，豈不謬哉！

十二諸侯年表序　太陰

太史公讀《春秋曆譜諜》，至周厲王，未嘗不廢書而歎也。曰：嗚呼！師摯見之矣！紂爲象箸而箕子唏。周道缺，詩人本之衽席，《關雎》作。仁義陵遲，《鹿鳴》刺焉。及至厲王，以惡聞其過，公卿懼誅而禍作，厲王遂奔于彘，亂自京師始，而共和行政焉。是後或力政，强乘弱，興師不請天子。然挾王室之義，以討伐爲會盟主，政由五伯，諸侯恣行，淫侈不軌，賊臣簒子滋起矣。

齊、晉、秦、楚，其在成周微甚，封或百里或五十里。晉阻三河，齊負東海，楚介江淮，秦因雍州之固，四國迭興，更爲霸主，文武所褒大封，皆威而服焉。是以孔子明王道，干七十餘君，莫能用，故西觀周室，論史記舊聞，興於魯而次《春秋》，上記隱，下至哀之獲麟，約其辭文，去其煩重，以制義法，王道備，人事浹。七十子之徒口受其傳指，爲有所刺譏褒諱挹損之文辭，不可以書見也。

魯君子左邱明，懼弟子人人異端，各安其意，失其真，故因孔子史記，具論其語，成《左氏春秋》。鐸椒爲楚威王傅，爲王不能盡觀《春秋》，采取成敗，卒四十章，爲《鐸氏微》。趙孝成王時，其相虞卿，上采《春秋》，下觀近勢，亦著八篇，爲《虞氏春秋》。吕不韋者，秦莊襄王相，亦上觀尚古，删拾《春秋》，集六國時事，以爲八覽、六論、十二紀，爲《吕氏春秋》。及如荀卿、孟子、公孫固、韓非之徒，各往往捃摭《春秋》之文以著書，不可勝紀。漢相張蒼曆譜五德，上大夫董仲舒，推春秋義，頗著文焉。

太史公曰：儒者斷其義，馳說者騁其辭，不務綜其終始。曆人取其年月，數家隆於神運，譜諜獨記世謚，其辭略，欲一觀諸要難。於是譜十二諸侯，自共和訖孔子，表見《春秋》《國語》，學者所譏，盛衰大指著於篇，爲成學治古文者要删焉。

六國年表序　太陰

太史公讀《秦記》，至犬戎敗幽王，周東徙洛邑，秦襄公始封爲諸侯，作西畤，用事上帝，僭端見矣。禮曰：『天子祭天地，諸侯祭其域内名山大川。』今秦雜戎翟之俗，先暴戾，後仁義，位在藩臣，而臚於郊祀，君子懼焉。及文公踰隴，攘夷狄，尊陳寶，營岐雍之間，而穆公修政，東竟至河，則與齊桓、晉文中國侯伯侔矣。是後陪臣執政，大夫世禄，六卿擅晉權，征伐會盟，威重於諸侯。及田常殺簡公而相齊國，諸侯晏然弗討，海内争於戰功矣。三國終之，卒分晉，田和亦滅齊而有之，六國之盛自此始。務在强兵并敵，謀詐用而從衡短長之説起。矯稱蠭出，誓盟不信，雖置質剖符，猶不能約束也。秦始小國僻遠，諸夏賓之，比于戎翟，至獻公之後，常雄諸侯。論秦之德義，不如魯、衛之暴戾者；量秦之兵，不如三晉之强也。然卒并天下，非必險固便、形埶利也，蓋若天所助焉。或曰『東方物所始生，西方物之成孰』。夫作事者必於東南，收功實者常於西北。故禹興於西羌，湯起於亳，周之王也以豐鎬伐殷，秦之帝用雍州興，漢之興自蜀漢。

秦既得意，燒天下詩書，諸侯史記尤甚，爲其有所刺譏也。詩書所以復見者，多藏人家，而史記獨藏周室，以故滅。惜哉惜哉！獨有《秦記》，又不載日月，其文略不具。然戰國之權變亦有可頗采者，何必上古。秦取天下多暴，然世異變，成功大。傳曰『法後王』，何也？以其近己而俗變相類，議卑而易行也。學者牽於所聞，見秦在帝位日淺，不察其終始，因舉而笑之不敢道，此與以耳食無異。悲夫！余於是因《秦記》，踵《春秋》之後，起周元王，表六國時事，訖二世，凡二百七十年，著諸所聞興壞之端。後有君子，以覽觀焉。

秦楚之際月表序　太陰

太史公讀秦楚之際，曰：初作難，發於陳涉；虐戾滅秦自項氏；撥亂誅暴，平定海内，卒踐帝祚，成於漢家。五年之間，號令三嬗，自生民以來，未始有受命若斯之亟也！

昔虞、夏之興，積善累功數十年，德洽百姓，攝行政事，考之於天，然後在位。湯、武之王，乃由契、后稷，修仁行義十餘世，不期而會孟津八百諸侯，猶以爲未可，其後乃放弑。秦起襄公，章於文、繆，獻、孝之後，稍以蠶食六國，百有餘載，至始皇，乃能并冠帶之倫。以德若彼，用力如此，蓋一統若斯之難也！

秦既稱帝，患兵革不休，以有諸侯也，於是無尺土之封，墮壞名城，銷鋒鏑，鉏豪桀，維萬世之安。然王迹之興，起於閭巷，合從討伐，軼於三代，鄉秦之禁，適足以資賢者爲驅除難耳，故憤發其所爲天下雄，安在無土不王。此乃傳之所謂大聖乎？豈非天哉？豈非天哉？非大聖孰能當此受命而帝者乎？

漢興以來諸侯王年表序　太陰

太史公曰：殷以前尚矣。周封五等：公，侯，伯，子，男。然封伯禽、康叔於魯、衛，地各四百里，親親之義，褒有德也；太公於齊，兼五侯地，尊勤勞也。武王、成、康所封數百，而同姓五十五，地上不過百里，下三十里，以輔衛王室。管、蔡、康叔、曹、鄭，或過或損。厲、幽之後，王室缺，侯伯强國興焉，天子微，弗能正。非德不純，形勢弱也。

漢興，序二等。高祖末年，非劉氏而王者，若無功，上所不置而侯者，天下共誅之。高祖子弟，同姓爲王者九國，惟獨長沙異姓，而功臣侯者百有餘人。自雁門、太原以東，至遼陽，爲燕、代國；常山以南，太行左轉，度河、濟，阿、甄以東薄海，爲齊、趙國；自陳以西南，至九疑，東帶江、淮、穀、泗，薄會稽，爲梁、楚、吴、淮南、長沙國，皆外接於胡、越。而内地北距山以東，盡諸侯地，大者或五六郡，連城數十，置百官宫觀，僭於天子。漢獨有三河、東郡、潁川、南陽，自江陵以西至蜀，北自雲中至隴西，與内史凡十五郡，而公主列侯頗食邑其中。何者？天下初定，骨肉同姓者少，故廣强庶孽，以鎮撫四海，用承衛天子也。

漢定百年之間，親屬益疏，諸侯或驕奢，忕邪臣計謀，爲淫亂，大者叛逆，小者不軌于法，以危其命，殞身亡國。天子觀於上古，然後加惠，使諸侯得推恩分子弟國邑，故齊分爲七，趙分爲六，梁分爲五，淮南分三，及天子支庶子爲王，王子支庶爲侯，百有餘焉。吴楚時，前後諸侯或以適削地，是以燕、代無北邊郡，吴、淮南、長沙無南邊郡，齊、趙、燕、楚支郡名山陂海咸納於漢。

諸侯稍微，大國不過十餘城，小侯不過數十里，上足以奉貢職，下足以供養祭祀，以蕃輔京師。而漢郡八九十，形錯諸侯間，犬牙相臨，秉其厄塞地利，强本幹，弱枝葉之勢也，尊卑明而萬事各得其所矣。

臣遷謹記高祖以來至太初諸侯，譜其下益損之時，令後世得覽。形勢雖强，要之以仁義爲本。

魏公子傳　太陽

魏公子無忌者，魏昭王少子，而魏安釐王異母弟也。昭王薨，安釐王即位，封公子爲信陵君。是時范睢亡魏相秦，以怨魏、齊故，秦兵圍大梁，破魏華陽下軍，走芒卯。魏王及公子患之。

公子爲人仁而下士，士無賢不肖，皆謙而禮交之，不敢以其富貴驕士。士以此方數千里爭往歸之，致食客三千人。當是時，諸侯以公子賢多客，不敢加兵謀魏十餘年。

公子與魏王博，而北境傳舉烽，言『趙寇至，且入界』。魏王釋博，欲召大臣謀。公子止王曰：『趙王田獵耳，非爲寇也。』復博如故。王恐，心不在博。居頃，復從北方來傳言曰：『趙王獵耳，非爲寇也。』魏王大驚，曰：『公子何以知之？』公子曰：『臣之客，有能深得趙王陰事者，趙王所爲，客輒以報臣，臣以此知之。』是後魏王畏公子之賢能，不敢任公子以國政。

魏有隱士曰侯嬴，年七十，家貧，爲大梁夷門監者。公子聞之，往請，欲厚遺之。不肯受，曰：『臣修身絜行數十年，終不以監門困故，而受公子財。』公子於是乃置酒大會賓客。坐定，公子從車騎，虛左，自迎夷門侯生。侯生攝敝衣冠，直上載公子上坐，不讓，欲以觀公子。公子執轡愈恭。侯生又謂公子曰：『臣有客在市屠中，願枉車騎過之。』公子引車入市，侯生下見其客朱亥，俾倪故久立，與其客語，微察公子。公子顏色愈和。當是時，魏將相宗室賓客滿堂，待公子舉酒。市人皆觀公子執轡。從騎皆竊罵侯生。侯生視公子色終不變，乃謝客就車。至家，公子引侯生坐上坐，遍贊賓客，賓客皆驚。酒酣，公子起爲壽侯生前。侯生因謂公子曰：『今日嬴之爲公子，亦足矣。嬴乃夷門抱關者也，而公子親枉車騎，自迎嬴於衆人廣坐之中，不宜有所過，今公子故過之。然嬴欲就公子之名，故久立公子車騎市中，過客以觀公子，公子愈恭。市人皆以嬴爲小人，而以公子爲長者，能下士也。』於是罷酒，侯生遂爲上客。

侯生謂公子曰：『臣所過屠者朱亥，此子賢者，世莫能知，故隱屠間耳。』公子往數請之，朱亥故不復謝，公子怪之。

魏安釐王二十年，秦昭王已破趙長平軍，又進兵圍邯鄲。公子姊爲趙惠文王弟平原君夫人，數遺魏王及公子書，請救於魏。魏王使將軍晋鄙將十萬衆救趙。秦王使使者告魏王曰：『吾攻趙旦暮且下，而諸侯敢救者，已拔趙，必移兵先擊之。』魏王恐，使人止晉鄙，留軍壁鄴，名爲救趙，實持兩端以觀望。平原君使者冠蓋相屬於魏，讓魏公子曰：『勝所以自附爲婚姻者，以公子之高義，爲能急人之困。今邯鄲旦暮降秦，而魏救不至，安在公子能急人之困也！且公子縱輕勝，棄之降秦，獨不憐公子姊耶？』公子患之，數請魏王及賓客辯士，説王萬端。魏王畏秦，終不聽公子。公子自度終不能得之於王，計不獨生而令趙亡，乃請賓客約車騎百餘乘，欲以客往赴秦軍，與趙俱死。

行過夷門，見侯生，具告所以欲死秦軍狀。辭决而行，侯生曰：『公子勉之矣，老臣不能從。』公子行數里，心不快，曰：『吾所以待侯生者備矣，天下莫不聞。今吾且死，而侯生曾無一言半辭送我，我有所失哉？』復引軍還，問侯生。侯生笑曰：『臣固知公子之還也。』曰：『公子喜士，名聞天下。今有難無他端，而欲赴秦軍，譬若以肉投餒虎，何功之有哉？尚安事客？然公子遇臣厚，公子往而臣不送，以是知公子恨之復返也。』公子再拜，因問侯生，乃屏人，間語曰：『嬴聞晉鄙之兵符，常在王卧内，而如姬最幸，出入王卧内，力能竊之。嬴聞如姬父爲人所殺，如姬資之三年，自王以下，欲求報其父仇，莫能得。如姬爲公子泣，公子使客斬其仇頭，敬進如姬。如姬之欲爲公子死，無所辭，顧未有路耳。公子誠一開口請如姬，如姬必許諾，則得虎符奪晉鄙軍，北救趙而西却秦，此五霸之伐也。』公子從其計，請如姬。如姬果盜晉鄙兵符與公子。

公子行，侯生曰：『將在外，主令有所不受，以便國家。公子即合符，而晉鄙不授公子兵，而復請之，事必危矣。臣客屠者朱亥可與俱，此人力士。晉鄙聽，大善；不聽，可使擊之。』於是公子泣。侯生曰：『公子畏死耶？何泣也？』公子曰：『晉鄙嚄唶宿將，往恐不聽，必當殺之，是以泣耳，豈畏死哉？』於是公子請朱亥。朱亥笑曰：『臣乃市井鼓刀屠者，而公子親數存之，所以不報謝者，以爲小禮無所用。今公子有急，此乃臣效命之秋也。』遂與公子俱。公子過謝侯生。侯生曰：『臣宜從，老不能。請數公子行日，以至晉鄙軍之日，北鄉自剄以送公子。』

公子遂行。

至鄴，矯魏王令代晉鄙。晉鄙合符，疑之，舉手視公子曰：『今吾擁十萬之衆，屯於境上，國之重任，今單車來代之，何如哉？』欲無聽。朱亥袖四十斤鐵椎，椎殺晉鄙，公子遂將晉鄙軍。勒兵，下令軍中曰：『父子俱在軍中，父歸；兄弟俱在軍中，兄歸；獨子無兄弟，歸養。』得選兵八萬人，進兵擊秦軍。秦軍解去，遂救邯鄲，存趙。趙王及平原君自迎公子於界，平原君負韊矢爲公子先引。趙王再拜曰：『自古賢人，未有及公子者也。』當此之時，平原君不敢自比於人。

公子與侯生決，至軍，侯生果北鄉自剄。

魏王怒公子之盜其兵符，矯殺晉鄙，公子亦自知也。已却秦存趙，使將將其軍歸魏，而公子獨與客留趙。趙孝成王德公子之矯奪晉鄙兵而存趙，乃與平原君計，以五城封公子。公子聞之，意驕矜而有自功之色。客有説公子曰：『物有不可忘，或有不可不忘。夫人有德於公子，公子不可忘也；公子有德於人，願公子忘之也。且矯魏王令，奪晉鄙兵以救趙，於趙則有功矣，於魏則未爲忠臣也。公子乃自驕而功之，竊爲公子不取也。』於是公子立自責，似若無所容者。趙王掃除自迎，執主人之禮，引公子就西階。公子側行辭讓，從東階上。自言罪過，以負於魏，無功於趙。趙王侍酒至暮，口不忍獻五城，以公子退讓也。公子竟留趙。趙王以鄗爲公子湯沐邑，魏亦復以信陵奉公子。公子留趙。

公子聞趙有處士毛公藏於博徒，薛公藏於賣漿家，公子欲見兩人，兩人自匿，不肯見公子。公子聞所在，乃閑步往從此兩人游，甚歡。平原君聞之，謂其夫人曰：『始吾聞夫人弟公子天下無雙，今吾聞之，乃妄從博徒、賣漿者游，公子妄人耳。』夫人以告公子。公子乃謝夫人去，曰：『始吾聞平原君賢，故負魏王而救趙，以稱平原君。平原君之游，徒豪舉耳，不求士也。無忌自在大梁時，常聞此兩人賢，至趙，恐不得見。以無忌從之游，尚恐其不我欲也，今平原君乃以爲羞，其不足從游。』乃裝爲去。夫人具以語平原君。平原君乃免冠謝，固留公子。平原君門下聞之，半去平原君歸公子，天下士復往歸公子，公子傾平原君客。

公子留趙十年不歸。秦聞公子在趙，日夜出兵東伐魏。魏王患之，使使往請公子。公子恐其怒之，乃誡門下有敢爲魏王使通者死。賓客皆背魏之趙，莫敢勸公子歸。毛公、薛公兩人往見公子曰：『公子所以重於趙，名聞諸侯者，徒以有魏也。今秦攻魏，魏急而公子不恤，使秦破大梁，而夷先王之宗廟，公子當何面目立天下乎？』語未及卒，公子立變色，告車趣駕歸救魏。

魏王見公子，相與泣，而以上將軍印授公子，公子遂將。魏安釐王三十年，公子使使遍告諸侯。諸侯聞公子將，各遣將將兵救魏。公子率五國之兵，破秦軍於河外，走蒙驁。遂乘勝逐秦軍至函谷關，抑秦兵，秦兵不敢出。當是時，公子威振天下，諸侯之客進兵法，公子皆名之，故世俗稱《魏公子兵法》。

秦王患之，乃行金萬斤於魏，求晉鄙客，令毀公子於魏王曰：『公子亡在外十年矣，今爲魏將，諸侯將皆屬。諸侯徒聞魏公子，不聞魏王。公子亦欲因此時定南面而王，諸侯畏公子之威，方欲共立之。』秦數使反間，僞賀公子得立爲魏王未也。魏王日聞其毀，不能不信，後果使人代公子將。公子自知再以毀廢，乃謝病不朝，與賓客爲長夜飲。飲醇酒，多近婦女，日夜爲樂。飲者四歲，竟病酒而卒。其歲，魏安釐王亦薨。

梁。

秦聞公子死，使蒙驁攻魏，拔二十城，初置東郡。其後秦稍蠶食魏，十八歲而虜魏王，屠大梁。

高祖始微少時，數聞公子賢。及即天子位，每過大梁，常祀公子。高祖十二年，從擊黥布還，爲公子置守冢五家，世世歲以四時奉祀公子。

太史公曰：吾過大梁之墟，求問其所謂夷門。夷門者，城之東門也。天下諸公子，亦有喜士者矣，然信陵君之接巖穴隱者，不恥下交，有以也，名冠諸侯不虚耳。高祖每過之，而令民奉祀不絶也。

田單傳　太陽

田單者，齊諸田疏屬也。湣王時，單爲臨菑市掾，不見知。及燕使樂毅伐破齊，齊湣王出奔，已而保莒城。燕師長驅平齊，而田單走安平，令其宗人盡斷其車軸末而傅鐵籠。已而燕軍攻安平，城壞，齊人走，争塗，以轊折車敗，爲燕所虜，唯田單宗人以鐵籠故得脱，東保即墨。燕既盡降齊城，惟獨莒、即墨不下。燕軍聞齊王在莒，并兵攻之。淖齒既殺湣王於莒，因堅守，距燕軍，數年不下。燕引兵東圍即墨，即墨大夫出與戰，敗死。城中相與推田單，曰：『安平之戰，田單宗人以鐵籠得全，習兵。』立以爲將軍，以即墨距燕。

頃之，燕昭王卒，惠王立，與樂毅有隙。田單聞之，乃縱反間於燕，宣言曰：『齊王已死，城之不拔者二耳。樂毅畏誅而不敢歸，以伐齊爲名，實欲連兵南面而王齊。齊人未附，故且緩攻即墨，以待其事。齊人所懼，唯恐他將之來，即墨殘矣。』燕王以爲然，使騎劫代樂毅。

樂毅因歸趙，燕人士卒忿。而田單乃令城中人食，必祭其先祖於庭，飛鳥悉翔舞城中下食。燕人怪之。田單因宣言曰：『神來下教我。』乃令城中人曰：『當有神人爲我師。』有一卒曰：『臣可以爲師乎？』因反走。田單乃起，引還，東鄉坐，師事之。卒曰：『臣欺君，誠無能也。』田單曰：『子勿言也！』因師之。每出約束，必稱神師。乃宣言曰：『吾惟懼燕軍之劓所得齊卒，置之前行，與我戰，即墨敗矣。』燕人聞之，如其言。城中人見齊諸降者盡劓，皆怒，堅守，惟恐見得。單又縱反間曰：『吾懼燕人掘吾城外冢墓，僇先人，可爲寒心。』燕軍盡掘壟墓，燒死人。即墨人從城上望見，皆涕泣，俱欲出戰，怒自十倍。

田單知士卒之可用，乃身操版插，與士卒分功，妻妾編於行伍之間，盡散飲食饗士。令甲卒皆伏，使老弱女子乘城，遣使約降於燕，燕軍皆呼萬歲。田單又收民金得千鎰，令即墨富豪遺燕將，曰：『即墨即降，願無虜掠吾族家妻妾，令安堵。』燕將大喜，許之。燕軍由此益懈。

田單乃收城中得千餘牛，爲絳繒衣，畫以五彩龍文，束兵刃於其角，而灌脂束葦於尾，燒其端。鑿城數十穴，夜縱牛，壯士五千人隨其後。牛尾熱，怒而奔燕軍，燕軍夜大驚。牛尾炬火，光明炫耀。燕軍視之，皆龍文，所觸盡死傷。五千人因銜枚擊之，而城中鼓譟從之，老弱皆擊銅器爲聲，聲動天地。燕軍大駭敗走。齊人遂夷殺其將騎劫。燕軍擾亂奔走，齊人追亡逐北，所過城邑，皆叛燕而歸田單，兵日益多，乘勝，燕日敗亡，卒至河上，而齊七十餘城，皆復爲齊。乃迎襄王於莒，入臨菑而聽政。襄王封田單，號曰安平君。

太史公曰：兵以正合，以奇勝。善之者，出奇無窮。奇正還相生，如環之無端。夫始如處女，適人開户；後如脱兔，適不及距：其田單之謂耶！

魏其武安侯列傳　太陽

魏其侯竇嬰者，孝文后從兄子也。父世觀津人。喜賓客。孝文時，嬰爲吴相，病免。孝景初即位，爲詹事。梁孝王者，孝景弟也，其母竇太后愛之。梁孝王朝，因昆弟燕飲。是時上未立太子，酒酣，從容言曰：『千秋之後，傳梁王。』太后歡。竇嬰引卮酒進上曰：『天下者，高祖天下，父子相傳，此漢之約也，上何以得擅傳梁王！』太后由此憎竇嬰。竇嬰亦薄其官，因病免。太后除竇嬰門籍，不得入朝請。

孝景三年，吴楚反，上察宗室諸竇，毋如竇嬰賢，乃召嬰。嬰入見，固辭，謝病不足任。太后亦慚。於是上曰：『天下方有急，王孫寧可以讓耶？』乃拜嬰爲大將軍，賜金千斤。嬰乃言袁盎、欒布諸名將賢士在家者進之。所賜金，陳之廊廡下，軍吏過，輒令財取爲用，金無入家者。竇嬰守滎陽，監齊、趙兵。七國兵已盡破，封嬰爲魏其侯。諸游士賓客争歸魏其侯。孝景時，每朝議大事，條侯、魏其侯，諸列侯莫敢與亢禮。

孝景四年，立栗太子，使魏其侯爲太子傅。孝景七年，栗太子廢，魏其數争不能得。魏其謝病，屏居藍田南山之下，數月，諸賓客辯士説之，莫能來。梁人高遂乃説魏其曰：『能富貴將軍者，上也；能親將軍者，太后也。今將軍傅太子，太子廢而不能争；争不能得，又弗能死。自引謝病，擁趙女，屏間處而不朝。相提而論，是自明揚主上之過。有如兩宫螫將軍，則妻子毋類矣。』魏其侯然之，乃遂起，朝請如故。

桃侯免相，竇太后數言魏其侯。孝景帝曰：『太后豈以爲臣有愛，不相魏其？魏其者，沾沾自喜耳，多易。難以爲相，持重。』遂不用。用建陵侯衛綰爲丞相。

武安侯田蚡者，孝景后同母弟也，生長陵。魏其已爲大將軍，後方盛。蚡爲諸郎，未貴，往來侍酒魏其，跪起如子姪。及孝景晚節，蚡益貴幸，爲太中大夫。蚡辯有口，學《槃盂》諸書，王太后賢之。孝景崩，即日太子立，稱制，所鎮撫多有田蚡賓客計筴。蚡弟田勝，皆以太后弟，孝景後三年，封蚡爲武安侯，勝爲周陽侯。

武安侯新欲用事，爲相，卑下賓客，進名士家居者貴之，欲以傾魏其諸將相。建元元年，丞相綰病免，上議置丞相、太尉。籍福説武安侯曰：『魏其貴久矣，天下士素歸之。今將軍初興，未如魏其，即上以將軍爲丞相，必讓魏其。魏其爲丞相，將軍必爲太尉。太尉、丞相尊等耳，又有讓賢名。』武安侯乃微言太后風上，於是乃以魏其侯爲丞相，武安侯爲太尉。籍福賀魏其侯，因弔曰：『君侯資性，喜善疾惡，方今善人譽君侯，故至丞相。然君侯且疾惡，惡人衆，亦且毁君侯。君侯能兼容，則幸久[一]；不能，今以毁去矣。』魏其不聽。

魏其、武安俱好儒術，推轂趙綰爲御史大夫，王臧爲郎中令。迎魯申公，欲設明堂，令列侯就國，除關，以禮爲服制，以興太平。舉適諸竇宗室毋節行者，除其屬籍。時諸外家爲列侯，列侯多尚公主，皆不欲就國，以故毁日至竇太后。太后好黄老之言，而魏其、武安、趙綰、王臧等務隆推儒術，貶道家言，是以竇太后滋不説魏其等。及建元二年，御史大夫趙綰請無奏事東宫。竇太后大怒，乃罷逐趙綰、王臧等，而免丞相、太尉。以柏至侯許昌爲丞相，武强侯莊青翟爲御史大夫。魏其、武安由此以侯家居。

武安侯雖不任職，以王太后故親幸，數言事多效，天下吏士趨勢利者，皆去魏其，歸武安。

[一]『久』原作『人』。

武安日益横。建元六年，竇太后崩，丞相昌、禦史大夫青翟，坐喪事不辦，免。以武安侯蚡爲丞相，以大司農韓安國爲御史大夫。天下士、郡國諸侯，愈益附武安。

武安者，貌侵，生貴甚。又以爲諸侯王多長，上初即位，富於春秋，蚡以肺腑爲京師相，非痛折節以禮詘之，天下不肅。當是時，丞相入奏事，坐語移日，所言皆聽。薦人或起家至二千石，權移主上。上乃曰：『君除吏已盡未？吾亦欲除吏。』嘗請考工地益宅，上怒曰：『君何不遂取武庫！』是後乃退。嘗召客飲，坐其兄蓋侯南鄉，自坐東鄉，以爲漢相尊，不可以兄故私橈。武安由此滋驕，治宅甲諸第，田園極膏腴，而市買郡縣器物，相屬於道。前堂羅鍾鼓，立曲旃；後房婦女以百數。諸侯奉金玉狗馬玩好，不可勝數。

魏其失竇太后，益疏不用，無勢。諸客稍稍自引而怠傲，惟灌將軍獨不失故。魏其日默默不得志，而獨厚遇灌將軍。

灌將軍夫者，潁陰人也。夫父張孟，嘗爲潁陰侯嬰舍人，得幸，因進之，至二千石，故蒙灌氏姓，爲灌孟。吴楚反時，潁陰侯灌何爲將軍，屬太尉，請灌孟爲校尉。夫以千人與父俱。灌孟年老，潁陰侯强請之，鬱鬱不得意，故戰常陷堅，遂死吴軍中。軍法，父子俱從軍，有死事，得與喪歸。灌夫不肯隨喪歸，奮曰：『願取吴王若將軍頭，以報父之仇。』於是灌夫被甲持戟，募軍中壯士所善願從者數十人。及出壁門，莫敢前。獨二人及從奴十數騎，馳入吴軍，至吴將麾下，所殺傷數十人。不得前，復馳還，走入漢壁，皆亡其奴，獨與一騎歸。夫身中大創十餘，適有萬金良藥，故得無死。夫創少瘳，又復請將軍曰：『吾益知吴壁中曲折，請復往。』將軍壯義之，恐亡夫，乃言太尉，太尉乃固止之。吴已破，灌夫以此名聞天下。

潁陰侯言之上，上以夫爲中郎將。數月，坐法去。後家居長安，長安中諸公莫弗稱之。孝景時，至代相。孝景崩，今上初即位，以爲淮陽天下交勁兵處，故徙夫爲淮陽太守。建元元年，入爲太僕。二年，夫與長樂衛尉竇甫飲，輕重不得。夫醉搏甫。甫，竇太后昆弟也。上恐太后誅夫，徙爲燕相。數歲，坐法去官，家居長安。

灌夫爲人，剛直使酒，不好面諛。貴戚諸有勢在己之右，不欲加禮，必陵之。諸士在己之左，愈貧賤，尤益敬，與鈞。稠人廣衆，薦寵下輩。士亦以此多之。

夫不喜文學，好任俠，已然諾。諸所與交通，無非豪傑大猾。家累數千萬，食客日數十百人。陂池田園，宗族賓客，爲權利，橫於潁川。潁川兒乃歌之曰：『潁水清，灌氏寧；潁水濁，灌氏族。』

灌夫家居雖富，然失勢，卿相侍中賓客益衰。及魏其侯失勢，亦欲倚灌夫，引繩批根生平慕之後棄之者。灌夫亦倚魏其而通列侯宗室爲名高。兩人相爲引重，其游如父子然。相得歡甚無厭，恨相知晚也。

灌夫有服，過丞相。丞相從容曰：『吾欲與仲孺過魏其侯，會仲儒有服。』灌夫曰：『將軍乃肯幸臨況魏其侯，夫安敢以服爲解！請語魏其侯帳具，將軍旦日蚤臨。』武安許諾。灌夫具語魏其侯，如所謂武安侯。魏其與其夫人益市牛酒，夜灑掃，早帳具，至旦平明，令門下候伺。至日中，丞相不來。魏其謂灌夫曰：『丞相豈忘之哉？』灌夫不懌，曰：『夫以服請宜往。』乃駕自往迎丞相。丞相特前戲許灌夫，殊無意往。及夫至門，丞相尚卧。於是夫入見，曰：『將軍昨日幸許過魏其，魏其夫妻治具，自旦至今，未敢嘗食。』武安鄂謝曰：『吾昨日醉，忽忘與仲孺言。』乃駕往，又徐行，灌夫愈益怒。及飲酒酣，夫起舞，屬丞相。丞相不起，夫從坐上語侵之。魏其乃扶灌夫去，謝丞相。丞相卒飲至夜，極歡而去。

丞相嘗使籍福，請魏其城南田。魏其大望曰：『老僕雖棄，將軍雖貴，寧可以勢奪乎！』不許。灌夫聞，怒罵籍福。籍福惡兩人有郤，乃謾自好謝丞相曰：『魏其老且死，易忍，且待之。』已而武安聞魏其、灌夫實怒不予田，亦怒曰：『魏其子嘗殺人，蚡活之。蚡事魏其，無所不可，何愛數頃田？且灌夫何與也？吾不敢復求田。』武安由此大怨灌夫、魏其。

元光四年春，丞相言：『灌夫家在潁川，横甚。民苦之。請案。』上曰：『此丞相事，何請。』灌夫亦持丞相陰事，爲奸利，受淮南王金，與語言。賓客居間，遂止，俱解。

夏，丞相取燕王女爲夫人，有太后詔，召列侯宗室皆往賀。魏其侯過灌夫，欲與俱。夫謝曰：『夫數以酒失得過丞相，丞相今者又與夫有郤。』魏其曰：『事已解。』强與俱。飲酒酣，武安起爲壽，坐皆避席伏。已魏其侯爲壽，獨故人避席耳，餘半膝席。灌夫不悅，起行酒至武安。武安膝席曰：『不能滿觴。』夫怒，因嘻笑曰：『將軍貴人也，屬之！』時武安不肯。行酒次至臨汝侯，臨汝侯方與程不識耳語，又不避席。夫無所發怒，乃罵臨汝侯曰：『生平毁程不識不直一錢，今日長者爲壽，乃效女兒呫囁耳語！』武安謂灌夫曰：『程、李俱東西宫衛尉，今衆辱程將軍，仲孺獨不爲李將軍地乎？』灌夫曰：『今日斬頭陷匈，何知程、李乎！』坐乃起更衣，稍稍去。魏其侯去，麾灌夫出。武安遂怒曰：『此吾驕灌夫罪。』乃令騎留灌夫。灌夫欲出不得。籍福起爲謝，案灌夫項令謝。夫愈怒，不肯謝。武安乃麾騎縛夫置傳舍，召長史曰：『今日召宗室，有詔。』劾灌夫罵坐不敬，繫居室。遂按其前事，遣吏分曹逐捕諸灌氏支屬，皆得棄市罪。魏其侯大愧，爲資使賓客請，莫能解。武安吏皆爲耳目，諸灌氏皆亡匿。夫繫，遂不得告言武安陰事。

魏其鋭身爲救灌夫。夫人諫魏其曰：『灌將軍得罪丞相，與太后家忤，寧可救耶？』魏其侯曰：『侯自我得之，自我捐之，無所恨。且終不令灌仲孺獨死，嬰獨生。』乃匿其家，竊出上書。立召入，具言灌夫醉飽事，不足誅。上然之，賜魏其食，曰：『東朝廷辯之。』

魏其之東朝，盛推灌夫之善，言其醉飽得過，乃丞相以他事誣罪之。武安又盛毁灌夫所爲橫恣，罪逆不道。魏其度不可奈何，因言丞相短。武安曰：『天下幸而安樂無事，蚡得爲肺腑，所好音樂狗馬田宅。蚡所愛倡優巧匠之屬，不如魏其、灌夫日夜招聚天下豪桀壯士與議論，腹誹而心謗，不仰視天而俯畫地，辟倪兩宮間，幸天下有變，而欲有大功。臣乃不知魏其等所爲。』於是上問朝臣：『兩人孰是？』御史大夫韓安國曰：『魏其言灌夫父死事，身荷戟馳入不測之吴軍，身被數十創，名冠三軍，此天下壯士，非有大惡，争杯酒，不足引他過以誅也。魏其言是也。丞相亦言灌夫通奸猾，侵細民，家累巨萬，橫恣潁川，淩轢宗室，侵犯骨肉，此所謂「枝大於本，脛大於股，不折必披」，丞相言亦是。惟明主裁之。』主爵都尉汲黯是魏其。内史鄭當時是魏其，後不敢堅對。餘皆莫敢對。上怒内史曰：『公平生數言魏其、武安長短，今日廷論，局趣效轅下駒，吾并斬若屬矣。』即罷起入，上食太后。太后亦已使人候伺，具以告太后。太后怒不食，曰：『今我在也，而人皆藉吾弟，令我百歲後，皆魚肉之矣。且帝寧能爲石人耶！此特帝在，即録録，設百歲後，是屬寧有可信者乎？』上謝曰：『俱宗室外家，故廷辯之。不然，此一獄吏所決耳。』是時郎中令石建，爲上分別言兩人事。

武安已罷朝，出止車門，召韓御史大夫載，怒曰：『與長孺共一老禿翁，何爲首鼠兩端？』韓御史良久，謂丞相曰：『君何不自喜？夫魏其毀君，君當免冠解印綬歸，曰「臣以肺腑，幸得待罪，固非其任，魏其言皆是」。如此，上必多君有讓，不廢君。魏其必内愧，杜門齰舌自殺。今人毀君，君亦毀人，譬如賈豎女子争言，何其無大體也！』武安謝罪曰：『争時急，不知出此。』

於是上使御史簿責魏其所言，灌夫頗不讎，欺謾。劾繫都司空。孝景時，魏其常受遺詔，曰『事有不便，以便宜論上』。及繫，灌夫罪至族。事日急，諸公莫敢復明言於上。魏其乃使昆弟子上書言之，幸得復召見。書奏上，而案尚書，大行無遺詔。詔書獨藏魏其家，家丞封。乃劾魏其矯先帝詔，罪當棄市。五年十月，悉論灌夫及家屬。魏其良久乃聞，聞即恚，病痱不食，欲死。或聞上無意殺魏其，魏其復食治病。議定不死矣，乃有蜚語爲惡言聞上，故以十二月晦，論棄市渭城。

其春，武安侯病，專呼服謝罪。使巫視鬼者視之，見魏其、灌夫共守，欲殺之。竟死。子恬嗣。元朔三年，武安侯坐衣襜褕入宫，不敬。

淮南王安謀反覺，治。王前朝，武安侯爲太尉，時迎王至霸上，謂王曰：『上未有太子，大王最賢，高祖孫。即宫車晏駕，非大王立當誰哉！』淮南王大喜，厚遺金財物。上自魏其時，不直武安，特爲太后故耳。及聞淮南王金事，上曰：『使武安侯在者，族矣。』

太史[一]公曰：魏其、武安皆以外戚重，灌夫用一時決筴而名顯。魏其之舉以吴、楚，武安之貴，在日月之際。然魏其誠不知時變，灌夫無術而不遜，兩人相翼，乃成禍亂。武安負貴而好權，杯酒責望，陷彼兩賢。嗚呼哀哉！遷怒及人，命亦不延。衆庶不載，竟被惡言。嗚呼哀哉！禍所從來矣！

李將軍傳　太陽

李將軍廣者，隴西成紀人也。其先曰李信，秦時爲將，逐得燕太子丹者也。故槐里，徙成紀。廣家世世受射。孝文帝十四年，匈奴大入蕭關，而廣以良家子從軍擊胡，用善騎射，殺首虜多，爲漢中郎。廣從弟李蔡亦爲郎，皆爲武騎常侍，秩八百石。嘗從行，有所衝陷折關，及格猛獸，

[一]『史』原作『后』。

而文帝曰：『惜乎子不遇時！如令子當高帝時，萬户侯豈足道哉！』

及孝景初立，廣爲隴西都尉，徙爲騎郎將。吴楚軍時，廣爲驍騎都尉，從太尉亞夫擊吴楚軍，取旗，顯功名昌邑下。以梁王授廣將軍印，還，賞不行。徙爲上谷太守，匈奴日以合戰。典屬國公孫昆邪爲上泣曰：『李廣才氣，天下無雙，自負其能，數與虜敵，戰恐亡之。』於是乃徙爲上郡太守。後廣轉爲邊郡太守，徙上郡。嘗爲隴西、北地、雁門、代郡、雲中太守，皆以力戰爲名。

匈奴大入上郡，天子使中貴人從廣，勒習兵擊匈奴。中貴人將騎數十縱，見匈奴三人，與戰。三人還射，傷中貴人，殺其騎且盡。中貴人走廣。廣曰：『是必射雕者也。』廣乃遂從百騎，往馳三人。三人亡馬步行，行數十里。廣令其騎張左右翼，而廣身自射彼三人者，殺其二人，生得一人，果匈奴射雕者也。已縛之上馬，望匈奴有數千騎，見廣，以爲誘騎，皆驚上山陳。廣之百騎皆大恐，欲馳還走。廣曰：『吾去大軍數十里，今如此，以百騎走，匈奴追射我，立盡。今我留，匈奴必以我爲大軍誘之，必不敢擊我。』廣令諸騎曰：『前！』前未到匈奴陳二里所止，令曰：『皆下馬解鞍！』其騎曰：『虜多且近，即有急，奈何？』廣曰：『彼虜以我爲走，今皆解鞍以示不走，用堅其意。』於是胡騎遂不敢擊。有白馬將出護其兵，李廣上馬與十餘騎犇，射殺胡白馬將而復還，至其騎中解鞍，令士皆縱馬卧。是時會暮，胡兵終怪之，不敢擊。夜半時，胡兵亦以爲漢有伏軍於旁，欲夜取之，胡皆引兵而去。平旦，李廣乃歸其大軍。大軍不知廣所之，故弗從。

居久之，孝景崩，武帝立，左右以爲廣名將也，於是廣以上郡太守爲未央衛尉，而程不識亦爲長樂衛尉。程不識故與李廣俱以邊太守將軍屯。及出擊胡，而廣行無部伍行陳，就善水草屯舍止，人人自便，不擊刀斗以自衛，莫府省約文書籍事，然亦遠斥候，未嘗遇害。程不識正部曲行伍營陳，擊刀斗，士吏治軍簿至明，軍不得休息，然亦未嘗遇害。不識曰：『李廣軍極簡易，然虜卒犯之，無以禁也；而其士卒亦佚樂，咸樂爲之死。我軍雖煩擾，然虜亦不得犯我。』是時漢邊郡李廣、程不識皆爲名將，然匈奴畏李廣之略，士卒亦多樂從李廣而苦程不識。程不識，孝景時以數直諫爲太中大夫。爲人廉，謹於文法。

後，漢以馬邑城誘單于，使大軍伏馬邑旁谷，而廣爲驍騎將軍，領屬護軍將軍。是時，單于覺之去，漢軍皆無功。其後四歲，廣以衛尉爲將軍，出雁門，擊匈奴。匈奴兵多，破敗廣軍，生得廣。單于素聞廣賢，令曰：『得李廣必生致之。』胡騎得廣，廣時傷病，置廣兩馬間，絡而盛臥廣行十餘里，廣詳死，睨其旁有一胡兒騎善馬，廣暫騰而上胡兒馬，因推墮兒，取其弓，鞭馬南馳數十里，復得其餘軍，因引而入塞。匈奴捕者騎數百追之，廣行取胡兒弓，射殺追騎，以故得脫。於是至漢，漢下廣吏。吏當廣所失亡多，爲虜所生得，當斬，贖爲庶人。

頃之，家居數歲。廣家與故潁陰侯孫屏野居藍田南山中射獵。嘗夜從一騎出，從人田間飲。還至霸陵亭，霸陵尉醉，呵止廣。廣騎曰：『故李將軍。』尉曰：『今將軍尚不得夜行，何乃故也！』止廣宿亭下。居無何，匈奴入殺遼西太守，敗韓將軍，韓將軍徙右北平。於是天子乃召拜廣爲右北平太守。廣即請霸陵尉與俱，至軍而斬之。廣居右北平，匈奴聞之，號曰『漢之飛將軍』，避之數歲，不敢入右北平。

廣出獵，見草中石，以爲虎而射之，中石沒鏃，視之石也。因復更射之，終不能復入石矣。廣所居郡，聞有虎，嘗自射之。及居右北平射虎，虎騰傷廣，廣亦竟射殺之。

廣廉，得賞賜輒分其麾下，飲食與士共之。終廣之身，爲二千石四十餘年，家無餘財，終不言家産事。廣爲人長，猨臂，其善射亦天性也，雖其子孫他人學者，莫能及廣。廣訥，口少言，與人居，則畫地爲軍陳，射闊狹以飲。專以射爲戲，竟死。廣之將兵，乏絶之處見水，士卒不盡飲，廣不近水，士卒不盡食，廣不嘗食。寬緩不苛，士以此愛樂爲用。其射，見敵急，非在數十步之内，度不中，不發，發即應弦而倒。用此，其將兵數困辱，其射猛獸亦爲所傷云。

居頃之，石建卒，于是上召廣代建爲郎中令。元朔六年，廣復爲後將軍，從大將軍軍出定襄，擊匈奴。諸將多中首虜，率以功爲侯者，而廣軍無功。後三歲，廣以郎中令將四千騎，出右北平，博望侯張騫將萬騎，與廣俱，異道。行可數百里，匈奴左賢王將四萬騎圍廣，廣軍士皆恐，廣乃使其子敢往馳之。敢獨與數十騎馳，直貫胡騎，出其左右而還，告廣曰：『胡虜易與耳。』軍士乃安。廣爲圜陳外嚮，胡急擊之，矢下如雨。漢兵死者過半，漢矢且盡。廣乃令士持滿毋發，而廣身自以大黄射其裨將，殺數人，胡虜益解。會日暮，吏士皆無人色，而廣意氣自如，益治軍。軍中自是服其勇也。明日復力戰，而博望侯軍亦至，匈奴軍乃解去。漢軍罷，弗能追。是時廣軍幾沒，罷歸。漢法博望侯留遲後期，當死，贖爲庶人。廣軍功自如，無賞。

初，廣之從弟李蔡，與廣俱事孝文帝。景帝時，蔡積功勞至二千石。孝武帝時至代相。以元朔五年，爲輕車將軍，從大將軍擊右賢王，有功中率，封爲樂安侯。元狩二年中，代公孫弘爲丞相。蔡爲人在下中，名聲出廣下甚遠，然廣不得爵邑，官不過九卿，而蔡爲列侯，位至三公。諸廣之軍吏及士卒，或取封侯。廣嘗與望氣王朔燕語，曰：『自漢擊匈奴，而廣未嘗不在其中，而諸部校尉以下，才能不及中人，然以擊胡軍功，取侯者數十人。而廣不爲後人，然無尺寸之功，以得封邑者，何也？豈吾相不當侯耶？且固命也？』朔曰：『將軍自念，豈嘗有所恨乎？』廣曰：『吾嘗爲隴西守，羌嘗反，吾誘而降，降者八百餘人，吾詐而同日殺之。至今大恨獨此耳。』朔曰：『禍莫大於殺已降，此乃將軍所以不得侯者也。』

後二歲，大將軍、驃騎將軍大出擊匈奴，廣數自請行，天子以爲老，弗許。良久乃許之，以爲前將軍。是歲，元狩四年也。

廣既從大將軍青擊匈奴，既出塞，青捕虜，知單于所居，乃自以精兵追之，而令廣并於右將軍軍，出東道。東道少回遠，而大軍行水草少，其勢不屯行。廣自請曰：『臣部爲前將軍，今大將軍乃徙令臣出東道，且臣結髮而與匈奴戰，今乃一得當單于，臣願居前，先死單于。』大將軍青亦陰受上誡，以爲李廣老，數奇，毋令當單于，恐不得所欲。而是時公孫敖新失侯，爲中將軍，從大將軍。大將軍亦欲使敖與俱當單于，故徙前將軍廣。廣時知之，固自辭於大將軍。大將軍不聽，令長史封書與廣之莫府，曰：『急詣部如書。』廣不謝大將軍而起行，意甚愠怒，而就部引兵，與右將軍食其合軍出東道。軍亡導，或失道，後大將軍。大將軍與單于接戰，單于遁走，弗能得而還。南絶幕，遇前將軍、右將軍。廣已見大將軍，還入軍。大將軍使長史持糒醪遺廣，因問廣、食其失道狀，青欲上書報天子軍曲折。廣未對，大將軍使長史急責廣之莫府對簿。廣曰：『諸校尉無罪，乃我自失道。吾今自上簿。』

至莫府，廣謂其麾下曰：『廣結髮與匈奴大小七十餘戰，今幸從大將軍出接單于兵，而大將軍又徙廣部行回遠，而又迷失道，豈非天哉！且廣年六十餘矣，終不能復對刀筆之吏。』遂引刀自剄。廣軍士大夫一軍皆哭。百姓聞之，知與不知，無老壯皆爲垂涕。而右將軍獨下吏當死，贖爲庶人。

廣子三人，曰當户、椒、敢，爲郎。天子與韓嫣戲，嫣少不遜，當户擊嫣，嫣走。於是天子以爲勇。當户早死，拜椒爲代郡太守，皆先廣死。當户有遺腹子名陵。廣死軍時，敢從驃騎將軍。廣死明年，李蔡以丞相坐侵孝景園壖地，當下吏治，蔡亦自殺，不對獄，國除。李敢以校尉從驃騎將軍擊胡左賢王，力戰，奪左賢王鼓旗，斬首多，賜爵關内侯，食邑二百户，代廣爲郎中令。頃之，怨大將軍青之恨其父，乃擊傷大將軍，大將軍匿諱之。居無何，敢從上雍至甘泉宮獵。驃騎將軍去病與青有親，射殺敢。去病時方貴幸，上諱云鹿觸殺之。居歲餘，去病死。而敢有女，爲太子中人，愛幸，敢男禹，有寵於太子，然好利，李氏陵遲衰微矣。

李陵既壯，選爲建章監，監諸騎。善射，愛士卒。天子以爲李氏世將，而使將八百騎。嘗入匈奴二千餘里，過居延，視地形，無所見虜而還。拜爲騎都尉，將丹陽楚人五千人，教射酒泉、張掖，以屯衛胡。

數歲，天漢二年秋，貳師將軍李廣利將三萬騎，擊匈奴右賢王於祁連天山，而使陵將其射士步兵五千人，出居延北，可千餘里，欲以分匈奴兵，毋令專走貳師也。陵既至期還，而單于以兵八萬圍擊陵軍。陵軍五千人，兵矢既盡，士死者過半，而所殺傷匈奴亦萬餘人。且引且戰，連鬬八日，還未到居延百餘里。匈奴遮狹絶道，陵食乏，而救兵不到，虜急擊招降陵。陵曰：『無面目報陛下。』遂降匈奴。其兵盡没，餘亡散得歸漢者四百餘人。

單于既得陵，素聞其家聲，及戰又壯，乃以其女妻陵而貴之。漢聞，族陵母妻子。自是之後，李氏名敗，而隴西之士居門下者，皆用爲恥焉。

太史公曰：《傳》曰：『其身正，不令而行；其身不正，雖令不從。』其李將軍之謂也？余睹李將軍悛悛如鄙人，口不能道辭。及死之日，天下知與不知，皆爲盡哀，彼其忠實心誠信於士大夫也！諺曰：『桃李不言，下自成蹊。』此言雖小，可以諭大也。

報任安書　太陽

太史公牛馬走司馬遷，再拜言。少卿足下：曩者辱賜書，教以慎於接物，推賢進士爲務，意氣懃懃懇懇，若望僕不相師，而用流俗人之言。僕非敢如此也。僕雖罷駑，亦嘗側聞長者之遺風矣。顧自以爲身殘處穢，動而見尤，欲益反損，是以獨鬱悒而誰與語。諺曰：『誰爲爲之？孰令聽之？』蓋鍾子期死，伯牙終身不復鼓琴。何則？士爲知己者用，女爲悦己者容。若僕大質已虧缺矣，雖材懷隨〔一〕和，行若由夷，終不可以爲榮，適足以見笑而自點耳。

書辭宜答，會東從上來，又迫賤事，相見日淺，卒卒無須臾之間，得竭志意。今少卿抱不測之罪，涉旬月，迫季冬，僕又薄從上雍，恐卒然不可爲諱。是僕終已不得舒憤懣以曉左右，則長逝者魂魄，私恨無窮。請略陳固陋。闕然久不報，幸勿爲過。

僕聞之：修身者，智之符也；愛施者，仁之端也；取與者，義之表也；恥辱者，勇之决也；立名者，行之極也。士有此五者，然後可以托於世，而列於君子之林矣。故禍莫憯於欲利，悲莫痛於傷心，行莫醜於辱先，詬莫大於宫刑。刑餘之人，無所比數，非一世也，所從來遠矣。昔衛靈公與雍渠同載，孔子適陳；商鞅因景監見，趙良寒心；同子參乘，袁絲變色：自古而恥之！夫以中材之人，事有關於宦豎，莫不傷氣，而况於慷慨之士乎！如今朝廷雖乏人，奈何令刀鋸之

〔一〕『隨』原作『隋』。

餘，薦天下之豪俊哉！僕賴先人緒業，得待罪輦轂下，二十餘年矣。所以自惟：上之不能納忠效信，有奇策材力之譽，自結明主；次之又不能拾遺補闕，招賢進能，顯巖穴之士；外之不能備行伍，攻城野戰，有斬將搴旗之功；下之不能積日累勞，取尊官厚祿，以爲宗族交游光寵。四者無一遂，苟合取容，無所短長之效，可見如此矣。嚮者僕亦嘗厠下大夫之列，陪奉外廷末議。不以此時引綱維，盡思慮，今已虧形爲埽除之隸，在闒茸之中，乃欲仰首伸眉，論列是非，不亦輕朝廷、羞當世之士耶？嗟乎！嗟乎！如僕尚何言哉！尚何言哉！

且事本末未易明也。僕少負不羈之才，長無鄉曲之譽，主上幸以先人之故，使得奏薄伎，出入周衛之中。僕以爲戴盆何以望天，故絶賓客之知，忘室家之業，日夜思竭其不肖之才力，務壹心營職，以求親媚於主上。而事乃有大謬不然者！

夫僕與李陵，俱居門下，素非相善也。趨舍異路，未嘗銜盃酒，接慇懃之餘懽。然僕觀其爲人，自守奇士，事親孝，與士信，臨財廉，取與義，分別有讓，恭儉下人，常思奮不顧身，以徇國家之急。其素所蓄積也，僕以爲有國士之風。夫人臣出萬死不顧一生之計，赴公家之難，斯已奇矣。今舉事一不當，而全軀保妻子之臣，隨而媒蘖其短，僕誠私心痛之。且李陵提步卒不滿五千，深踐戎馬之地，足歷王庭，垂餌虎口，橫挑强胡，仰億萬之師，與單于連戰十有餘日，所殺過半當。虜救死扶傷不給，旃裘之君長咸震怖，乃悉徵其左右賢王，舉引弓之民，一國共攻而圍之。轉鬭千里，矢盡道窮，救兵不至，士卒死傷如積。然陵一呼勞軍，士無不起，躬自流涕，沫血飲泣，更張空拳，冒白刃，北嚮爭死敵者。陵未没時，使有來報，漢公卿王侯皆奉觴上壽。後數日，陵敗書聞，主上爲之食不甘味，聽朝不怡，大臣憂懼，不知所出。僕竊不自料其卑賤，見主上慘愴怛悼，誠欲效其款款之愚，以爲李陵素與士大夫絕甘分少，能得人之死力，雖古之名將，不能過也。身雖陷敗，彼觀其意，且欲得其當而報於漢。事已無可奈何，其所摧敗，功亦足以暴於天下矣。僕懷欲陳之而未有路，適會召問，即以此指推言陵之功，欲以廣主上之意，塞睚眦之辭。未能盡明，明主不曉，以爲僕沮貳師，而爲李陵游説，遂下於理。拳拳之忠，終不能自列。因爲誣上，卒從吏議。家貧，貨賂不足以自贖，交游莫救視，左右親近不爲一言。身非木石，獨與法吏爲伍，深幽囹圄之中，誰可告愬者！此真少卿所親見，僕行事豈不然乎？李陵既生降，隤其家聲，而僕又佴之蠶室，重爲天下觀笑。悲夫！悲夫！

事未易一二爲俗人言也。僕之先人，非有剖符丹書之功，文史星曆，近乎卜祝之間，固主上所戲弄，倡優所畜，流俗之所輕也。假令僕伏法受誅，若九牛亡一毛，與螻蟻何以異？而世俗又不與能死節者次比，特以爲智窮罪極，不能自免，卒就死耳。何也？素所自樹立使然也。人固有一死，死有重於泰山，或輕於鴻毛，用之所趨異也。太上不辱先，其次不辱身，其次不辱理色，其次不辱辭令，其次詘體受辱，其次易服受辱，其次關木索、被箠楚受辱，其次剔毛髮、嬰金鐵受辱，其次毀肌膚、斷肢體受辱，最下腐刑，極矣！傳曰：『刑不上大夫。』此言士節不可不勉勵也。猛虎在深山，百獸震恐，及在檻穽之中，搖尾而求食，積威約之漸也。故士有畫地爲牢，勢不可入；削木爲吏，議不可對，定計於鮮也。今交手足，受木索，暴肌膚，受榜箠，幽於圜牆之中。當此之時，見獄吏則頭搶地，視徒隸則心惕息。何者？積威約之勢也。及已至是，言不辱者，所謂强顏耳，曷足貴乎！且西伯，伯也，拘於美里；李斯，相也，具於五刑；淮陰，王也，受械於陳；彭越、張敖，南面稱孤，繫獄抵罪；絳侯誅諸呂，權傾五伯，囚於請室；魏其大將也，衣赭衣，關三木；季布爲朱家鉗奴；灌夫受辱於居室。此人皆身至王侯將相，聲聞鄰國，及罪至罔加，不能引決自裁。在塵埃之中，古今一體，安在其不辱也！由此言之，勇怯，勢也；彊弱，形也。審矣，何足怪乎？夫人不能早自裁繩墨之外，以稍陵遲，至於鞭箠之間，乃欲引節，斯不亦遠乎！古人所以重施刑於大夫者，殆爲此也。

夫人情莫不貪生惡死，念父母，顧妻子，至激於義理者不然，乃有所不得已也。今僕不幸，早失父母，無兄弟之親，獨身孤立，少卿視僕於妻子何如哉？且勇者不必死節，怯夫慕義，何處不勉焉！僕雖怯懦欲苟活，亦頗識去就之分矣，何至自沈溺縲紲之辱哉！且夫臧獲婢妾，由能引決，況僕之不得已乎？所以隱忍苟活，幽於糞土之中而不辭者，恨私心有所不盡，鄙陋没世，而文采不表於後世也。

古者富貴而名磨滅，不可勝記，惟倜儻非常之人稱焉。蓋文王拘而演《周易》；仲尼厄而作《春秋》；屈原放逐，乃賦《離騷》；左邱失明，厥有《國語》；孫子臏脚，《兵法》修列；不韋遷蜀，世傳《吕覽》；韓非囚秦，《説難》《孤憤》；《詩》三百篇，大抵賢聖發憤之所爲作也。此人皆意有所鬱結，不得通其道，故述往事、思來者。乃如左邱明無目，孫子斷足，終不可用，退而論書策，以舒其憤，思垂空文以自見。

僕竊不遜，近自托於無能之辭，網羅天下放失舊聞，略考其行事，綜其終始，稽其成敗興壞之紀，上計軒轅，下至於茲，爲十表，本紀十二，書八章，世家三十，列傳七十，凡百三十篇。亦欲以究天人之際，通古今之變，成一家之言。草創未就，會遭此禍，惜其不成，是以就極刑而無愠色。僕誠以著此書，藏之名山，傳之其人，通邑大都，則僕償前辱之責，雖萬被戮，豈有悔哉！然此可爲智者道，難爲俗人言也！

且負下未易居，下流多謗議。僕以口語，遇遭此禍，重爲鄉里所戮笑，以污辱先人，亦何面目，復上父母之邱墓乎？雖累百世，垢彌甚耳！是以腸一日而九廻，居則忽忽若有所亡，出則不知其所往。每念斯恥，汗未嘗不發背霑衣也！身直爲閨閤之臣，寧能自引深藏巖穴耶？故且從俗浮沉，以通其狂惑。今少卿乃教以推賢進士，無乃與僕私心刺謬乎？今雖欲自雕琢，曼辭以自飾，無益於俗，不信，適足以取辱耳。要之死日，然後是非乃定。書不能悉意，略陳固陋。謹再拜。

國文陰陽剛柔大義下之下

揚子雲文

諫不受單于朝書　太陽

臣聞六經之治，貴於未亂；兵家之勝，貴於未戰。二者皆微，然而大事之本，不可不察也。今單于上書求朝，國家不許而辭之，臣愚以爲漢與匈奴，從此隙矣！夫北地之狄，五帝所不能臣，三王所不能制，其不可使隙甚明。臣不敢遠稱，請引秦以來明之。

以秦始皇之强，蒙恬之威，帶甲四十餘萬，然不敢窺西河，乃築長城以界之。會漢初興，以高祖之威靈，三十萬衆困於平城，士或七日不食。時奇譎之士、石畫之臣甚衆，卒其所以脱者，世莫得而言也。又高皇后常忿匈奴，群臣庭議，樊噲請以十萬衆横行匈奴中，季布曰：『噲可斬也，妄阿順指！』於是大臣權書遺之，然後匈奴之結解，中國之憂平。及孝文時，匈奴侵暴北邊，候騎至雍甘泉，京師大駭，發三將軍屯細柳、棘門、霸上以備之，數月乃罷。孝武即位，設馬邑之權，欲誘匈奴，使韓安國將三十萬衆，徼於便墜，匈奴覺之而去。徒費財勞師，一虜不可得見，況單于之面乎？其後深惟社稷之計，規恢萬載之策，乃大興師數十萬，使衛青、霍去病操兵，前後十餘年。於是浮西河，絶大幕，破寘顔，襲王庭，窮極其地，追奔逐北，封狼居胥山，禪於姑衍，以臨瀚海，虜名王貴人以百數。自是之後，匈奴震怖，益求和親，然而未肯稱臣也。

且夫前世豈樂傾無量之費，役無罪之人，快心於狼望之北哉？以爲不一勞者不久佚，不暫費者不永寧，是以忍百萬之師，以摧餓虎之喙，運府庫之財，填盧山之壑而不悔也。至本始之初，匈奴有桀心，欲掠烏孫，侵公主，乃發五將之師十五萬騎獵其南，而長羅侯以烏孫五萬騎震其西，皆至質而還。時鮮有所獲，徒奮揚威武，明漢兵若雷風耳。雖空行空反，尚誅兩將軍。故北狄不服，中國未得高枕安寢也。逮至元康、神爵之間，大化神明，鴻恩溥洽，而匈奴內亂，五單于争立。日逐、呼韓邪攜國歸死，扶伏稱臣，然尚羈縻之，計不顓制。自此之後，欲朝者不距，不欲者不强。何者？外國天性忿鷙，形容魁健，負力怙氣，難化以善，易隸以惡，其强難詘，其和難得。故未服之時，勞師遠攻，傾國殫貨，伏尸流血，破堅拔敵，如彼之難也；既服之後，慰薦撫循，交接賂遺，威儀俯仰，如此之備也。往時嘗屠大宛之城，蹈烏桓之壘，探姑繒之壁，籍蕩姐之場，艾朝鮮之旃，拔兩越之旗，近不過旬月之役，遠不離二時之勞。固已犁其庭，掃其閭，郡縣而置之，雲徹席卷，後無餘菑。惟北狄爲不然，真中國之堅敵也，三垂比之懸矣，前世重之兹甚，未易可輕也。

今單于歸義，懷款誠之心，欲離其庭，陳見於前，此乃上世之遺策，神靈之所想望，國家雖費，不得已者也。奈何距以來厭之辭，疏以無日之期，消往昔之恩，開將來之隙！夫款而隙之，使有恨心，負前言，緣往辭，歸怨於漢，因以自絶，終無北面之心。威之不可，諭之不能，焉得不爲大憂乎？夫明者視於無形，聰者聽於無聲。誠先於未然，即蒙恬、樊噲不復施，棘門、細柳不復備，馬邑之策安所設，衛、霍之功何得用，五將之威安所震？不然，壹有隙之後，雖智者勞心於内，辯者轂擊於外，猶不若未然之時也。且往者圖西域，制車師，置城郭都護三十六國，費歲以大萬計者，豈爲康居、烏孫能逾白龍堆而寇西邊哉？乃以制匈奴也。夫百年勞之，一日失之，費十而愛一，臣竊爲國不安也。惟陛下少留意於未亂未戰，以遏邊萌之禍。

羽獵賦 并序 太陽

孝成帝時羽獵，雄從。以爲昔在二帝三王，宮館臺榭，沼池苑囿，林麓藪澤，財足以奉郊廟，御賓客，充庖厨而已，不奪百姓膏腴穀土桑柘之地。女有餘布，男有餘粟，國家殷富，上下交足，故甘露零其庭，醴泉流其唐，鳳凰巢其樹，黄龍游其沼，麒麟臻其囿，神爵棲其林。昔者禹任益虞而上下和，草木茂；成湯好田而天下用足；文王囿百里，民以爲尚小；齊宣王囿四十里，民以爲大：裕民之與奪民也。武帝廣開上林，東南至宜春、鼎湖、御宿、昆吾，旁南山，西至長楊、五柞，北繞黄山，濱渭而東，周袤數百里。穿昆明池，象滇河，營建章、鳳闕、神明、馺娑，漸臺、泰液，象海水，周流方丈、瀛洲、蓬萊。游觀侈靡，窮妙極麗。雖頗割其三垂以贍齊民，然至羽獵、田車戎馬、器械儲偫、禁禦所營，尚泰奢，麗夸詡，非堯、舜、成湯、文王三驅之意也。又恐後世復修前好，不折中以泉臺，故聊因校獵，賦以風之。其辭曰：

或稱羲、農，豈或帝王之彌文哉？論者云否，各以并時而得宜，奚必同條而共貫？則泰山之封，焉得七十而有二儀？是以創業垂統者，俱不見其爽，遐邇五三，孰知其是非？遂作頌曰：麗哉神聖，處於玄宮。富既與地乎侔訾，貴正與天乎比崇。齊桓曾不足使扶轂，楚莊未足以爲驂乘。狹三王之阨僻，嶠高舉而大興。歷五帝之寥廓，涉三皇之登閎。建道德以爲師，友仁義與爲朋。

於是玄冬季月，天地隆烈，萬物權輿於内，徂落於外，帝將惟田于靈之囿，開北垠，受不周之制，以奉終始顓頊、玄冥之統。乃詔虞人典澤，東延昆陵，西馳閶闔。儲積共偫，戍卒夾道，斬叢棘，夷野草，禦自汧、渭，經營酆、鎬，章皇周流，出入日月，天與地沓。爾乃虎路三嵕以爲司馬，圍經百里而爲殿門。外則正南極海，邪界虞淵，鴻濛沆茫，揭以崇山。營合圍會，然後先置乎白楊之南，昆明靈沼之東。賁、育之倫，蒙質負羽，杖鏌邪而羅者以萬計，其餘荷垂天之畢，張竟壄之罘，靡日月之朱竿，曳彗星之飛旗。青雲爲紛，虹蜺爲繯，屬之乎崑崙之虛，涣若天星之羅，浩如濤水之波。淫淫與與，前後要遮。欃槍爲闉，明月爲候，熒惑司命，天弧發射。鮮扁陸離，駢衍佖路。徽車輕武，鴻絧緁獵。殷殷軫軫，被陵緣岅。窮夐極遠者，相與列乎高原之上。羽騎營營，昈分殊事，繽紛往來，轠轤不絶，若光若滅者，布乎青林之下。

於是天子乃以陽晁，始出乎玄宫，撞鴻鐘，建九旒，六白虎，載靈輿。蚩尤并轂，蒙公先驅。立歴天之旂，曳捎星之旃。霹靂烈缺，吐火施鞭。萃從沇溶，淋離廓落，戯八鎮而開關。飛廉、雲師，吸嚊潚率，鱗羅布列，攢以龍翰。啾啾蹌蹌，入西園，切神光。望平樂，徑竹林。蹂蕙圃，踐蘭唐。舉烽烈火，轡者施技，方馳千駟，狡騎萬帥。虓虎之陳，從横膠轕。猋拉雷厲，驞駍駖磕。洶洶旭旭，天動地岃。羨漫半散，蕭條數千里外。

若夫壯士忼慨，殊鄉别趣。東西南北，騁耆奔欲。拖蒼豨，跋犀犛，蹶浮麋。斮巨狿，搏玄猨。騰空虚，距連卷。踔夭蟜，娭澗間。莫莫紛紛，山谷爲之風猋，林叢爲之生塵。及至獲夷之徒，蹶松柏，掌蒺藜。獵蒙蘢，轔輕飛。履般首，帶修蛇。鉤赤豹，摼象犀。跇巒阬，超唐陂。車騎雲會，登降闇藹。泰華爲旒，熊耳爲綴。木仆山還，漫若天外。儲與乎大浦，聊浪乎宇内。

於是天清日晏，逢蒙列眥，羿氏控弦。皇車幽輵，光純天地，望舒彌轡，翼乎徐至於上蘭。

移圍徙陣，浸淫蹴部。曲隊堅重，各按行伍。壁壘天旋，神抶電擊。逢之則碎，近之則破。鳥不及飛，獸不得過。軍驚師駭，刮野掃地。及至罕車飛揚，武騎聿皇。蹈飛豹，羂嘄陽。追天寶，出一方。應駍聲，擊流光。野盡山窮，囊括其雌雄。沇沇溶溶，遥噱乎紘中。三軍芒然，窮冘閼與，亶觀乎剽禽之紲逾，犀兕之抵觸，熊羆之拏攫，虎豹之凌遽，徒角搶題注，蹙竦讋怖。魂亡魄失，觸輻關脰。妄發期中，進退履獲，創淫輪夷，邱累陵聚。

於是禽殫中衰，相與集於靖冥之館，以臨珍池。灌以岐梁，溢以江河。東瞰目盡，西暢無崖。隋珠和氏，焯爍其陂。玉石嶜崟，眩耀青熒。漢女水潛，怪物暗冥，不可殫形。玄鸞孔雀，翡翠垂榮。王雎關關，鴻雁嚶嚶，群娛乎其中。噍噍昆鳴。鳧鷖振鷺，上下砰磕，聲若雷霆。乃使文身之技，水格鱗蟲。凌堅冰，犯嚴淵，探巖排碕，薄索蛟螭。蹈獱獺，據黿鼉，抾靈蠵。入洞穴，出蒼梧，乘巨鱗，騎京魚。浮彭蠡，目有虞。方椎夜光之流離，剖明月之珠胎，鞭洛水之宓妃，餉屈原與彭胥。

於兹乎鴻生鉅儒，俄軒冕，雜衣裳，修唐典，匡《雅》《頌》，揖讓於前。昭光震耀，蠁曶如神。

仁聲惠於北狄，武誼動於南鄰。是以旃裘之王，胡貉之長，移珍來享，抗手稱臣。前入圍口，後陳盧山。群公常伯、楊朱、墨翟之徒，喟然并稱曰：『崇哉乎德，雖有唐、虞、大夏、成周之隆，何以侈兹！夫古之覲東嶽，禪梁基，舍此世也，其誰與哉？』

上猶謙讓而未俞也，方將上獵三靈之流，下决醴泉之滋。發黄龍之穴，窺鳳皇之巢，臨麒麟之囿，幸神雀之林。奢雲夢，侈孟諸，非章華，是靈臺，罕徂離宮，而輟觀游。土事不飾，木功不彫，丞民乎農桑，勸之以弗怠，儕男女，使莫違。恐貧窮者不遍被洋溢之饒，開禁苑，散公儲，創道德之囿，弘仁惠之虞，馳弋乎神明之囿，覽觀乎群臣之有亡。放雉兔，收罝罘，麋鹿芻，蕘與百姓共之，蓋所以臻兹也。於是醇洪鬯之德，豐茂世之規，加勞三皇，勗勤五帝，不亦至乎！乃祗莊雍穆之徒，立君臣之節，崇賢聖之業，未遑苑囿之麗，游獵之靡也。因回軫還衡，背阿房，反未央。

長楊賦 并序　太陽

明年，上將大夸胡人以多禽獸，秋，命右扶風發民入南山，西自褒斜，東至弘農，南驅漢中，張羅網罝罘，捕熊羆、豪豬、虎豹、狖玃、狐兔、麋鹿，載以檻車，輸長楊射熊館。以網爲周阹，縱禽獸其中，令胡人手搏之，自取其獲，上親臨觀焉。是時農民不得收斂。雄從至射熊館，還，上《長楊賦》，聊因筆墨之成文章，故藉翰林以爲主人，子墨爲客卿以諷。其辭曰：

子墨客卿問於翰林主人曰：『蓋聞聖主之養民也，仁霑而恩洽，動不爲身。今年獵長楊，先命右扶風，左太華而右褒斜，椓嶻嶭而爲弋，紆南山以爲罝。羅千乘於林莽，列萬騎於山隅。帥軍踤阹，錫戎獲胡。搤熊羆，拖豪豬，木擁槍纍，以爲儲胥，此天下之窮覽極觀也。雖然，亦頗擾於農人。三旬有餘，其廑至矣，而功不圖。恐不識者外之則以爲娛樂之游，內之則不以爲乾豆之事，豈爲民乎哉！且人君以玄默爲神，澹泊爲德，今樂遠出以露威靈，數摇動以罷車甲，本非人主之急務也，蒙竊惑焉。』

翰林主人曰：『吁，客何謂兹耶！若客所謂，知其一未覩其二，見其外不識其内也。僕嘗倦談，不能一二其詳，請略舉其凡，而客自覽其切焉。』客曰：『唯，唯。』

主人曰：『昔有强秦，封豕其土，窫窳其民，鑿齒之徒，相與磨牙而争之。豪俊麋沸雲擾，群黎爲之不康。於是上帝眷顧高祖。高祖奉命，順斗極，運天關，横鉅海，漂崑崙，提劍而叱之，所過麾城摲邑，下將降旗，一日之戰，不可殫記。當此之勤，頭蓬不暇梳，飢不及餐。鞮鍪生蟣蝨，介胄被霑汗，以爲萬姓請命乎皇天。乃展人之所詘，振人之所乏。規億載，恢帝業，七年之間而天下密如也。

逮至聖文，隨風乘流，方垂意於至寧，躬服節儉，綈衣不敝，革鞜不穿，大厦不居，木器無文。於是後宫賤瑇瑁而疏珠璣，却翡翠之飾，除雕琢之巧，惡麗靡而不近，斥芬芳而不御，抑止絲竹宴衍之樂，憎聞鄭、衛幼眇之聲，是以玉衡正而太階平也。

其後熏鬻作虐，東夷横畔，羌、戎睚眥，閩、越相亂。遐甿爲之不安，中國蒙被其難。於是聖武勃怒，爰整其旅。乃命驃、衛，汾沄沸渭，雲合電發，猋騰波流，機駭蠭軼，疾如奔星，擊如震霆。碎轒輼，破穹廬。腦沙幕，髓余吾。遂躐乎王庭。驅槖駝，燒熐蠡。分勢單于，磔裂屬國。夷阬谷，拔鹵莽，刊山石。蹂尸輿厮，係累老弱。吮鋌瘢耆、金鏃淫夷者，數十萬人，皆稽顙樹頷，扶服蛾伏。二十餘年矣，尚不敢惕息。夫天兵四臨，幽都先加，迴戈邪指，南越相夷。靡節西征，羌僰東馳。是以遐方疏俗，殊鄰絶黨之域。自上仁所不化，茂德所不綏。莫不蹻足抗首，請獻厥珍，使海内澹然，永亡邊城之災，金革之患。

今朝廷純仁，遵道顯義，并包書林，聖風雲靡。英華沉浮，洋溢八區。普天所覆，莫不沾濡。其有不談王道者，則樵夫笑之。意者以爲事罔隆而不殺，物靡盛而不虧，故平不肆險，安不忘危。乃時以有年出兵，整輿竦戎。振師五柞，習馬長楊，簡力狡獸，校武票禽。乃萃然登南山，瞰烏弋。西厭月窟，東震日域。又恐後代迷於一時之事，常以此爲國家之大務，淫荒田獵，陵夷而不禦也。是以車不安軔，日未靡旃。從者仿佛，骫屬而還。亦所以奉太尊之烈，遵文、武之度。復三王之田，反五帝之虞。使農不輟耰，工不下機，婚姻以時，男女莫違。出悌弟，行簡易，矜劬勞，休力役。見百年，存孤弱，帥與之同苦樂。然後陳鐘鼓之樂，鳴鞀磬之和，建碣磍之虡，拮隔鳴球，掉八列之舞。酌允鑠，肴樂胥。聽廟中之雍雍，受神人之福祜。歌投頌，吹合雅。其勤若此，故真神之所勞也。方將俟元符，以禪梁甫之基，增泰山之高。延光於將來，比榮乎往號，豈徒欲淫覽浮觀，馳騁秔稻之地，周流梨栗之林，蹂踐芻蕘，夸詡衆庶，盛狖玃之收，多麋鹿之獲哉！且盲者不見咫尺，而離婁燭千里之隅；客徒愛胡人之獲我禽獸，曾不知我亦已獲其王侯。』言未卒，墨客降席，再拜稽首曰：『大哉體乎！允非小人之所能及也。乃今日發矇，廓然已昭矣！』

反離騷　少陰

有周氏之蟬嫣兮，或鼻祖於汾隅，靈宗初諜伯僑兮，流於末之揚侯。淑周楚之豐烈兮，超既離乎皇波，因江潭而淮記兮，欽弔楚之湘纍。

惟天軌之不辟兮，何純絜而離紛！紛纍以其淟涊兮，暗纍以其繽紛。

漢十世之陽朔兮，招搖紀於周正。正皇天之清則兮，度后土之方貞。圖纍承彼洪族兮，又覽纍之昌辭。帶鉤矩而佩衡兮，履欃槍以爲綦。纍初貯厥麗服兮，何文肆而質䶦！資娵娃之珍髢兮，鬻九戎而索賴。

鳳凰翔於蓬陼兮，豈駕鵞之能捷！騁驊騮以曲囏兮，驢騾連蹇而齊足。枳棘之榛榛兮，蝯狖擬而不敢下。靈修既信椒、蘭之唼佞兮，吾纍忽焉而不蚤睹？

衿茇茄之緑衣兮，被芙蓉之朱裳。芳酷烈而莫聞兮，固不如嬖而幽之離房。閨中容競淖約兮，相態以麗佳，知衆嫮之嫉妒兮，何必颺纍之蛾眉？

懿神龍之淵潛兮，俟慶雲而將舉。亡春風之被離兮，孰焉知龍之所處？愍吾纍之衆芬兮，颺爗爗之芳苓，遭季夏之凝霜兮，慶夭顇而喪榮。

橫江、湘以南泩兮，云走乎彼蒼吾。馳江潭之泛溢兮，將折衷乎重華。舒中情之煩或兮，恐重華之不纍與。陵陽侯之素波兮，豈吾纍之獨見許？

精瓊靡與秋菊兮，將以延夫天年；臨汨羅而自隕兮，恐日薄於西山。解扶桑之總轡兮，縱令之遂奔馳。鸞皇騰而不屬兮，豈獨飛廉與雲師！

卷薜芷與若蕙兮，臨湘淵而投之；棍申椒與菌桂兮，赴江湖而漚之。費椒稰以要神兮，又勤索彼瓊茅。違靈氛而不從兮，反湛身於江皋！

纍既攀夫傅說兮，奚不信而遂行？徒恐鷤鴂之將鳴兮，顧先百草爲不芳！

初纍棄彼虙妃兮，更思瑤臺之逸女。抨雄鴆以作媒兮，何百離而曾不壹耦！乘雲蜺之旖旎兮，望昆侖以樛流，覽四荒而顧懷兮，奚必云女彼高丘？既亡鸞車之幽藹兮，焉駕八龍之委蛇？臨江瀕而掩涕兮，何有《九招》與《九歌》？夫聖哲之不遭兮，固時命之所有；雖增欷以於邑兮，吾恐靈修之不纍改。昔仲尼之去魯兮，斐斐遲遲而周邁，終回復於舊都兮，何必湘淵與濤瀨！溷漁父之餔歠兮，絜沐浴之振衣，棄由、聃之所珍兮，蹠彭咸之所遺！

玄攡　太陰

玄者，幽攡萬類而不見形者也。資陶虛無而生乎，規攔神明而定摹，通同古今以開類，攡措陰陽而發氣。一判一合，天地備矣。天日回行，剛柔接矣。還復其所，終始定矣。一生一死，性命瑩矣。

仰以觀乎象，俯以視乎情，察性知命，原始見終。三儀同科，厚薄相劘。圜則杌[一]棿，方則嗇吝。嘘則流體，唫則疑形。是故闔天謂之宇，闢宇謂之宙。

[一]『杌』原作『机』。

日月往來，一寒一暑。律則成物，曆則編時。律曆交道，聖人以謀。晝以好之，夜以醜之。一晝一夜，陰陽分索。夜道極陰。晝道極陽。牝牡群貞，以攡吉凶。則君臣、父子、夫婦之道辨矣。是故日動而東，天動而西，天日錯行，陰陽更巡。死生相摎，萬物乃纆。故玄聘取天下之合而連之者也。綴之以其類，占之以其觚，曉天下之瞶瞶，瑩天下之晦晦者，其唯玄乎！

夫玄，晦其位而冥其畛，深其阜而眇其根，攘其功而幽其所以然也。故玄卓然示人遠矣，曠然廓人大矣，淵然引人深矣，渺然絶人眇矣。嘿而該之者玄也，揮而散之者人也。稽其門，闢其户，叩其鍵，然後乃應，况其否者乎！

人之所好而不足者善也；人之所醜而有餘者惡也。君子日强其所不足，而拂其所有餘，則玄之道幾矣。仰而視之在乎上，俯而窺之在乎下；企而望之在乎前，棄而忘之在乎後；欲違則不能，然而得其所者玄也。

故玄者用之至也。見而知之者智也，視而愛之者仁也，斷而決之者勇也，兼制而博用者公也，能以偶物者通也，無所繫輆者聖也，時與不時者命也。虚形萬物，所道之謂道也，因循無革，天下之理得之謂德也，理生昆群兼愛之謂仁也，列敵度宜之謂義也，秉道德仁義而施之之謂業也。瑩天功明萬物之謂陽也，幽无形深不測之謂陰也。陽知陽而不知陰，陰知陰而不知陽。知陰知陽、知止知行、知晦知明者，其唯玄乎！

懸之者權也，平之者衡也。濁者使清，險者使平。離乎情者必著乎僞；離乎僞者必著乎情。情僞相盪，而君子、小人之道，較然見矣。玄者以衡量者也。高者下之，卑者舉之，饒者取之，罄者與之，明者定之，疑者提之。規之者思也，立之者事也，說之者辯也，成之者信也。

夫天宙然示人神矣，夫地佗然示人明矣。天地尊位，神明通氣。有一、有二、有三，位各殊輩，回行九區，終始連屬，上下無隅。察龍虎之文，觀鳥龜之理，運諸泰政，繫之泰始，極焉以通璇璣之統，正玉衡之平。圜方之相研，剛柔之相干。盛則入衰，窮則更生。有實有虛，流止無常

夫天地設，故貴賤序。四時行，故父子繼；律曆陳，故君臣理；常變錯，故百事析；質文形，故有無明；吉凶見，故善否著；虛實盪，故萬物纆。陽不極，則陰不萌，陰不極，則陽不牙。極寒生熱，極熱生寒。信道致詘，詘道致信。其動也，日造其所無而好其所新；其靜也，日減其

所爲而損其所成。故推之以刻，參之以晷，反覆其序，軫轉其道也。以見不見之形，抽不抽之緒，與萬物相連也。

其上也縣天，下也淪淵；纖也入薉，廣也包軫。其道游冥而挹盈，存存而亡亡，微微而章章，始始而終終。近玄者玄亦近之，遠玄者玄亦遠之。譬若天蒼蒼然在於東面、南面、西面、北面，仰而無不在焉，及其俛則不見也。天豈去人哉？人自去也。

冬至及夜半以後者，近玄之象也。進而未極，往而未至，虛而未滿，故謂之近玄。夏至及日中以後者，遠玄之象也。進極而退，往窮而還，已滿而損，故謂之遠玄。日一南而萬物死，日一北而萬物生。斗一北而萬物虛，斗一南而萬物盈。日之南也，右行而左還。斗之南也，左行而右還。或左或右，或死或生。神靈合謀，天地乃并，天神而地靈。

玄瑩　太陰

天地開闢，宇宙拓坦。天元咫步，日月紀數。周運曆統，群倫品庶。或合或離，或嬴或踦。故曰假哉天地，陷函啓化，罔袞於玄。終始幽明，表贊神靈。大陽乘陰，萬物該兼。周流九虛，而禍福絓羅。

凡十有二始，群倫抽緒，故有一二三，以絓以羅，玄術瑩之。鴻本五行，九位重施。上下相因，醜在其中，玄術瑩之。天圜地方，極殖中央。動以歷靜，時乘十二，以建七政。玄術瑩之。斗振天而進，日違天而退。或振或違，以立五紀，玄術瑩之。植表施景，榆漏率刻。昏明考中，作者以戒，玄術瑩之。泠竹爲管，室灰爲候，以揆百度。百度既設，濟民不誤，玄術瑩之。東西爲緯，南北爲經。經緯交錯，邪正以分，吉凶以形，玄術瑩之。鑿井澹水，鑽火難木，流金陶土，以和五美。五美之資，以資百體，玄術瑩之。奇以數陽，耦以數陰。奇耦推演，以計天下，玄術瑩之。六始爲律，六間爲呂。律呂既協，十二以調，日辰以數，玄術瑩之。方州部家，八十一所，畫下中上，以表四海，玄術瑩之。一辟，三公、九卿、二十七大夫、八十一元士。少則制衆，無則治有，玄術瑩之。古者不霆不虞，慢其思慮，匪筮匪卜，吉凶交瀆。於是聖人乃作蓍龜，鑽精倚神，箝知休咎，玄術瑩之。是故欲知不可知，則擬之以乎卦兆。測深摹遠，則索之以乎思慮。二者其以精玄乎！夫精以卜筮，神動其變，精以思慮，謀合其適。精以立正，莫之能仆。精以有守，莫之能奪。故夫抽天下之蔓蔓，散天下之混混者，非精其孰能之？

夫作者貴其有循而體自然也。其所循也大，則其體也壯。其所循也小，則其體也瘠。其所循也直，則其體也渾。其所循也曲，則其體也散。故不懼所有，不强所無。譬諸身，增則贅而割則虧。故質幹在乎自然，華藻在乎人事也。其可損益與？夫一一所以摹始而測深也，三三所以盡終而極密也，二二所以參事而要中也，人道象焉。務其事而不務其辭，多其變而不多其文也。不約則其指不詳，不要則其應不博，不渾則其辭不散，不沈則其意不見。是故文以見乎質，辭以睹乎情，觀其施辭，則其心之所欲者見矣。

夫道有因有循，有革有化。因而循之，與道神之。革而化之，與時宜之。故因而能革，天道乃得。革而能因，天道乃馴。夫物不因不生，不革不成。故知因而不知革，物失其則。知革而不知因，物失其均。革之匪時，物失其基。因之匪理，物喪其紀。因革乎因革，國家之矩範也。矩範之動，成敗之效也。

立天之經，曰陰與陽，形地之緯，曰從與横，表人之行，曰晦與明。陰陽曰合其判。從横曰經其經，晦明曰別其材。陰陽，該極也；經緯，所遇也；晦明，質性也。陽不陰無與合其施，經不緯無以成其誼，明不晦無以別其德。陰陽所以抽嘖也，從橫所以瑩理也，明晦所以昭事也。嘖情也，抽理也，瑩事也，昭君子之道也。

往來熏熏，得亡之門。夫何得何亡？得福而亡禍也。天地福順而禍逆，山川福庳而禍高，人道福正而禍衺。故君子內正而外馴，每以下人，是以動得福而亡禍也。福不醜不能生禍，禍不好不能成福。醜好乎醜好，君子所以亶表也。夫福樂終而禍憂始，天地所貴曰福，鬼神所祐曰福，人道所喜曰福，其所賤惡皆曰禍。故惡福甚者其禍亢。晝人之禍少，夜人之禍多，晝夜散者其禍福雜。

《韓文公集》盛推子雲，近曾文正亦極推子雲。子雲之文，若《解嘲》諸篇易識，至《太玄》則難知。自温公而後，殆尠有能讀之者矣。特選此以著一斑，俾好奇之士，因此以究心全書焉。

劉子政文

條上災異封事　太陰

臣前幸得以骨肉備九卿，奉法不謹，乃復蒙恩。竊見災異并起，天地失常，徵表爲國。欲終不言，念忠臣雖在甽畝，猶不忘君，惓惓之義也，况重以骨肉之親，又加以舊恩未報乎！欲竭愚誠，又恐越職，然惟二恩未報，忠臣之義，一抒愚意，退就農畝，死無所恨。

臣聞舜命九官，濟濟相讓，和之至也。衆賢和於朝，則萬物和於野。故《簫韶》九成，而鳳皇來儀；擊石拊石，百獸率舞。四海之内，靡不和寧。及至周文，開基西郊，雜還衆賢，罔不肅和，崇推讓之風，以銷分争之訟。文王既没，周公思慕，歌詠文王之德，其《詩》曰：『於穆清廟，肅雍顯相；濟濟多士，秉文之德。』當此之時，武王、周公繼政，朝臣和於内，萬國歡於外，故盡得其歡心，以事其先祖。其《詩》曰：『有來雍雍，至止肅肅，相維辟公，天子穆穆。』言四方皆以和來也。諸侯和於下，天應報於上，故《周頌》曰『降福穰穰』，又曰『貽我釐麰』。釐麰，麥也，始自天降。此皆以和致和，獲天助也。

下至幽、厲之際，朝庭不和，轉相非怨，詩人疾而憂之曰：『民之無良，相怨一方。』衆小在位而從邪議，歙歙相是而背君子，故其《詩》曰：『歙歙訿訿，亦孔之哀！謀之其臧，則具是違；謀之不臧，則具是依！』君子獨處守正，不撓衆枉，勉强以從王事，則反見憎毒讒愬，故其《詩》曰：『密勿從事，不敢告勞。無罪無辜，讒口嗷嗷！』當是之時，日月薄蝕而無光，其《詩》曰：『朔日辛卯，日有蝕之，亦孔之醜！』又曰：『彼月而微，此日而微，今此下民，亦孔之哀！』又曰：『日月鞠凶，不用其行；四國無政，不用其良！』天變見于上，地變動於下，水泉沸騰，山谷易處，其《詩》曰：『百川沸騰，山冢卒崩。高岸爲谷，深谷爲陵。哀今之人，胡憯莫懲！』霜降失節，不以其時，其《詩》曰：『正月繁霜，我心憂傷；民之訛言，亦孔之將！』言民以是爲非，甚衆大也。此皆不和，賢不肖易位之所致也。

自此之後，天下大亂，篡殺殃禍并作，厲王奔彘，幽王見殺。至乎平王末年，魯隱之始即位也。周大夫祭伯，乖離不和，出奔於魯，而《春秋》爲諱，不言『來奔』，傷其禍殃自此始也。是後尹氏世卿而專恣，諸侯背畔而不朝，周室卑微。二百四十二年之間，日食三十六，地震五，山陵崩阤二，彗星三見，夜常星不見，夜中星隕如雨一，火災十四。長狄入三國，五石隕墜，六鷁退飛，多麋，有蜮、蜚，鸜鵒來巢者皆一見，晝冥晦，雨木冰。李、梅冬實。七月霜降，草木不死。八月殺菽。大雨雹。雨雪雷霆，失序相乘。水旱、饑蝝、螽螟，蠭午并起。當是時，禍亂輒應，弒君三十六，亡國五十二，諸侯奔走，不得保其社稷者，不可勝數也。周室多禍：晉敗其師於貿戎；伐其郊；鄭傷桓王，戎執其使；衛侯朔召不往，齊逆命而助朔；五大夫爭權；三君更立，莫能正理。遂至陵夷，不能復興。

由此觀之，和氣致祥，乖氣致異。祥多者其國安，異衆者其國危，天地之常經，古今之通義也。今陛下開三代之業，招文學之士，優游寬容，使得并進。今賢不肖渾殽，白黑不分，邪正雜糅，忠讒并進。章交公車，人滿北軍。朝臣舛午，膠戾乖剌，更相讒愬，轉相是非。傳授增加，文書紛糾，前後錯繆，毀譽渾亂。所以營惑耳目，感移心意，不可勝載。分曹爲黨，往往群朋，將同心以陷正臣。正臣進者，治之表也；正臣陷者，亂之機也。乘治亂之機，未知孰任，而災異數見，此臣所以寒心者也。夫乘權藉勢之人，子弟鱗集於朝，羽翼陰附者衆，輻凑於前，毁譽將必用，以終乖離之咎。是以日月無光，雪霜夏隕，海水沸出，陵谷易處，列星失行，皆怨氣之所致也。夫遵衰周之軌迹，循詩人之所刺，而欲以成太平，致《雅》《頌》，猶却行而求及前人也。初元以來六年矣，案《春秋》六年之中，災異未有稠如今者也。夫有《春秋》之異，無孔子之救，猶不能解紛，况甚於《春秋》乎？

原其所以然者，讒邪并進也。讒邪之所以并進者，由上多疑心，既已用賢人而行善政，如或譖之，則賢人退而善政還。夫執狐疑之心者，來讒賊之口；持不斷之意者，開群枉之門。讒邪進則衆賢退，群枉盛則正士消。故《易》有《否》《泰》。『小人道長，君子道消』，君子道消，則政日亂，故爲否。否者閉而亂也。『君子道長，小人道消』，小人道消，則政日治，故爲泰。泰者通而治也。《詩》又云『雨雪麃麃，見晛聿消』，與《易》同義。昔者共工、驩兜、鯀與舜、禹雜處堯朝，周公與管、蔡并居周位，當是時，迭進相毁，流言相謗，豈可勝道哉！帝堯、成王能賢舜、禹、周公而消共工、管、蔡，故以大治，榮華至今。孔子與季、孟皆[一]仕於魯，李斯與叔孫俱宦於秦，定公、始皇賢季、孟、李斯而消孔子、叔孫，故以大亂，污辱至今。故治亂榮辱之端，在所信任；信任既賢，在於堅固而不移。《詩》云：『我心匪石，不可轉也。』言守善篤也。《易》曰：『渙汗其大號。』言號令如汗，汗出而不反者也。今出善令，未能逾時而反，是反汗也；用賢未能三旬而退，是轉石也。《論語》曰：『見不善如探湯。』今二府奏佞讇不當在位，歷年而不去。故出令則如反汗，用賢則如轉石，去佞則如拔山。如此，望陰陽之調，不亦難乎！

是以群小窺見間隙，緣飾文字，巧言醜詆，流言飛文，嘩於民間。故《詩》云：『憂心悄悄，愠於群小。』小人成群，誠足愠也。昔孔子與顔淵、子貢更相稱譽，不爲朋黨；禹、稷與皋陶傳相汲引，不爲比周。何則？忠於爲國，無邪心也。故賢人在上位，則引其類而聚之於朝，《易》曰：『飛龍在天，大人聚也。』在下位，則思與其類俱進，《易》曰：『拔茅茹以其彙，征吉。』在上則引其類，在下則推其類，故湯用伊尹，不仁者遠，而衆賢至，類相致也。今佞邪與賢臣，并在

[一]『皆』原作『偕』。

交戟之内，合黨共謀，違善依惡，歙歙訿訿，數設危險之言，欲以傾移主上。如忽然用之，此天地之所以先戒，災異之所以重至者也。

自古明聖，未有無誅而治者也，故舜有四放之罰，而孔子有兩觀之誅，然後聖化可得而行也。今以陛下明知，誠深思天地之心，迹察兩觀之誅，覽《否》《泰》之卦，觀雨雪之詩，歷周、唐之所進以爲法，原秦、魯之所消以爲戒，考祥應之福，省災異之禍，以揆當世之變，放遠佞邪之黨，壞散險詖之聚，杜閉群枉之門，廣開衆正之路，决斷狐疑，分別猶豫，使是非炳然可知，則百異消滅，而衆祥并至，太平之基，萬世之利也。

臣幸得托肺附，誠見陰陽不調，不敢不通所聞。竊推《春秋》災異，以效今事一二，條其所以，不宜宣泄。臣謹重封昧死上。

論起昌陵疏　太陰

臣聞《易》曰：『安不忘危，存不忘亡，是以身安而國家可保也。』故聖賢之君，博觀終始，窮極事情，而是非分明。王者必通三統，明天命所授者博，非獨一姓也。孔子論《詩》至於『殷士膚敏，裸將于京』，喟然歎曰：『大哉天命！善不可不傳于子孫，是以富貴無常；不如是，則王公其何以戒慎，民萌何以勸勉？』蓋傷微子之事周，而痛殷之亡也。雖有堯、舜之聖，不能化丹朱之子；雖有禹、湯之德，不能訓末孫之桀、紂。自古及今，未有不亡之國也。昔高皇帝既滅秦，將都雒陽，感寤劉敬之言，自以德不及周，而賢於秦，遂徙都關中，依周之德，因秦之阻。世之長短，以德爲效，故常戰慄，不敢諱亡。孔子所謂『富貴無常』，蓋謂此也。

孝文皇帝居霸陵，北臨厠，意悽愴悲懷，顧謂群臣曰：『嗟乎！以北山石爲椁，用紵絮斮陳漆其間，豈可動哉！』張釋之進曰：『使其中有可欲，雖錮南山猶有隙；使其中無可欲，雖無石椁，又何戚焉？』夫死者無終極，而國家有廢興，故釋之之言，爲無窮計也。孝文寤焉，遂薄葬，不起山墳。

《易》曰：『古之葬者，厚衣之以薪，臧之中野，不封不樹。後世聖人，易之以棺椁。』棺椁之作，自黃帝始。黃帝葬於橋山，堯葬濟陰，邱壟皆小，葬具甚微。舜葬蒼梧，二妃不從。禹葬會稽，不改其列。殷湯無葬處，文、武、周公葬於畢，秦穆公葬於雍槖泉宮祈年館下，樗里子葬於武庫，皆無邱壟之處。此聖帝、明王、賢君、智士，遠覽獨慮無窮之計也。其賢臣孝子，亦承命順意而薄葬之，此誠奉安君父，忠孝之至也。

夫周公，武王弟也，葬兄甚微。孔子葬母於防，稱古墓而不墳，曰：『某，東西南北之人也，不可不識也。』爲四尺墳，遇雨而崩。弟子修之，以告孔子，孔子流涕曰：『吾聞之，古者不修墓。』蓋非之也。延陵季子適齊而反，其子死，葬於嬴、博之間，穿不及泉，斂以時服，封墳掩坎，其高可隱，而號曰：『骨肉歸復於土，命也，魂氣則無不之也。』夫嬴、博去吴千有餘里，季子不歸葬。孔子往觀曰：『延陵季子於禮合矣。』故仲尼孝子，而延陵慈父，舜、禹忠臣，周公弟弟，其葬君親骨肉，皆微薄矣，非苟爲儉，誠便於體也。宋桓司馬爲石槨，仲尼曰：『不如速朽。』秦相吕不韋集知略之士而造《春秋》，亦言薄葬之義，皆明於事情者也。

逮至吴王闔閭，違禮厚葬，十有餘年，越人發之。及秦惠文、武、昭、嚴、襄五王，皆大作邱壟，多其瘞臧，咸盡發掘暴露，甚足悲也。秦始皇帝葬於驪山之阿，下錮三泉，上崇山墳，其高五十餘丈，周回五里有餘。石槨爲游館，人膏爲燈燭，水銀爲江海，黃金爲鳬雁。珍寶之臧，機械之變，棺槨之麗，宫館之盛，不可勝原。又多殺宫人，生薶工匠，計以萬數。天下苦其役而反之，驪山之作未成，而周章百萬之師至其下矣。項籍燔其宫室營宇，往者咸見發掘。其後牧兒亡羊，羊入其鑿，牧者持火照求羊，失火燒其藏槨。自古至今，葬未有盛如始皇者也，數年之間，外被項籍之災，内離牧豎之禍，豈不哀哉！

是故德彌厚者葬彌薄，知愈深者葬愈微。無德寡知，其葬愈厚，邱隴彌高，宫廟甚麗，發掘必速。由是觀之，明暗之效，葬之吉凶，昭然可見矣。周德既衰而奢侈，宣王賢而中興，更爲儉宫室，小寢廟，詩人美之，《斯干》之詩是也，上章道宫室之如制，下章言子孫之衆多也。及魯嚴公刻飾宗廟，多築臺囿，後嗣再絶，《春秋》刺焉。周宣如彼而昌，魯、秦如此而絶，是則奢儉之得失也。

陛下即位，躬親節儉，始營初陵，其制約小，天下莫不稱賢明。及徙昌陵，增埤爲高，積土爲山，發民墳墓，積以萬數，營起邑居，期日迫卒，功費大萬百餘。死者恨於下，生者愁於上，怨氣感動陰陽，因之以饑饉，物故流離以十萬數，臣甚惛焉。以死者爲有知，發人之墓，其害多矣；

若其無知，又焉用大？謀之賢知則不説，以示衆庶則苦之。若苟以説愚夫淫侈之人，又何爲哉？陛下慈仁篤美甚厚，聰明疏達蓋世，宜宏漢家之德，崇劉氏之美，光昭五帝、三王，而顧與暴秦亂君，競爲奢侈，比方邱隴，説愚夫之目，隆一時之觀，違賢知之心，亡萬世之安，臣竊爲陛下羞之。惟陛下上覽明聖黄帝、堯、舜、禹、湯、文、武、周公、仲尼之制，下觀賢知穆公、延陵、樗里、張釋之之意。孝文皇帝去墳薄葬，以儉安神，可以爲則；秦昭、始皇增山厚臧，以侈生害，足以爲戒。初陵之橅，宜從公卿大臣之議，以息衆庶。

諫外家封事　太陰

臣聞人君莫不欲安，然而常危；莫不欲存，然而常亡，失御臣之術也。夫大臣操權柄，持國政，未有不爲害者也。昔晉有六卿，齊有田、崔，衛有孫、寧，魯有季、孟，常掌國事，世執朝柄。終後田氏取齊；六卿分晉；崔杼弑其君光；孫林父、寧殖出其君衎，弑其君剽；季氏八佾舞於庭，三家者以《雍》徹，并專國政，卒逐昭公。周大夫尹氏筦朝事，濁亂王室，子朝、子猛更立，連年乃定。故經曰『王室亂』，又曰『尹氏殺王子克』，甚之也。《春秋》舉成敗，録禍福，如此類甚衆，皆陰盛而陽微，下失臣道之所致也。故《書》曰：『臣之有作威作福，害于而家，凶于而國。』孔子曰：『禄去公室，政逮大夫，危亡之兆。』秦昭王舅穰侯，及涇陽、葉陽君，專國擅勢，上假太后之威，三人者，權重於昭王，家富於秦國，國甚危殆，賴痦范雎之言，而秦復存。二世委任趙高，專權自恣，壅蔽大臣，終有閻樂望夷之禍，秦遂以亡。近事不遠，即漢所代也。

漢興，諸吕無道，擅相尊王。吕産、吕禄，席太后之寵，據將相之位，兼南北軍之衆，擁梁、趙王之尊，驕盈無厭，欲危劉氏。賴忠正大臣絳侯、朱虚侯等，竭誠盡節以誅滅之，然後劉氏復安。今王氏一姓，乘朱輪華轂者二十三人，青紫貂蟬，充盈幄内，魚鱗左右。大將軍秉事用權，五侯驕奢僭盛，并作威福，擊斷自恣，行污而寄治，身私而托公，依東宫之尊，假甥舅之親，以爲威重。尚書、九卿、州牧、郡守，皆出其門，筦執樞機，朋黨比周。稱譽者登進，忤恨者誅傷；游談者助之説，執政者爲之言。排擯宗室，孤弱公族，其有智能者，尤非毁而不進。遠絶宗室之任，不令得給事朝省，恐其與己分權。數稱燕王蓋主以疑上心，避諱吕、霍而弗肯稱。内有管、蔡之萌，外假周公之論，兄弟據重，宗族磐互。歷上古至秦、漢，外戚僭貴，未有如王氏者也。雖周皇父、秦穰侯、漢武安、吕、霍、上官之屬，皆不及也。

物盛必有非常之變先見，爲其人微象。孝昭帝時，冠石立於泰山，仆柳起於上林，而孝宣帝即位。今王氏先祖墳墓在濟南者，其梓柱生枝葉，扶疏上出屋，根垂地中，雖立石起柳，無以過此之明也。事勢不兩大，王氏與劉氏亦且不并立，如下有泰山之安，則上有累卵之危。陛下爲人子孫，守持宗廟，而令國祚移於外親，降爲皂隸，縱不爲身，奈宗廟何！婦人内夫家，外父母家，此亦非皇太后之福也。孝宣皇帝不與舅平昌、樂昌侯權，所以全安之也。

夫明者起福於無形，銷患於未然。宜發明詔，吐德音，援近宗室，親而納信，黜遠外戚，毋授以政，皆罷令就第，以則效先帝之所行，厚安外戚，全其宗族，誠東宫之意，外家之福也。王氏永存，保其爵禄；劉氏長安，不失社稷，所以褒睦外内之姓，子子孫孫無疆之計也。如不行此策，田氏復見於今，六卿必起於漢，爲後嗣憂。昭昭甚明，不可不深圖，不可不蚤慮。《易》曰：『君不密則失臣，臣不密則失身，幾事不密則害成。』唯陛下深留聖思，審固幾密，覽往事之戒，以折中取信，居萬安之實，用保宗廟，久承皇太后，天下幸甚。

班孟堅文

東方朔傳　少陰

東方朔，字曼倩，平原厭次人也。武帝初即位，徵天下舉方正賢良文學材力之士，待以不次之位，四方士多上書言得失，自衒鬻者以千數，其不足采者，輒報聞罷。朔初來，上書曰：『臣朔少失父母，長養兄嫂。年十三學書，三冬文史足用。十五學擊劍。十六學《詩》《書》，誦二十二萬言。十九學孫吴兵法，戰陣之具，鉦鼓之教，亦誦二十二萬言。凡臣朔固已誦四十四萬言。又常服子路之言。臣朔年二十二，長九尺三寸，目若懸珠，齒若編貝，勇若孟賁，捷若慶忌，廉若鮑叔，信若尾生。若此，可以爲天子大臣矣。臣朔昧死再拜以聞。』

朔文辭不遜，高自稱譽，上偉之，令待詔公車，奉禄薄，未得省見。

久之，朔紿騶朱儒，曰：『上以若曹無益於縣官，耕田力作，固不及人；臨衆處官，不能治民；從軍擊虜，不任兵事。無益於國用，徒索衣食，今欲盡殺若曹。』朱儒大恐，啼泣。朔教曰：

『上即過，叩頭請罪。』居有頃，聞上過，朱儒皆號泣頓首。上問：『何爲？』對曰：『東方朔言上欲盡誅臣等。』上知朔多端，召問朔：『何恐朱儒爲？』對曰：『臣朔生亦言，死亦言。朱儒長三尺餘，奉一囊粟，錢二百四十。臣朔長九尺餘，亦奉一囊粟，錢二百四十。朱儒飽欲死，臣朔飢欲死。臣言可用，幸異其禮；不可用，罷之，無令徒索長安米。』上大笑，因使待詔金馬門，稍得親近。

上嘗使諸數家射覆，置守宮盂下，射之，皆不能中。朔自贊曰：『臣嘗受《易》，請射之。』乃別蓍布卦而對曰：『臣以爲龍又無角，謂之爲虵又有足，跂跂脈脈善緣壁，是非守宮即蜥蜴。』上曰：『善。』賜帛十匹。復使射他物，連中，輒賜帛。

時有幸倡郭舍人，滑稽不窮，常侍左右，曰：『朔狂，幸中耳，非至數也。臣願令朔復射，朔中之，臣榜百，朔不能中，臣賜帛。』乃覆樹上寄生，令朔射之。朔曰：『是寠藪也。』舍人曰：『果知朔不能中也。』朔曰：『生肉爲膾，乾肉爲脯；著樹爲寄生，盆下爲寠藪。』上令倡監榜舍人，舍人不勝痛，呼謈。朔笑之曰：『咄！口無毛，聲謷謷，尻益高。』舍人恚曰：『朔擅詆欺天子從官，當棄市。』上問朔：『何故詆之？』對曰：『臣非敢詆之，乃與爲隱耳。』上曰：『隱云何？』朔曰：『夫口無毛者，狗竇也；聲謷謷者，鳥哺鷇也；尻益高者，鶴俛啄也。』舍人不服，因曰：『臣願復聞朔隱語，不知亦當榜。』即妄爲喈語曰：『令壺齟，老柏塗，伊優亞，狋吽牙。何謂也？』朔曰：『令者，命也。壺者，所以盛也。齟者，齒不正也。老者，人所敬也。柏者，鬼之廷也。塗者，漸洳徑也。伊優亞者，辭未定也。狋吽牙者，兩犬争也。』舍人所問，朔應聲輒對，變詐鋒出，莫能窮者，左右大驚。上以朔爲常侍郎，遂得愛幸。

久之，伏日，詔賜從官肉。大官丞日晏不來，朔獨拔劍割肉，謂其同官曰：『伏日當早歸，請受賜。』即懷肉去。大官奏之。朔入，上曰：『昨賜肉不待詔，以劍割肉而去之，何也？』朔免冠謝。上曰：『先生起自責也。』朔再拜曰：『朔來！朔來！受賜不待詔，何無禮也！拔劍割肉，壹何壯也！割之不多，又何廉也！歸遺細君，又何仁也！』上笑曰：『使先生自責，乃反自譽！』復賜酒一石，肉百斤，歸遺細君。

初，建元三年，微行始出，北至池陽，西至黃山，南獵長楊，東游宜春。微行常用飲酎已。八九月中，與侍中常侍武騎，及待詔隴西北地良家子能騎射者，期諸殿門，故有『期門』之號自此始。微行以夜漏下十刻乃出，常稱平陽侯。旦明入山下，馳射鹿豕狐兔，手格熊羆，馳鶩禾稼稻秔之地。民皆號呼罵詈，相聚會，自言鄠杜令。令往，欲謁平陽侯，諸騎欲擊鞭之。令大怒，使吏呵止，獵者數騎見留，乃示以乘輿物，久之，乃得去。時夜出夕還，後齎五日糧，會朝長信宫，上大歡樂之。是後，南山下乃知微行數出也，然尚迫於太后，未敢遠出。丞相御史知指，乃使右輔都尉徼循長楊以東，内史發小民共待會所。後乃私置更衣，從宣曲以南十二所，中休更衣，投宿諸宫，長楊、五柞、倍陽、宣曲尤幸。於是上以爲道遠勞苦，又爲百姓所患，乃使太中大夫吾丘壽王，與待詔能用算者二人，舉籍阿城以南，盩厔以東，宜春以西，提封頃畝，及其賈直，欲除以爲上林苑，屬之南山。又詔中尉、左右内史，表屬縣草田，欲以償鄠杜之民。吾丘壽王奏事，上大悦稱善。時朔在傍，進諫曰：

『臣聞謙遜静慤，天表之應，應之以福；驕溢靡麗，天表之應，應之以異。今陛下累郎臺，恐其不高也；弋獵之處，恐其不廣也。如天不爲變，則三輔之地，盡可以爲苑，何必盩厔、鄠、杜乎！奢侈越制，天爲之變，上林雖小，臣尚以爲大也。

夫南山，天下之阻也，南有江、淮，北有河、渭，其地從汧隴以東，商雒以西，厥壤肥饒。漢興，去三河之地，止霸産以西，都涇、渭之南，此所謂天下陸海之地，秦之所以虜西戎兼山東者也。其山出玉石，金、銀、銅、鐵，豫章、檀、柘，異類之物，不可勝原，此百工所取給，萬民所卬足也。又有秔稻、梨栗、桑麻、竹箭之饒，土宜薑芋，水多鼃魚，貧者得以人給家足，無飢寒之憂。故豐鎬之間，號爲土膏，其賈畝一金。今規以爲苑，絶陂池水澤之利，而取民膏腴之地，上乏國家之用，下奪農桑之業，棄成功，就敗事，損耗五穀，是其不可一也。且盛荆棘之林，而長養麋鹿，廣狐兔之苑，大虎狼之虚，又壞人冢墓，發人室廬，令幼弱懷土而思，耆老泣涕而悲，是其不可二也。斥而營之，垣而囿之，騎馳東西，車騖南北，又有深溝大渠，夫一日之樂，不足以危無隄之輿，是其不可三也。故務苑囿之大，不恤農時，非所以强國富人也。

夫殷作九市之宮而諸侯畔，靈王起章華之臺而楚民散，秦興阿房之殿而天下亂。糞土愚臣，忘生觸死，逆盛意，犯隆指，罪當萬死，不勝大願，願陳泰階六符，以觀天變，不可不省。』

奏云。

是日因奏泰階之事，上乃拜朔爲太中大夫給事中，賜黄金百斤。然遂起上林苑，如壽王所

久之，隆慮公主子昭平君，尚帝女夷安公主，隆慮主病，因以金千斤，銀千萬，爲昭平君豫贖死罪，上許之。隆慮主卒，昭平君日驕，醉殺主傅，獄繫内官。以公主子，廷尉上請請論。左右人人爲言：『前又入贖，陛下許之。』上曰：『吾弟老有是一子，死以屬我。』於是爲之垂涕歎息，良久曰：『法令者，先帝所造也，用弟故而誣先帝之法，吾何面目入高廟乎！又下負萬民。』乃可其奏，哀不能自止，左右盡悲。朔前上壽，曰：『臣聞聖王爲政，賞不避仇敵，誅不擇骨肉。《書》曰：「不偏不黨，王道蕩蕩。」此二者，五帝所重，三王所難也。陛下行之，是以四海之内，元元之民，各得其所，天下幸甚！臣朔奉觴，昧死再拜上萬歲壽。』上乃起，入省中，夕時，召讓朔，曰：『《傳》曰「時然後言，人不厭其言」。今先生上壽，時乎？』朔免冠頓首曰：『臣聞樂太甚則陽溢，哀太甚則陰損，陰陽變則心氣動，心氣動則精神散而邪氣及。銷憂者莫若酒，臣朔所以上壽者，明陛下正而不阿，因以止哀也。愚不知忌諱，當死。』先是，朔嘗醉入殿中，小遺殿

上，劾不敬。有詔免爲庶人，待詔宦者署，因此對，復爲中郎，賜帛百匹。

初，帝姑館陶公主號竇太主，堂邑侯陳午尚之。午死，主寡居，年五十餘矣，近幸董偃。始偃與母，以賣珠爲事，偃年十三，隨母出入主家。左右言其姣好，主召見，曰：『吾爲母養之。』因留第中，教書計、相馬、御射，頗讀傳記。至年十八而冠，出則執轡，入則侍内。爲人温柔愛人，以主故，諸公接之，名稱城中，號曰董君。主因推令散財交士，令中府曰：『董君所發，一日金滿百斤，錢滿百萬，帛滿千匹，乃白之。』安陵爰叔者，爰盎兄子也，與偃善，謂偃曰：『足下私侍漢主，挾不測之罪，將欲安處乎？』偃懼曰：『憂之久矣，不知所以。』爰叔曰：『顧城廟遠無宿宫，又有萩竹籍田，足下何不白主獻長門園？此上所欲也。如是，上知計出於足下也，則安枕而卧，長無慘怛之憂。久之不然，上且請之，於足下何如？』偃頓首曰：『敬奉教。』入言之主，主立奏書獻之。上大説，更名竇太主園爲長門宫。主大喜，使偃以黄金百斤爲爰叔壽。

叔因是爲董君畫求見上之策，令主稱疾不朝。上往臨疾，問所欲，主辭謝曰：『妾幸蒙陛下厚恩，先帝遺德，奉朝請之禮，備臣妾之儀，列爲公主，賞賜邑入，隆天重地，死無以塞責。一日卒有不勝洒掃之職，先狗馬填溝壑，竊有所恨，不勝大願，願陛下時忘萬事，養精游神，從中掖庭回輿，枉路臨妾山林，得獻觴上壽，娛樂左右。如是而死，何恨之有！』上曰：『主何憂？幸得愈。恐群臣從官多，大爲主費。』上還。有頃，主疾愈，起謁，上以錢千萬從主飲。後數日，上臨山林，主自執宰敝膝，道入登階就坐。坐未定，上曰：『願謁主人翁。』主乃下殿，去簪珥，徒跣頓首謝曰：「妾無狀，負陛下，身當伏誅。陛下不致之法，頓首死罪。』有詔謝。主簪履，起之東箱，自引董君。董君緑幘傅韝，隨主前伏殿下。主乃贊：『館陶公主庖人臣偃昧死再拜謁。』因叩頭謝，上爲之起。有詔賜衣冠上。偃起，走就衣冠。主自奉食進觴。當是時，董君見尊不名，稱爲『主人翁』，飲大歡樂。主乃請賜將軍、列侯、從官金錢雜繒各有數。於是董君貴寵，天下莫不聞。郡國狗馬、蹴鞠、劍客輻湊。董氏常從游戲北宮，馳逐平樂，觀雞鞠之會，角狗馬之足，上大歡樂之。於是上爲竇太主置酒宣室，使謁者引内董君。

是時，朔陛戟殿下，辟戟而前曰：『董偃有斬罪三，安得入乎？』上曰：『何謂也？』朔曰：『偃以人臣私侍公主，其罪一也。敗男女之化，而亂婚姻之禮，傷王制，其罪二也。陛下富於春秋，方積思於六經，留神於王事，馳騖於唐虞，折節於三代，偃不遵經勸學，反以靡麗爲右，奢侈爲務，盡狗馬之樂，極耳目之欲，行邪枉之道，徑淫辟之路，是乃國家之大賊，人主之大蜮。偃爲淫首，其罪三也。昔伯姬燔而諸侯憚，奈何乎陛下？』上默然不應，良久曰：『吾業以設飲，後而自改。』朔曰：『不可。夫宣室者，先帝之正處也，非法度之政，不得入焉。故淫亂之漸，其變爲篡，是以豎貂爲淫，而易牙作患，慶父死而魯國全，管、蔡誅而周室安。』上曰：『善。』有詔止，更置酒北宮，引董君從東司馬門。東司馬門更名東交門。賜朔黄金三十斤。董君之寵，由是日衰，至年三十而終。後數歲，竇太主卒，與董君會葬於霸陵。是後，公主貴人多踰禮制，自董偃始。

時天下侈靡趨末，百姓多離農畝。上從容問朔：『吾欲化民，豈有道乎？』朔對曰：『堯、舜、禹、湯、文、武、成、康，上古之事，經歷數千載，尚難言也，臣不敢陳。願近述孝文皇帝之時，當世耆老，皆聞見之。貴爲天子，富有四海，身衣弋綈，足履革舄，以韋帶劍，莞蒲爲席，兵木無刃，衣緼無文，集上書囊以爲殿帷；以道德爲麗，以仁義爲準。於是天下望風成俗，昭然化之。

今陛下以城中爲小，圖起建章，左鳳闕，右神明，號稱千門萬户；木土衣綺繡，狗馬被繢罽；宫人簪瑇瑁，垂珠璣；設戲車，教馳逐，飾文采，叢珍怪；撞萬石之鐘，擊雷霆之鼓，作俳優，舞鄭女。上爲淫侈如此，而欲使民獨不奢侈失農，事之難者也。陛下誠能用臣朔之計，推甲乙之帳，燔之於四通之衢，却走馬，示不復用，則堯、舜之隆，宜可與比治矣。《易》曰：「正其本，萬事理；失之豪釐，差以千里。」願陛下留意察之。」

朔雖詼笑，然時觀察顔色，直言切諫，上常用之。自公卿在位，朔皆敖弄，無所爲屈。上以朔口諧辭給，好作問之。嘗問朔曰：『先生視朕何如主也？』對曰：『自唐、虞之隆，成、康之際，未足以諭當世。臣伏觀陛下功德，陳五帝之上，在三王之右。非若此而已，誠得天下賢士公卿在位，咸得其人矣。譬若以周邵爲丞相，孔丘爲御史大夫，太公爲將軍，畢公高拾遺於後，弁嚴子爲衛尉，皋陶爲大理，后稷爲司農，伊尹爲少府，子贛使外國，顔、閔爲博士，子夏爲太常，益爲右扶風，季路爲執金吾，契爲鴻臚，龍逢爲宗正，伯夷爲京兆，管仲爲馮翊，魯般爲將作，仲山甫爲光禄，申伯爲太僕，延陵季子爲水衡，百里奚爲典屬國，柳下惠爲大長秋，史魚爲司直，蘧伯玉爲大傅，孔父爲詹事，孫叔敖爲諸侯相，子産爲郡守，王慶忌爲期門，夏育爲鼎官，羿爲旄頭，宋萬爲式道候。』上乃大笑。

是時朝廷多賢材，上復問朔：『方今公孫丞相、兒大夫、董仲舒、夏侯始昌、司馬相如、吾丘壽王、主父偃、朱買臣、嚴助、汲黯、膠倉、終軍、嚴安、徐樂、司馬遷之倫，皆辨知閎達，溢於文辭，先生自視，何與比哉？』朔對曰：『臣觀其舌齒牙，樹頰胲，吐脣吻，擢項頤，結股脚，連脽尻，遺蛇其迹，行步偊旅，臣朔雖不肖，尚兼此數子者。』朔之進對澹辭，皆此類也。

武帝既招英俊，程其器能，用之如不及。時方外事胡越，内興制度，國家多事，自公孫宏以下至司馬遷，皆奉使方外，或爲郡國守相至公卿，而朔嘗至太中大夫，後常爲郎，與枚皋、郭舍人俱在左右，詼啁而已。久之，朔上書陳農戰强國之計，因自訟獨不得大官，欲求試用。其言專商鞅、韓非之語也，指意放蕩，頗復詼諧，辭數萬言，終不見用。朔因著論，設客難己，用位卑以自慰諭。其辭曰：

客難東方朔曰：『蘇秦、張儀，一當萬乘之主，而都卿相之位，澤及後世。今子大夫修先王[一]之術，慕聖人之義，諷誦《詩》《書》百家之言，不可勝數，著於竹帛，脣腐齒落，服膺而不釋，好學樂道之效，明白甚矣；自以智能海内無雙，則可謂博聞辯智矣。然悉力盡忠以事聖帝，曠日持久，官不過侍郎，位不過執戟，意者尚有遺行耶？同胞之徒，無所容居，其故何也？』

東方先生喟然長息，仰而應之曰：『是固非子之所能備也。彼一時也，此一時也，豈可同哉？蘇秦、張儀之時，周室大壞，諸侯不朝，力政争權，相禽以兵，并爲十二國，未有雌雄，得士者强，失士者亡，故談説行焉。身處尊位，珍寶充内，外有倉廩，澤及後世，子孫長享。今則不然。聖帝流德，天下震慴，諸侯賓服，連四海之外以爲帶，安於覆盂，動猶運之掌，賢不肖何以異哉？遵天之道，順地之理，物無不得其所；故綏之則安，動之則苦；尊之則爲將，卑之則爲虜；抗之則在青雲之上，抑之則在深泉之下；用之則爲虎，不用則爲鼠；雖欲盡節效情，安知前後？夫天地之大，士民之衆，竭情談説，并進輻凑者，不可勝數，悉力慕之，困於衣食，或失門户。使蘇秦、張儀與僕并生於今之世，曾不得掌故，安敢望侍郎乎！故曰時異事異。雖然，安可以不務修

[一]『王』原作『生』。

身乎哉！《詩》云：「鼓鐘於宮，聲聞於外。」「鶴鳴於九皋，聲聞於天。」苟能修身，何患不榮！太公體行仁義，七十有二，乃設用於文、武，得信厥説，封於齊，七百歲而不絶。此士所以日夜孳孳，敏行而不敢怠也。辟若鷃鴒，飛且鳴矣。《傳》曰：「天不爲人之惡寒而輟其冬，地不爲人之惡險而輟其廣，君子不爲小人之匈匈而易其行。」「天有常度，地有常形，君子有常行；君子道其常，小人計其功。」《詩》云：「禮義之不愆，何恤人之言？」故曰：「水至清則無魚，人至察則無徒。冕而前旒，所以蔽明；黈纊充耳，所以塞聰。」明有所不見，聰有所不聞，舉大德，赦小過，無求備於一人之義也。枉而直之，使自得之；優而柔之，使自求之；揆而度之，使自索之。蓋聖人教化如此，欲自得之；自得之，則敏且廣矣。』

『今世之處士，魁然無徒，廓然獨居，上觀許由，下察接輿，計同范蠡，忠合子胥，天下和平，與義相扶，寡耦少徒，固其宜也，子何疑於我哉？若夫燕之用樂毅，秦之任李斯，酈食其之下齊，説行如流，曲從如環，所欲必得，功若丘山，海内定，國家安，是遇其時也，子又何怪之耶！語曰「以管闚天，以蠡測海，以莛撞鐘」，豈能通其條貫，考其文理，發其音聲哉！由是觀之，譬猶鼱駒之襲狗，狐豚之咋虎，至則靡耳，何功之有？今以下愚而非處士，雖欲勿困，固不得已，此適足以明其不知權變，而終惑於大道也。』

又設非有先生之論，其辭曰：

非有先生仕於吳，進不能稱往古以厲主意，退不能揚君美以顯其功，默默無言者三年矣。吳王怪而問之，曰：『寡人獲先人之功，寄於衆賢之上，夙興夜寐，未嘗敢怠也。今先生率然高舉，遠集吳地，將以輔治寡人，誠竊嘉之，體不安席，食不甘味，目不視靡曼之色，耳不聽鐘鼓之音，虛心定志，欲聞流議者，三年於茲矣。今先生進無以輔治，退不揚主譽，竊不爲先生取之也。蓋懷能而不見，是不忠也；見而不行，主不明也。意者寡人殆不明乎？』非有先生伏而唯唯。吳王曰：『可以談矣，寡人將竦意而覽焉。』先生曰：『於戲！可乎哉？可乎哉？談何容易！夫談有悖於目，拂於耳，謬於心，而便於身者，或有說於目，順於耳，快於心，而毀於行者，非有明主聖王，孰能聽之？』吳王曰：『何爲其然也？「中人已上，可以語上也。」先生試言，寡人將聽焉。』

先生對曰：『昔者關龍逢深諫於桀，而王子比干直言於紂，此二臣者，皆竭慮盡忠，閔王澤不下流，而萬民騷動，故直言其失，切諫其邪者，將以爲君之榮，除主之病也。今則不然，反以爲誹謗君之行，無人臣之禮，果紛然傷於身，蒙不辜之名，戮及先人，爲天下笑，故曰談何容易！是以輔弼之臣瓦解，而邪諂之人并進，遂及蜚廉、惡來革等。二人皆詐僞，巧言利口，以進其身，陰奉琱瑑刻鏤之好，以納其心。務快耳目之欲，以苟容爲度。遂往不戒，身没被戮，宗廟崩阤，國家爲虛，放戮賢聖，親近讒夫。《詩》不云乎？「讒人罔極，交亂四國」，此之謂也。故卑身賤體，説色微辭，愉愉呴呴，終無益於主上之治，則志士仁人不忍爲也。將儼然作矜嚴之色，深言直諫，上以拂主之邪，下以損百姓之害，則忤於邪主之心，歷於衰世之法。故養壽命之士，莫肯進也，遂居深山之間，積土爲室，編蓬爲户，彈琴其中，以詠先王之風，亦可以樂而忘死矣。是以伯夷、叔齊避周，餓於首陽之下，後世稱其仁。如是，邪主之行，固足畏也，故曰談何容易！』

於是吴王懼然易容，捐薦去几，危坐而聽。先生曰：『接輿避世，箕子披髮佯狂，此二人者，皆避濁世以全其身者也。使遇明王聖主，得清燕之間，寬和之色，發憤畢誠，圖畫安危，揆度得失，上以安主體，下以便萬民，則五帝三王之道，可幾而見也。故伊尹蒙恥辱，負鼎俎，和五味以干湯，太公釣於渭之陽，以見文王。心合意同，謀無不成，計無不從，誠得其君也。深念遠慮，引義以正其身，推恩以廣其下，本仁祖義，褒有德，禄賢能，誅惡亂，總遠方，一統類，美風俗，此帝王所由昌也。上不變天性，下不奪人倫，則天地和洽，遠方懷之，故號聖王。臣子之職既加矣，於是裂地定封，爵爲公侯，傳國子孫，名顯後世，民到於今稱之，以遇湯與文王也。太公、伊尹以如此，龍逢、比干獨如彼，豈不哀哉！故曰談何容易！』

於是吴王穆然俛而深惟，仰而泣下交頤，曰：『嗟乎！余國之不亡也，緜緜連連，殆哉世不絶也！』於是正明堂之朝，齊君臣之位，舉賢材，布德惠，施仁義，賞有功；躬節儉，減後宫之費，損車馬之用；放鄭聲，遠佞人，省庖厨，去侈靡；卑宫館，壞苑囿，填池塹，以與貧民無産業者；開内臧，振貧窮，存耆老，卹孤獨；薄賦斂，省刑辟。行此三年，海内晏然，天下大洽，陰陽和調，萬物咸得其宜；國無災害之變，民無飢寒之色，家給人足，畜積有餘，囹圄空虚；鳳凰來集，麒麟在郊，甘露既降，朱草萌芽；遠方異族之人，鄉風慕義，各奉其職而來朝賀。故治亂之道，存亡之端，若此易見，而君人者莫肯爲也，臣愚竊以爲過。故《詩》云：『王國克生，惟周之楨，濟濟多士，文王以寧。』此之謂也。

朔之文辭，此二篇最善。其餘有《封泰山》、《責和氏璧》及《皇太子生禖》、《屏風》、《殿上柏柱》、《平樂觀賦獵》、《八言、七言上下》、《從公孫閎借車》，凡劉向所録朔書具是矣。世所傳他事皆非也。

贊曰：劉向言少時數問長老賢人，通於事及朔時者，皆曰朔口諧倡辯，不能持論，喜爲庸人誦説，故令後世多傳聞者。而揚雄亦以爲朔言不純師，行不純德，其流風遺書蔑如也。然朔名過實者，以其詼達多端，不名一行，應諧似優，不窮似智，正諫似直，穢德似隱。非夷、齊而是柳下惠，戒其子以上容：『首揚爲拙，柱下爲工；飽食安步，以仕易農；依隱玩世，詭時不逢。』其滑稽之雄乎！朔之詼諧，逢占射覆，其事浮淺，行於衆庶，童兒牧豎，莫不眩耀。而後世好事者，因取奇言怪語附著之朔，故詳録焉。

霍光傳　太陰

霍光字子孟，票騎將軍去病弟也。父中孺，河東平陽人也，以縣吏給事平陽侯家，與侍者衛少兒私通，而生去病。中孺吏畢歸家，娶婦生光，因絶不相聞。久之，少兒女弟子夫，得幸於武帝，立爲皇后，去病以皇后姊子貴幸。既壯大，乃自知父爲霍中孺，未及求問。會爲票騎將軍擊匈奴，道出河東，河東太守郊迎，負弩矢先驅，至平陽傳舍，遣吏迎霍中孺。中孺趨入拜謁，將軍迎拜，因跪曰：『去病不早自知爲大人遺體也。』中孺扶服叩頭，曰：『老臣得托命將軍，此天力也。』去病大爲中孺買田宅奴婢而去。還復過焉，乃將光西至長安，時年十余歲，任光爲郎，稍遷諸曹侍中。去病死後，光爲奉車都尉光禄大夫，出則奉車，入侍左右，出入禁闥，二十餘年，小心謹慎，未嘗有過，甚見親信。

征和二年，衛太子爲江充所敗，而燕王旦、廣陵王胥皆多過失。是時上年老，寵姬鈎弋趙倢伃有男，上心欲以爲嗣，命大臣輔之。察群臣惟光任大重，可屬社稷。上乃使黄門畫者，畫『周公負成王朝諸侯』以賜光。後元二年春，上游五柞宮，病篤，光涕泣問曰：『如有不諱，誰當嗣者？』上曰：『君未諭前畫意耶？立少子，君行周公之事。』光頓首讓曰：『臣不如金日磾。』日磾亦曰：『臣外國人，不如光。』上以光爲大司馬大將軍，日磾爲車騎將軍，及太僕上官桀爲左將軍，搜粟都尉桑弘[一]羊爲御史大夫，皆拜卧内牀下，受遺詔，輔少主。明日，武帝崩，太子襲尊號，是爲孝昭皇帝。帝年八歲，政事一決於光。

先是，後元年，侍中僕射莽何羅，與弟重合侯通謀爲逆，時光與金日磾、上官桀等共誅之，功未録。武帝病，封璽書曰：『帝崩，發書以從事。』遺詔封金日磾爲秺侯，上官桀爲安陽侯，光爲博陸侯，皆以前捕反者功封。時衛尉王莽子男忽侍中，揚語曰：『帝病，忽常在左右，安得遺詔封三子事！群兒自相貴耳。』光聞之，切讓王莽，莽酖殺忽。

光爲人沈静詳審，長財七尺三寸，白晳，疏眉目，美須髯。每出入下殿門，止進有常處，郎僕射竊識視之，不失尺寸，其資性端正如此。初輔幼主，政自己出，天下想聞其風采。殿中嘗有怪，一夜群臣相驚，光召尚符璽郎，郎不肯授光。光欲奪之，郎按劍曰：『臣頭可得，璽不可得

[一]『弘』原作『私』。

也！』光甚誼之。明日，詔增此郎秩二等。衆庶莫不多光。

光與左將軍桀結婚相親，光長女爲桀子安妻。有女年與帝相配，桀因帝姊鄂邑蓋主，內安女後宮爲倢伃，數月立爲皇后。父安爲票騎將軍，封桑樂侯。光時休沐出，桀輒入代光決事。桀父子既尊盛，而德長公主。公主內行不修，近幸河間丁外人。桀、安欲爲外人求封，幸依國家故事以列侯尚公主者，光不許。又爲外人求光祿大夫，欲令得召見，又不許。長主大以是怨光。而桀、安數爲外人求官爵，弗能得，亦慙。自先帝時，桀已爲九卿，位在光右。及父子并爲將軍，有椒房中宮之重，皇后親安女，光乃其外祖，而顧乃專制朝事，由是與光爭權。

燕王旦自以昭帝兄，常懷怨望。及御史大夫桑弘羊，建造酒榷鹽鐵，爲國興利，伐其功，欲爲子弟得官，亦怨恨光。于是蓋主、上官桀、安及弘羊，皆與燕王旦通謀，詐令人爲燕王上書，言『光出都肄郎羽林，道上稱趩，太官先置。又引蘇武前使匈奴，拘留二十年不降，還乃爲典屬國，而大將軍長史敞亡功，爲搜粟都尉。又擅調益莫府校尉。光專權自恣，疑有非常。臣旦願歸符璽，入宿衛，察奸臣變。』候司光出沐日奏之。桀欲從中下其事，桑弘羊當與諸大臣共執退光。

書奏，帝不肯下。

明旦，光聞之，止畫室中不入。上問『大將軍安在？』左將軍桀對曰：『以燕王告其罪，故不敢入。』有詔召大將軍。光入，免冠頓首謝，上曰：『將軍冠。朕知是書詐也，將軍亡罪。』光曰：『陛下何以知之？』上曰：『將軍之廣明，都郎屬耳。調校尉以來，未能十日，燕王何以得知之？且將軍爲非，不須校尉。』是時帝年十四，尚書左右皆驚，而上書者果亡，捕之甚急。桀等懼，白上『小事不足遂』，上不聽。

後桀黨與有譖光者，上輒怒曰：『大將軍忠臣，先帝所屬以輔朕身，敢有毁者坐之。』自是桀等不敢復言，乃謀令長公主置酒請光，伏兵格殺之，因廢帝，迎立燕王爲天子。事發覺，光盡誅桀、安、弘羊外人宗族。燕王、蓋主皆自殺。光威振海内。昭帝既冠，遂委任光，訖十三年，百姓充實，四夷賓服。

元平元年，昭帝崩，亡嗣。武帝六男，獨有廣陵王胥在，群臣議所立，咸持廣陵王。王本以行失道，先帝所不用。光内不自安。郎有上書言『周太王廢太伯立王季，文王舍伯邑考立武王，惟在所宜，雖廢長立少可也。廣陵王不可以承宗廟。』言合光意。光以其書視丞相敞等，擢郎爲九江太守，即日承皇太后詔，遣行大鴻臚事少府樂成、宗正德、光禄大夫吉、中郎將利漢，迎昌邑王賀。

賀者，武帝孫，昌邑哀王子也。既至，即位，行淫亂。光憂懣，獨以問所親故吏大司農田延年。延年曰：『將軍爲國柱石，審此人不可，何不建白太后，更選賢而立之？』光曰：『今欲如是，於古嘗有此否？』延年曰：『伊尹相殷，廢太甲以安宗廟，後世稱其忠。將軍若能行此，亦漢之伊尹也。』光乃引延年給侍中，陰與車騎將軍張安世圖計，遂召丞相、御史、將軍、列侯、中二千石、大夫、博士，會議未央宫。光曰：『昌邑王行昏亂，恐危社稷，如何？』群臣皆驚鄂失色，莫敢發言，但唯唯而已。田延年前，離席拔劍，曰：『先帝屬將軍以幼孤，寄將軍以天下，以將軍忠賢能安劉氏也。今群下鼎沸，社稷將傾，且漢之傳謚常爲孝者，以長有天下，令宗廟血食也。如令漢家絶祀，將軍雖死，何面目見先帝於地下乎？今日之議，不得旋踵。群臣後應者，臣請劍斬之。』光謝曰：『九卿責光是也。天下匈匈不安，光當受難。』於是議者皆叩頭，曰：『萬姓之命，在於將軍，惟大將軍令。』

光即與群臣俱見白太后，具陳昌邑王不可以承宗廟狀。皇太后乃車駕幸未央承明殿，詔諸禁門毋内昌邑群臣。王入朝太后還，乘輦欲歸溫室，中黄門宦者各持門扇，王入，門閉，昌邑群臣不得入。王曰：『何爲？』大將軍跪曰：『有皇太后詔，毋内昌邑群臣。』王曰：『徐之，何乃驚人若是！』光使盡驅出昌邑群臣，置金馬門外。車騎將軍安世將羽林騎收縛二百餘人，皆送廷尉詔獄。令故昭帝侍中中臣侍守王。光敕左右：『謹宿衛，卒有物故自裁，令我負天下，有殺主名。』王尚未自知當廢，謂左右：『我故群臣從官安得罪，而大將軍盡繫之乎。』頃之，有太后詔召王。王聞召，意恐，乃曰：『我安得罪，而召我哉！』太后被珠襦，盛服坐武帳中，侍御數百人，皆持兵，期門武士陛戟陳列殿下。群臣以次上殿，召昌邑王伏前聽詔。光與群臣連名奏王，尚書令讀奏曰：

丞相臣敞、大司馬大將軍臣光、車騎將軍臣安世、度遼將軍臣明友、前將軍臣增、後將軍臣充國、御史大夫臣誼、宜春侯臣譚、當塗侯臣聖、隨桃侯臣昌樂、杜侯臣屠耆堂、太僕臣延年、太常臣昌、大司農臣延年、宗正臣德、少府臣樂成、廷尉臣光、執金吾臣延壽、大鴻臚臣賢、左馮翊臣廣明、右扶風臣德、長信少府臣嘉、典屬國臣輔武、京輔都尉臣廣漢、司隸校尉臣辟兵、諸吏文學光禄大夫臣遷、臣畸、臣吉、臣賜、臣管、臣勝、臣梁、臣長幸、臣夏侯勝、大中大夫臣德、臣卬，昧死言皇太后陛下：臣敞等頓首死罪。天子所以永保宗廟，總一海内者，以慈孝禮誼賞罰爲本。孝昭皇帝早棄天下，亡嗣，臣敞等議，禮曰『爲人後者，爲之子也』，昌邑王宜嗣後，遣宗正、大鴻臚、光禄大夫奉節，使徵昌邑王典喪。服斬縗，亡悲哀之心，廢禮誼，居道上不素食，使從官略女子，載衣車，内所居傳舍。始至謁見，立爲皇太子，常私買雞豚以食。受皇帝信璽、行璽大行前，就次發璽不封。從官更持節，引内昌邑從官騶宰官奴二百餘人，常與居禁闥内敖戲。自之符璽取節十六，朝暮臨，令從官更持節從。爲書曰『皇帝問侍中君卿：使中御府令高昌，奉黄金千斤，賜君卿取十妻。』大行在前殿，發樂府樂器，引内昌邑樂人，擊鼓歌吹作俳倡。會下還，上前殿，擊鐘磬，召内泰壹宗廟樂人，輦道牟首，鼓吹歌舞，悉奏衆樂。發長安厨三太牢，具祠閣室中，祀已，與從官飲啗。駕法駕，皮軒鸞旗，驅馳北宫、桂宫，弄彘鬭虎。召皇太后御小馬車，使官奴騎乘，游戲掖庭中。與孝昭皇帝宮人蒙等淫亂，詔掖庭令敢泄言要斬。太后曰：『止！爲人臣子，當悖亂如是耶！』王離席伏。尚書令復讀曰：

取諸侯王、列侯、二千石綬及墨綬、黄綬，以并佩昌邑郎官者免奴。變易節上黄旄以赤。發御府金錢、刀劍、玉器、采繒，賞賜所與游戲者。與從官官奴夜飲，湛沔於酒。詔太官上乘輿食如故。食監奏未釋服，未可御故食，復詔太官趣具，無關食監。太官不敢具，即使從官出買雞豚，詔殿門内以爲常。獨夜設九賓温室，延見姊夫昌邑關内侯。祖宗廟祠未舉，爲璽書使使者持節，以三太牢祠昌邑哀王園廟，稱嗣子皇帝。受璽以來，二十七日，使者旁午，持節詔諸官署徵發，凡千一百二十七事。文學光禄大夫夏侯勝等，及侍中傅嘉，數進諫以過失，使人簿責勝，縛嘉繫獄。荒淫迷惑，失帝王禮誼，亂漢制度。臣敞等數進諫，不變更，日以益甚，恐危社稷，天下不安。

臣敞等謹與博士臣霸、臣雋舍、臣德、臣虞舍、臣射、臣倉議，皆曰：『高皇帝建功業，爲漢太祖；孝文皇帝慈仁節儉，爲太宗。今陛下嗣孝昭皇帝後，行淫辟不軌。《詩》云：「藉曰未知，亦既抱子。」五辟之屬，莫大不孝。周襄王不能事父母，《春秋》曰「天王出居於鄭」，由不孝出之，絶之於天下也。宗廟重於君，陛下未見命高廟，不可以承天序，奉祖宗廟，子萬姓，當廢。』臣請有司御史大夫臣誼、宗正臣德、太常臣昌與太祝，以一太牢具告祠高廟。臣敞等昧死以聞。

皇太后詔曰：『可。』光令王起拜受詔，王曰：『聞天子有争臣七人，雖亡道，不失天下。』光曰：『皇太后詔廢，安得天子！』乃即持其手，解脱其璽組，奉上太后，扶王下殿，出金馬門，群臣隨送。王四面拜，曰：『愚戇不任漢事。』起就乘輿副車。大將軍光送至昌邑邸，光謝曰：『王行自絶於天，臣等駑怯，不能殺身報德。臣寧負王，不敢負社稷。願王自愛，臣長不復見左右。』光涕泣而去。群臣奏言：『古者廢放之人，屏於遠方，不及以政，請徙王賀漢中房陵縣。』太后詔歸賀昌邑，賜湯沐邑二千户。昌邑群臣，坐亡輔導之誼，陷王於惡，光悉誅殺二百餘人。出死，號呼市中曰：『當斷不斷，反受其亂。』

光坐庭中，會丞相以下，議定所立。廣陵王已前不用，及燕刺王反誅，其子不在議中。近親惟有衛太子孫，號皇曾孫，在民間，咸稱述焉。光遂復與丞相敞等上奏曰：『《禮》曰：「人道親親故尊祖，尊祖故敬宗。」大宗亡嗣，擇支子孫賢者爲嗣。孝武皇帝曾孫病已，武帝時，有詔掖庭養視，至今年十八，師受《詩》《論語》《孝經》，躬行節儉，慈仁愛人，可以嗣孝昭皇帝後，奉承祖宗廟，子萬姓。臣昧死以聞。』皇太后詔曰：『可。』光遣宗正劉德，至曾孫家尚冠里，洗沐，賜御衣，太僕以軨獵車迎曾孫，就齋宗正府，入未央宫，見皇太后，封爲陽武侯。已而光奉上皇帝璽綬，謁於高廟，是爲孝宣皇帝。明年，下詔曰：『夫褒有德，賞元功，古今通誼也。大司馬大將軍光，宿衛忠正，宣德明恩，守節秉誼，以安宗廟。其以河北、東武陽益封光萬七千户。』與故所食凡二萬户。賞賜前後黄金七千斤，錢六千萬，雜繒三萬疋，奴婢百七十人，馬二千匹，甲第一區。

自昭帝時，光子禹及兄孫雲皆中郎將，雲弟山奉車都尉侍中，領胡越兵。光兩女婿爲東西宫衛尉，昆弟諸婿外孫，皆奉朝請，爲諸曹大夫、騎都尉、給事中。黨親連體，根據於朝廷。光自後元秉持萬機，及上即位，乃歸政。上謙讓不受，諸事皆先關白光，然後奏御天子。光每朝見，上虛己斂容，禮下之已甚。

光秉政前後二十年，地節二年春，病篤，車駕自臨問光病，上爲之涕泣。光上書謝恩曰：『願分國邑三千户，以封兄孫奉車都尉山爲列侯，奉兄票騎將軍去病祀。』事下丞相御史，即日拜光子禹爲右將軍。

光薨，上及皇太后親臨光喪。太中大夫任宣，與侍御史五人，持節護喪事。中二千石治莫府冢上。賜金錢、繒絮，綉被百領，衣五十篋，璧[一]珠璣玉衣，梓宮、便房、黄腸題湊各一具，樅木外藏椁十五具。東園温明，皆如乘輿制度。載光尸柩以輼輬車，黄屋左纛，發材官輕車北軍五校士，軍陳至茂陵，以送其葬。謚曰宣成侯。發三河卒，穿復土，起冢祠堂，置園邑三百家，長丞奉守如舊法。

既葬，封山爲樂平侯，以奉車都尉領尚書事。天子思光功德，下詔曰：『故大司馬大將軍博陸侯，宿衛孝武皇帝三十有餘年，輔孝昭皇帝十有餘年，遭大難，躬秉誼，率三公九卿大夫，定萬世册，以安社稷，天下蒸庶，咸以康寧。功德茂盛，朕甚嘉之。復其後世，疇其爵邑，世世無有

[一]『璧』原作『壁』。

所與，功如蕭相國。』明年夏，封太子外祖父許廣漢爲平恩侯。復下詔曰：『宣成侯光，宿衛忠正，勤勞國家。善善及後世，其封光兄孫中郎將雲爲冠陽侯。』

禹既嗣爲博陸侯，太夫人顯，改光時所自造塋制，而侈大之。起三山闕，築神道，北臨昭靈，南出承恩，盛飾祠室輦閣，通屬永巷，而幽良人婢妾守之。廣治第室，作乘輿輦，加畫綉絪馮，黄金塗，韋絮薦輪，侍婢以五采絲輓顯游戲第中。初，光愛幸監奴馮子都，常與計事，及顯寡居，與子都亂。而禹、山亦并繕治第宅，走馬馳逐平樂館。雲當朝請，數稱病私出，多從賓客，張圍獵黄山苑中，使蒼頭奴上朝謁，莫敢譴者。而顯及諸女，晝夜出入長信宫殿中，亡期度。

宣帝自在民間，聞知霍氏尊盛日久，内不能善。光薨，上始躬親朝政，御史大夫魏相給事中。顯謂禹、雲、山：『女曹不務奉大將軍餘業，今大夫給事中，他人壹間，女能復自救耶？』後兩家奴争道，霍氏奴入御史府，欲躢大夫門，御史爲叩頭謝，乃去。人以謂霍氏，顯等始知憂。會魏大夫爲丞相，數燕見言事。平恩侯與侍中金安上等，徑出入省中。時霍山自若領尚書，上令吏民得奏封事，不關尚書，群臣進見獨往來，於是霍氏甚惡之。

宣帝始立，立微時許妃爲皇后。顯愛小女成君，欲貴之，私使乳醫淳于衍，行毒藥殺許后，因勸光内成君，代立爲后。語在《外戚傳》。始許后暴崩，吏捕諸醫，劾衍侍疾亡狀不道，下獄。吏簿問急，顯恐事敗，即具以實語光。光大驚，欲自發舉，不忍，猶與。會奏上，因署衍勿論。光薨後，語稍泄。於是上始聞之而未察，乃徙光女婿度遼將軍衛尉平陵侯范明友爲光禄勳，次婿諸吏中郎將羽林監任勝出爲安定太守。數月，復出光姊婿給事中光禄大夫張朔爲蜀郡太守，群孫婿中郎將王漢爲武威太守。頃之，復徙光長女婿長樂衛尉鄧廣漢爲少府。更以禹爲大司馬，冠小冠，亡印綬，罷其右將軍屯兵官屬，特使禹官名與光俱大司馬者。又收范明友度遼將軍印綬，但爲光禄勳。及光中女婿趙平爲散騎騎都尉光禄大夫，將屯兵，又收平騎都尉印綬。諸領胡越騎、羽林及兩宫衛將屯兵，悉易以所親信許、史子弟代之。

禹爲大司馬，稱病。禹故長史任宣候問，禹曰：『我何病？縣官非我家將軍，不得至是，今將軍墳墓未乾，盡外我家，反任許、史，奪我印綬，令人不省死。』宣見禹恨望深，乃謂曰：『大將軍時何可復行！持國權柄，殺生在手中。廷尉李种、王平、左[一]馮翊，賈勝胡及車丞相女婿少府徐仁，皆坐逆將軍意下獄死。使樂成小家子得幸將軍，至九卿封侯。百官以下，但事馮子都、王子方等，視丞相亡如也。各自有時，今許、史自天子骨肉，貴正宜耳。大司馬欲用是怨恨，愚以爲不可。』禹默然。數日，起視事。

顯及禹、山、雲自見日侵削，數相對啼泣自怨。山曰：『今丞相用事，縣官信之，盡變易大將軍時法令，以公田賦與貧民，發揚大將軍過失。又諸儒生多寠人子，遠客飢[二]寒，喜妄説狂言，不避忌諱，大將軍常讎之，今陛下好與諸儒生語，人人自使書封事，多言我家者。嘗有上書言大將軍時，主弱臣强，專制擅權，今其子孫用事，昆弟益驕恣，恐危社稷，災異數見，盡爲是也。其言絶痛，山屏不奏其書。後上書者益黠，盡奏封事，輒使中書令出取之，不關尚書，益不信人。』顯曰：『丞相數言我家，獨無罪乎？』山曰：『丞相廉正，安得罪？我家昆弟諸婿多不謹。

[一]『左』原作『在』。

[二]『飢』原作『肌』。

又聞民間讙言霍氏毒殺許皇后，寧有是耶？』顯恐急，即具以實告山、雲、禹。山、雲、禹驚曰：『如是，何不早告禹等！縣官離散斥逐諸婿，用是故也。此大事，誅罰不小，奈何？』於是始有邪謀矣。

初，趙平客石夏，善爲天官，語平曰：『熒惑守御星。御星，太僕奉車都尉也，不黜則死。』平內憂山等。雲舅李竟所善張赦，見雲家卒，卒謂竟曰：『今丞相與平恩侯用事，可令太夫人言太后，先誅此兩人。移徙陛下，在太后耳。』長安男子張章告之，事下廷尉。執金吾捕張赦、石夏等，後有詔止勿捕。山等愈恐，相謂曰：『此縣官重太后，故不竟也。然惡端已見，又有弑許后事，陛下雖寬仁，恐左右不聽，久之猶發，發即族矣，不如先也。』遂令諸女各歸報其夫，皆曰：『安所相避？』

會李竟坐與諸侯王交通，辭語及霍氏，有詔雲、山不宜宿衛，免就第。光諸女遇太后無禮，馮子都數犯法，上并以爲讓，山、禹等甚恐。顯夢第中井水溢流庭下，竈居樹上，又夢大將軍謂顯曰：『知捕兒不？亟下捕之。』第中鼠暴多，與人相觸，以尾畫地。鴞數鳴殿前樹上。第門自壞，雲尚冠里宅中門亦壞。巷端人共見有人居雲屋上，徹瓦投地，就視，亡有，大怪之。禹夢車騎聲正讙來捕禹，舉家憂愁。山曰：『丞相擅減宗廟羔、菟、鼃，可以此罪也。』謀令太后爲博平君置酒，召丞相、平恩侯以下，使范明友、鄧廣漢承太后制引斬之，因廢天子而立禹。約定未發，雲拜爲玄菟太守，太中大夫任宣爲代郡太守。山又坐寫祕書，顯爲上書獻城西第入馬千匹，以贖山罪。書報聞。會事發覺，雲、山、明友自殺，顯、禹、廣安等捕得。禹要斬，顯及諸女昆弟皆弃市。惟獨霍后廢處昭臺宮。與霍氏相連屬誅滅者數千家。

上乃下詔曰：『乃者東織室令史張赦，使魏郡豪李竟報冠陽侯雲謀爲大逆，朕以大將軍故，抑而不揚，冀其自新。今大司馬博陸侯禹，與母宣成侯夫人顯，及從昆弟子，冠陽侯雲、樂平侯山，諸姊妹婿，謀爲大逆，欲詿誤百姓。賴祖宗神靈先發得，咸伏其辜，朕甚悼之。諸爲霍氏所詿誤，事在丙申前，未發覺在吏者，皆赦除之。男子張章先發覺，以語期門董忠，忠告左曹楊惲，惲告侍中金安上。惲召見對狀後，章上書以聞。侍中史高與金安上建發其事，言無入霍氏禁闥，卒不得遂其謀，皆讎有功。封章爲博成侯，忠高昌侯，惲平通侯，安上都成侯，高樂陵侯。』

初，霍氏奢侈，茂陵徐生曰：『霍氏必亡。夫奢則不遜，不遜必侮上。侮上者，逆道也。在人之右，衆必害之。霍氏秉權日久，害之者多矣。天下害之，而又行以逆道，不亡何待！』乃上疏言『霍氏泰盛，陛下即愛厚之，宜以時抑制，無使至亡。』書三上，輒報聞。其後霍氏誅滅，而告霍氏者皆封。人爲徐生上書曰：『臣聞客有過主人者，見其竈直突，傍有積薪，客謂主人，更爲曲突，遠徙其薪，不者且有大患。主人嘿然不應。俄而家果失火，鄰里共救之，幸而得息。於是殺牛置酒，謝其鄰人，灼爛者在於上行，餘各以功次坐，而不録言曲突者。人謂主人曰：「鄉使聽客之言，不費牛酒，終亡火患。今論功而請賓，曲突徙薪亡恩澤，燋頭爛額爲上客耶？」主人乃寤而請之。今茂陵徐福，數上書言霍氏且有變，宜防絶之。向使福説得行，則國亡裂土出爵之費，臣亡逆亂誅滅之敗。往事既已，而福獨不蒙其功，惟陛下察之，貴徙薪曲突之策，使居焦髮灼爛之右。』上乃賜福帛十疋，後以爲郎。

宣帝始立，謁見高廟，大將軍光從驂乘，上内嚴憚之，若有芒刺在背。後車騎將軍張安世代光驂乘，天子從容肆體，甚安近焉。及光身死，而宗族竟誅，故俗傳之曰：『威震主者不畜，霍氏之禍，萌於驂乘。』

至成帝時，爲光置守冢百家，使卒奉祠焉。元始二年，封光從父昆弟曾孫陽爲博陸侯，千户。

贊曰：霍光以結髮内侍，起於階闥之間，確然秉志，誼形於主。受襁褓之托，任漢室之寄，當廟堂，擁幼君，摧燕王，仆上官，因權制敵，以成其忠。處廢置之際，臨大節而不可奪，遂匡國家，安社稷。擁昭立宣，光爲師保，雖周公、阿衡，何以加此！然光不學亡術，闇於大理，陰妻邪謀，立女爲后，湛溺盈溢之欲，以增顛覆之禍，死財三年，宗族誅夷，哀哉！昔霍叔封於晋，晋即河東，光豈其苗裔乎？

楊惲傳　少陽

惲，字子幼，以忠任爲郎，補常侍騎。惲母，司馬遷女也。惲始讀外祖《太史公記》，頗爲《春秋》。以材能稱。好交英俊諸儒，名顯朝廷，擢爲左曹。霍氏謀反，惲先聞知，因侍中金安上以聞，召見言狀。霍氏伏誅，惲等五人皆封，惲爲平通侯，遷中郎將。

郎官故事，令郎出錢市財用，給文書，乃得出，名曰『山郎』。移病盡一日，輒償一沐，或至歲餘不得沐。其豪富郎，日出游戲，或行錢得善部。貨賂流行，傳相放效。惲爲中郎將，罷山郎，移長度大司農，以給財用。其疾病休謁洗沐，皆以法令從事。郎、謁者有罪過，輒奏免，薦舉其高弟有行能者，至郡守九卿。郎官化之，莫不自厲。絶請謁貨賂之端，令行禁止，宮殿之内，翕然同聲。由是擢爲諸吏光禄勳，親近用事。

初，惲受父財五百萬，及身封侯，皆以分宗族。後母無子，財亦數百萬，死皆予惲，惲盡復分後母昆弟。再受訾千餘萬，皆以分施。其輕財好義如此。

惲居殿中，廉潔無私，郎官稱公平。然惲伐其行治，又性刻害，好發人陰伏，同位有忤己者，必欲害之，以其能高人。由是多怨於朝廷，與太僕戴長樂相失，卒以是敗。

長樂者，宣帝在民間時與相知，及即位，拔擢親近。長樂嘗使行事，肄宗廟，還謂掾史曰：『我親面見受詔，副帝肄，秺侯御。』人有上書告長樂非所宜言，事下廷尉。長樂疑惲教人告之，亦上書告惲罪。高昌侯車奔入北掖門，惲語富平侯張延壽曰：『聞前曾有奔車抵殿門，門關折馬死，而昭帝崩。今復如此，天時，非人力也。』左馮翊韓延壽有罪下獄，惲上書訟延壽。郎中丘常謂惲曰：『聞君侯訟韓馮翊，當得活乎？』惲曰：『事何容易！脛脛者未必全也。我不能自保，真人所謂鼠不容穴銜窶數者也。』又中書謁者令宣持單于使者語，視諸將軍、中朝二千石。惲曰：『冒頓單于得漢美食好物，謂之殠惡，單于不來明甚。』惲上觀西閣上畫人，指桀、紂畫謂樂昌侯王武曰：『天子過此，一二問其過，可以得師矣。』畫人有堯、舜、禹、湯，不稱而舉桀、紂。惲聞匈奴降者道單于見殺，惲曰：『得不肖君，大臣爲畫善計不用，自令身無處所。若秦時但任小臣，誅殺忠良，竟以滅亡；令親任大臣，即至今耳。古與今如一丘之貉。』惲妄引亡國以誹謗當世，無人臣禮。又語長樂曰：『正月以來，天陰不雨，此《春秋》所記，夏侯君所言。行必不至河東矣。』以主上爲戲語，尤悖逆絕理。

事下廷尉。廷尉定國考問左驗明白，奏惲不服罪，而召户將尊，欲令戒飭。富平侯延壽曰：『太僕定有死罪數事，朝暮人也。惲幸與富平侯婚姻，今獨三人坐語，侯言「時不聞惲語」，自與太仆相觸也。』尊曰：『不可。』惲怒，持大刀曰：『蒙富平侯力，得族罪！毋泄惲語，令太僕聞之，亂餘事。』惲幸得列九卿諸吏，宿衛近臣，上所信任，與聞政事，不竭忠愛，盡臣子義，而妄怨望稱引，爲訞惡言，大逆不道，請逮捕治。』上不忍加誅，有詔皆免惲、長樂爲庶人。

惲既失爵位，家居治産業，起室宅，以財自娯。歲餘，其友人安定太守西河孫會宗，知略士也，與惲書諫戒之，爲言大臣廢退，當闔門惶懼，爲可憐之意，不當治産業，通賓客，有稱譽。惲宰相子，少顯朝廷，一朝以晻昧語言見廢，内懷不服，報會宗書曰：

惲材朽行穢，文質無所底，幸賴先人餘業，得備宿衛，遭遇時變，以獲爵位，終非其任，卒與禍會。足下哀其愚蒙，賜書教督以所不及，殷勤甚厚。然竊恨足下不深惟其終始，而猥隨俗之毁譽也。言鄙陋之愚心，若逆指而文過，默而息乎，恐違孔氏『各言爾志』之義，故敢略陳其愚，唯君子察焉！惲家方隆盛時，乘朱輪者十人，位在列卿，爵爲通侯，總領從官，與聞政事，曾不能以此時有所建明，以宣德化，又不能與群僚同心并力，陪輔朝廷之遺忘，已負竊位素餐之責久矣。懷禄貪勢，不能自退，遭遇變故，横被口語，身幽北闕，妻子滿獄。當此之時，自以夷滅不足以塞責，豈意得全首領，復奉先人之丘墓乎？伏惟聖主之恩，不可勝量。君子游道，樂以忘憂；小人全軀，説以忘罪。竊自思念，過已大矣，行已虧矣，長爲農夫以没世矣。是故身率妻子，戮力耕桑，灌園治產，以給公上，不意當復用此爲譏議也。

夫人情所不能止者，聖人弗禁，故君父至尊親，送其終也，有時而既。臣之得罪，已三年矣。田家作苦，歲時伏臘，亨羊炮羔，斗酒自勞。家本秦也，能爲秦聲。婦趙女也，雅善鼓瑟。奴婢歌者數人，酒後耳熱，仰天拊缶，而呼烏烏。其詩曰『田彼南山，蕪穢不治，種一頃豆，落而爲其。人生行樂耳，須富貴何時！』是日也，拂衣而喜，奮褎低卬，頓足起舞，誠淫荒無度，不知其不可也。惲幸有餘禄，方糴賤販貴，逐什一之利，此賈豎之事，污辱之處，惲親行之。下流之人，衆毁所歸，不寒而栗。雖雅知惲者，猶隨風而靡，尚何稱譽之有！董生不云乎？『明明求仁義，常恐不能化民者，卿大夫意也；明明求財利，常恐困乏者，庶人之事也。』故『道不同，不相爲謀。』今子尚安得以卿大夫之制而責僕哉！

夫西河魏土，文侯所興，有段干木、田子方之遺風，凜然皆有節概，知去就之分。頃者足下離舊土，臨安定，安定山谷之間，昆戎舊壤，子弟貪鄙，豈習俗之移人哉？於今乃睹子之志矣！方當盛漢之隆，願勉旃，毋多談。又惲兄子安平侯譚爲典屬國，謂惲曰：『西河太守建平杜侯，前以罪過出，今徵爲御史大夫。侯罪薄，又有功，且復用。』惲曰：『有功何益？縣官不足爲盡力。』惲素與蓋寬饒、韓延壽善，譚即曰：『縣官實然，蓋司隸、韓馮翊皆盡力吏也，俱坐事誅。』會有日食變，騶馬猥佐成上書告惲：『驕奢不悔過，日食之咎，此人所致。』章下廷尉案驗，得所予會宗書，宣帝見而惡之。廷尉當惲大逆無道，要斬。妻子徙酒泉郡。譚坐不諫正惲，與相應有怨望語，免爲庶人。召拜成爲郎，諸在位與惲厚善者，未央衛尉韋玄成、京兆尹張敞及孫會宗等，皆免官。

蓋寬饒傳　少陽

蓋寬饒，字次公，魏郡人也。明經，爲郡文學，以孝廉爲郎。舉方正，對策高第，遷諫大夫，行郎中户將事。劾奏衛將軍張安世子侍中陽都侯彭祖不下殿門，并連及安世居位無補。彭祖時實下門，寬饒坐舉奏大臣非是，左遷爲衛司馬。

先是時，衛司馬在部，見衛尉拜謁，常爲衛官繇使市買。寬饒視事，案舊令，遂揖官屬以下行衛者。衛尉私使寬饒出，寬饒以令詣官府門上謁辭。尚書責問衛尉，由是衛官不復私使候、司馬。候、司馬不拜，出先置衛，輒上奏辭，自此正焉。

寬饒初拜爲司馬，未出殿門，斷其禅衣，令短離地，冠大冠，帶長劍，躬案行士卒廬室，視其飲食居處。有疾病者，身自撫循臨問，加致醫藥，遇之甚有恩。及歲盡交代，上臨饗罷衛卒，衛卒數千人，皆叩頭自請，願復留共更一年，以報寬饒厚德。宣帝嘉之，以寬饒爲太中大夫，使行風俗，多所稱舉貶黜，奉使稱意。擢爲司隸校尉，刺舉無所回避，小大輒舉，所劾奏衆多，廷尉處其法，半用半不用。公卿貴戚及郡國吏，繇使至長安，皆恐懼，莫敢犯禁，京師爲清。

平恩侯許伯入第，丞相、御史、將軍[一]、中二千石皆賀，寬饒不行。許伯請之，乃往，從西階上，東鄉特坐。許伯自酌曰：『蓋君後至。』寬饒曰：『無多酌我，我乃酒狂。』丞相魏侯笑曰：『次公醒而狂，何必酒也？』坐者皆屬目卑下之。酒酣樂作，長信少府檀長卿起舞，爲沐猴與狗鬭，坐皆大笑。寬饒不説，卬視屋而歎曰：『美哉！然富貴無常，忽則易人，此如傳舍，所閲多矣。唯謹慎爲得久，君侯可不戒哉！』因起趨出，劾奏長信少府以列卿而沐猴舞，失禮不敬。上

[一]『軍』原作『君』。

欲罪少府，許伯爲謝良久，上乃解。

寬饒爲人剛直高節，志在奉公。家貧，奉錢月數千，半以給吏民爲耳目言事者。身爲司隸，子常步行自戍北邊，公廉如此。然深刻喜陷害人，在位及貴戚，人與爲怨，又好言事刺譏，奸犯上意。上以其儒者優容之，然亦不得遷。同列後進，或至九卿，寬饒自以行清能高，有益於國，而爲凡庸所越，愈失意不快，數上疏諫争。太子庶子王生高寬饒節，而非其如此，予書曰：『明主知君潔白公正，不畏强禦，故命君以司察之位，擅君以奉使之權，尊官厚禄，已施于君矣。君宜夙夜惟思當世之務，奉法宣化，憂勞天下，雖日有益，月有功，猶未足以稱職而報恩也。自古之治，三王之術，各有制度。今君不務循職而已，乃欲以太古久遠之事，匡拂天子，數進不用難聽之語，以摩切左右，非所以揚令名、全壽命者也。方今用事之人，皆明習法令，言足以飾君之辭，文足以成君之過，君不惟蘧氏之高蹤，而慕子胥之末行，用不訾之軀，臨不測之險，竊爲君痛之。夫君子直而不挺，曲而不詘。《大雅》云：「既明且哲，以保其身。」狂夫之言，聖人擇焉。唯裁省覽。』

寬饒奏封事曰：『方今聖道浸廢，儒術不行，以刑餘爲周、召，以法律爲《詩》《書》。』又引《韓氏易傳》言『五帝官天下，三王家天下，家以傳子，官以傳賢。若四時之運，功成者去，不得其人，則不居其位。』書奏，上以寬饒怨謗，終不改，下其書中二千石。時執金吾議，以爲寬饒指意欲求禪，大逆不道。諫大夫鄭昌愍傷寬饒忠直憂國，以言事不當意，而爲文吏所詆挫，上書頌寬饒曰：『臣聞山有猛獸，藜藿爲之不采；國有忠臣，奸邪爲之不起。司隸校尉寬饒，居不求安，食不求飽，進有憂國之心，退有死節之義，上無許、史之屬，下無金、張之托，職在司察，直道而行，多仇少與，上書陳國事，有司劾以大辟，臣幸得從大夫之後，官以諫爲名，不敢不言。』上不聽，遂下寬饒吏。寬饒引佩刀自剄北闕下，衆莫不憐之。

陳遵傳　少陽

陳遵，字孟公，杜陵人也。祖父遂，字長子，宣帝微時與有故，相隨博奕，數負進。及宣帝即位，用遂，稍遷至太原太守，乃賜遂璽書曰：『制詔太原太守：官尊祿厚，可以償博進矣。妻君寧時在旁知狀。』遂於是辭謝，因曰：『事在元平元年赦令前。』其見厚如此。元帝時，徵遂爲京兆尹，至廷尉。

遵少孤，與張竦伯松俱爲京兆史。竦博學通達，以廉儉自守，而遵放縱不拘，操行雖異，然相親友，哀帝之末，俱著名字，爲後進冠。并入公府，公府掾史，率皆羸車小馬，不上鮮明，而遵獨極輿馬衣服之好，門外車騎交錯。又日出醉歸，曹事數廢。西曹以故事適之，侍曹輒詣寺舍白遵曰：『陳卿今日以某事適。』遵曰：『滿百乃相聞。』故事，有百適者斥，滿百，西曹白請斥。大司徒馬宫，大儒優士，又重遵，謂西曹：『此人大度士，奈何以小文責之？』乃舉遵能治三輔劇縣，補郁夷令。久之，與扶風相失，自免去。

槐里大賊趙朋、霍鴻等起，遵爲校尉，擊朋、鴻有功，封嘉威侯。居長安中，列侯近臣貴戚，皆貴重之。牧守當之官，及郡國豪傑至京師者，莫不相因到遵門。

遵耆酒，每大飲，賓客滿堂，輒關門，取客車轄投井中，雖有急，終不得去。嘗有部刺史奏事過遵，值其方飲，刺史大窮，候[一]遵霑醉時，突入見遵母，叩頭自白，當對尚書有期會狀，母乃令

[一]『候』原作『侯』。

從後閤出去。遵大率常醉，然事亦不廢。

長八尺餘，長頭大鼻，容貌甚偉。略涉傳記，贍於文辭。性善書，與人尺牘，主皆藏[一]去以爲榮。請求不敢逆，所到衣冠懷之，唯恐在後。時列侯有與遵同姓字者，每至人門曰陳孟公，坐中莫不震動，既至而非，因號其人曰陳驚坐云。

王莽素奇遵材，在位多稱譽者，由是起爲河南太守。既至官，當遣從史西，召善書吏十人於前，治私書，謝京師故人。遵馮几，口占書吏，且省官事，書數百封，親疏各有意，河南大驚。數月免。

初，遵爲河南太守，而弟級爲荊州牧，當之官，俱過長安富人故淮陽王外家左氏，飲食作樂。後司直陳崇聞之，劾奏：『遵兄弟幸得蒙恩超等歷位，遵爵列侯，備郡守，級州牧奉使，皆以舉直察枉，宣揚聖化爲職，不正身自慎。始遵初除，乘藩車入閭巷，過寡婦左阿君，置酒謌謳，遵起舞跳梁，頓仆坐上，暮因留宿，爲侍婢扶卧。遵知飲酒飫宴有節，禮不入寡婦之門，而湛酒溷肴，

[一]『藏』原作『臧』。

亂男女之别，輕辱爵位，羞污印韍，惡不可忍聞。臣請皆免。』遵既免，歸長安，賓客愈盛，飲食自若。

久之，復爲九江及河内都尉，凡三爲二千石。而張竦亦至丹陽太守，封淑德侯。後俱免官，以列侯歸長安。竦居貧，無賓客，時時好事者從之質疑問事，論道經書而已。而遵晝夜呼號，車騎滿門，酒肉相屬。

先是，黄門郎揚[一]雄作《酒箴》，以諷諫成帝，其文爲酒客難法度士，譬之於物，曰：『子猶瓶矣。觀瓶之居，居井之眉，處高臨深，動常近危。酒醪不入口，臧水滿懷，不得左右，牽於纆徽。一旦叀礙，爲甇所轠，身提黄泉，骨肉爲泥。自用如此，不如鴟夷。鴟夷滑稽，腹如大壺，盡日盛酒，人復借酤。常爲國器，托於屬車，出入兩宫，經營公家。由是言之，酒何過乎！』遵大喜之，常謂張竦：『吾與爾猶是矣。足下諷誦經書，苦身自約，不敢差跌。而我放意自恣，浮湛俗間，官爵功名，不減於子，而差獨樂，顧不優耶！』竦曰：『人各有性，長短自裁。子欲爲我亦不

[一]『揚』原作『楊』。

能，吾而效子亦敗矣。雖然，學我者易持，效子者難將，吾常道也。』

及王莽敗，二人俱客於池陽，竦爲賊兵所殺。更始至長安，大臣薦遵爲大司馬護[一]軍，與歸德侯劉颯俱使匈奴。單于欲脅詘遵，遵陳利害，爲言曲直，單于大奇之，遣還。會更始敗，遵留朔方，爲賊所敗，時醉見殺。

典引　太陽

太極之原，兩儀始分，烟烟煴煴，有沈而奥，有浮而清。沈浮交錯，庶類混成。肇命人主，五德初始，同乎草昧，玄混之中。踰繩越契，寂寥而亡詔者，系不得而綴也。厥有氏號，紹天闡繹者，莫不開元於太昊皇初之首，上哉夐乎，其書猶可得而修也。亞斯之世，通變神化，函光而未曜。

若夫上稽乾則，降承龍翼，而炳諸典謨，以冠德卓蹤者，莫崇乎陶唐。陶唐舍胤而禪有虞，虞亦命夏后，稷契熙載，越成湯武。股肱既周，天乃歸功元首，將授漢劉。俾其承三季之荒末，值亢龍之災孽，懸象暗而恒文乖，彝倫斁而舊章缺。故先命玄聖，使綴學立制，宏亮洪業，表相

[一]『護』原作『獲』。

祖宗，贊揚迪哲，備哉燦爛，真神明之式也。雖前聖皋、夔、衡、旦，密勿之輔，比兹褊矣。是以高、光二聖，宸居其域，時至氣動，乃龍見淵躍。拊翼而未舉，則威靈紛紛，海内雲烝，雷動電熛，胡縊莽分，不莅其誅。然後欽若上下，恭揖群后[一]，正位度宗，有于德不台淵穆之讓，靡號師矢敦奮撝之容。蓋以膺當天之正統，受克讓之歸運，蓄炎上之烈精，蘊孔佐之弘陳云爾。

洋洋乎若德，帝者之上儀，誥誓所不及已。鋪觀二代洪纖之度，其賾可探也。并開迹於一匱，同受侯甸之所服，奕世勤民，以伯方統牧。乘其命，賜彤弧黄戚之威，用討韋、顧、黎、崇之不格。至乎三五華夏，京遷鎬、亳，遂自北面，虎離其師，革滅天邑。是故義士偉而不敦，武稱未盡，濩有慙德，不其然歟？然猶於穆猗那，翕純皦繹，以崇嚴祖考，殷薦宗配帝，發祥流慶，對越天地者，舃奕乎千載。豈不克自神明哉！誕略有常，審言行於篇籍，光藻朗而不渝爾。

矧夫赫赫聖漢，巍巍唐基，泝測其源，乃先孕虞育夏，甄殷陶周，然後宣二祖之重光，襲四宗之緝熙。神靈日燭，光被六幽，仁風翔乎海表，威靈行於鬼區，慝亡迴而不泯，燉胡瑣而不頤。

[一]『后』原作『居』。

故夫顯定三才昭登之績，匪堯不興，鋪聞遺策在下之訓，匪漢不弘厥道。至乎經緯乾坤，出入三光，外運混元，内霑豪芒，性類循理，品物咸亨，其已久矣。

盛哉！皇家帝世，德臣列辟，功君百王，榮鏡宇宙，尊無與抗。乃始虔鞏勞謙，兢兢業業，貶成抑定，不敢論制作。至令遷正黜色，賓監之事，焕揚宇内，而禮官儒林，純用篤論之士，不傳祖宗之彷彿，雖云優慎，無乃葸歟！

於是三事嶽[一]牧之僚，僉爾而進曰：

『陛下仰監唐典，中述祖則，俯蹈宗軌。躬奉天經，惇睦辯章之化洽。巡靖黎蒸，懷保鰥寡之惠浹；燔瘞縣沈，肅祗群神之禮備。是以鳳凰來儀，集羽族於觀魏，肉角馴毛，宗於外囿，擾緇文皓質於郊，升黄暉采鱗於沼，甘露宵零於豐草，三足軒翥於茂樹。若乃嘉穀靈草，奇獸神禽，應圖合諜，窮祥極瑞者，朝夕坰牧，日月邦畿，卓犖乎方州，羨溢乎要荒。昔姬有素雉、朱烏、玄秬、黄麰之事耳，君臣動色，左右相趨，濟濟翼翼，峨峨如也。蓋用昭明寅畏，承聿懷之福。亦

[一]『嶽』原作『獄』。

以寵靈文武，貽燕後昆，覆以懿鑠，豈其爲身而有顓辭也？若然受之，宜亦勤恁旅力，以充厥道，啓恭館之金縢，御東序之祕寶，以流其占。

夫圖書亮章，天哲也；孔猷先命，聖孚也；體行德本，正性也；逢吉丁辰，景命也。順命以創制，定性以和神，答三靈之繁祉，展放唐之明文，兹事體大，而允寤寐次于聖心。瞻前顧後，豈蔑清廟，憚敕天乎？伊考自邃古，乃降戾爰兹，作者七十有四人，有不俾而假素，罔光度而遺章，今其如台而獨闕也！』

是時聖上固已垂精游神，包舉藝文，屢訪群儒，諭咨故老，與之乎斟酌道德之淵源，肴覈仁義之林藪，以望元符之臻焉。既成群后之讜辭，又悉經五繇之碩慮矣。將絣萬嗣，煬洪暉，奮炎景，扇遺風，播芳烈，久而愈新，用而不竭，汪汪乎丕天之大律，其疇能亘之哉？唐哉皇哉，皇哉唐哉！

幽通賦　少陰

系高頊之玄胄兮，氏中葉之炳靈。飄颻風而蟬蛻兮，雄朔野以颺聲。皇十紀而鴻漸兮，有羽儀於上京。巨滔天而泯夏兮，考遘愍以行謡。終保已而貽則兮，里上仁之所廬。懿前烈之純淑兮，窮與達其必濟。咨孤蒙之眇眇兮，將圮絶而罔階。豈余身之足殉兮，違世業之可懷。

靖潛處以永思兮，經日月而彌遠。匪黨人之敢拾兮，庶斯言之不玷。魂煢煢與神交兮，精誠發於宵寐。夢登山而迥[一]眺兮，覿幽人之髣髴。攬葛藟而授余兮，眷峻[二]谷曰勿墜。昒昕寤而仰思兮，心矇矇猶未察。黄神邈而靡質兮，儀遺讖以臆對。曰乘高而遻神兮，道遐通而不迷。葛緜緜於樛木兮，詠《南風》以爲綏。蓋惴惴之臨深兮，乃二《雅》之所祗。既訊爾以吉象兮，又申之以烱戒。盍孟晉以迨群兮，辰倏忽其不再。

承靈訓其虛徐兮，竚盤桓而且俟。惟天地之無窮兮，鮮生民之晦在。紛屯亶與蹇連兮，何艱多而智寡。上聖迕而後拔兮，豈群黎之所禦。昔衛叔之御昆兮，昆爲寇而喪予。管彎弧欲弊讎兮，讎作后而成己。變化故而相詭兮，孰云預其終始！雍造怨而先賞兮，丁繇惠而被戮。栗

[一]『迥』原作『迵』。

[二]『峻』原作『竣』。

取弔於逌吉兮，王膺慶於所慼。叛迴[一]冗其若兹兮，北叟頗識其倚伏。單治裏而外凋兮，張修襮而内逼。聿中龢爲庶幾兮，顔與冉又不得。溺招路以從己兮，謂孔氏猶未可。安慆慆而不葩兮，卒隕身乎世禍。游聖門而靡救兮，雖覆醢其何補？固行行其必凶兮，免盜亂爲賴道。形氣發於根柢兮，柯葉彙而零茂。恐魍魎之責景兮，羌未得其云已。

黎湻耀於高辛兮，芉疆大有南汜。嬴取威於伯儀兮，姜本支乎三趾。既仁得其信然兮，仰天路而同軌。東鄰虐而殲仁兮，王合位乎三五。戎女烈而喪孝兮，伯徂歸於龍虎。發還師以成命兮，重醉行而自耦。震鱗漦於夏庭兮，匝三正而滅姬。巽羽化於宣宫兮，彌五辟而成災。

道修長而世短兮，夐冥默而不周。胥仍物而鬼諏兮，乃窮宙而達幽。嫣巢姜於孺筮兮，旦算祀於契龜。宣、曹興敗於下夢兮，魯、衛名謚於銘謠。妣聆呱而劾石兮，許相理而鞫條。道混成而自然兮，術同原而分流。神先心以定命兮，命隨行以消息。斡流遷其不濟兮，故遭罹而嬴縮。三欒同於一體兮，雖移易而不忒。洞參差其紛錯兮，斯衆兆之所惑。周、賈盪而貢憤兮，齊

[一]「迴」原作「迴」。

死生與禍福。抗爽言以矯情兮，信畏犧而忌鵩。所貴聖人至論兮，順天性而斷誼。物有欲而不居兮，亦有惡而不避。守孔約而不貳兮，乃輶德而無累。三仁殊於一致兮，夷、惠舛而齊聲。木偃息以蕃魏兮，申重繭以存荆。紀焚躬以衛上兮，皓頤志而弗傾。俟草木之區別兮，苟能實其必榮。要没世而不朽兮，乃先民之所程。

觀天網之紘覆兮，實棐諶而相訓。謨先聖之大猷兮，亦鄰德而助信。虞《韶》美而儀鳳兮，孔忘味於千載。素文信而底麟兮，漢賓祚於異代。精通靈而感物兮，神動氣而入微。養流睇而猨號兮，李虎發而石開。非精誠其焉通兮，苟無實其孰信？操末技猶必然兮，矧耽躬於道真。登孔、昊而上下兮，緯群龍之所經。朝貞觀而夕化兮，猶誼己而遺形。若胤彭而偕老兮，訴來哲而通情。

亂曰：天造草昧，立性命兮。復心弘道，惟聖賢兮。渾元運物，流不處兮。保身遺名，民之表兮。舍生取誼，以道用兮。憂傷夭物，忝莫痛兮。皓爾太素，曷渝色兮。尚越其幾，淪神域兮。

答賓戲 并序 太陽

永平中爲郎，典校祕書，專篤志于儒學，以著述爲業。或譏以無功，又感東方朔、楊雄自喻，以不遭蘇、張、范、蔡之時，曾不折之以正道，明君子之所守，故聊復應焉。其辭曰：

賓戲主人曰：『蓋聞聖人有一定之論，烈士有不易之分，亦云名而已矣。故太上有立德，其次有立功。夫德不得後身而特盛，功不得背時而獨彰。是以聖哲之治，棲棲遑遑，孔席不暵，墨突不黔。由此言之，取舍者，昔人之上務；著作者，前列之餘事耳。今吾子幸游帝王之世，躬帶紱冕之服，浮英華，湛道德，矕龍虎之文舊矣，卒不能攄首尾，奮翼鱗，振拔洿塗，跨騰風雲，使見之者影駭，聞之者響震。徒樂枕經籍書，紆體衡門，上無所蒂，下無所根，獨攄意乎宇宙之外，鋭思于毫芒之内，潛神默記，絙以年歲。然而器不賈于當己，用不效於一世。雖馳辯如濤波，摛藻如春華，猶無益于殿最也。意者，且運朝夕之策，定合會之計，使存有顯號，亡有美謚，不亦優乎？』

主人逌爾而笑曰：『若賓之言，所謂見世利之華，闇道德之實，守窔奥之熒燭，未仰天庭而睹白日也。曩者王塗蕪穢，周失其馭，侯伯方軌，戰國橫騖，于是七雄虓闞，分裂諸夏，龍戰虎争。游説之徒，風飇電激，并起而救之，其餘猋飛景附，霅煜其間者，蓋不可勝載。當此之時，搦朽摩鈍，鉛刀皆能一斷，是故魯連飛一矢而蹶千金，虞卿以顧眄而捐相印。夫啾發投曲感耳之聲，合之律度，淫鼃而不可聽者，非《韶》《夏》之樂也。因勢合變，遇時之容，移風易俗，乖迕而不可通者，非君子之法也。及至從人合之，衡人散之，亡命漂説，羈旅騁辭，商鞅挾三術以鑽孝公，李斯奮時務而要始皇，彼皆躡風塵之會，履顛沛之勢，據徼乘邪，以求一日之富貴，朝爲榮華，夕爲顦顇，福不盈眥，禍溢于世，凶人且以自悔，況吉士而是賴乎？且功不可以虚成，名不可以僞立。韓設辨以激君，吕行詐以賈國。《説難》既遒，其身乃囚；秦貨既貴，厥宗亦墜。是以仲尼抗浮雲之志，孟軻養浩然之氣，彼豈樂爲迂闊哉？道不可以貳也。方今大漢，洒埽群穢，夷險芟荒，廓帝紘，恢皇綱。基隆於羲農，規廣於黄唐，其君天下也，炎之如日，威之如神，函之如海，養之如春。是以六合之内，莫不同流共源，沐浴玄德，禀仰大龢，枝附葉著，譬猶草木之植山林，鳥魚之毓川澤，得氣者蕃滋，失時者零落，參天地而施化，豈云人事之厚薄哉！今吾子處皇代而論戰國，曜所聞而疑所覿，欲從埶敦而度高乎泰山，懷泛濫而測深乎重淵，亦未至也。』

賓曰：『若夫鞅、斯之倫，衰周之凶人，既聞命矣。敢問上古之士，處身行道，輔世成名，可述於後者，默而已乎？』

主人曰：『何爲其然也？昔者咎繇謨虞，箕子訪周，言通帝王，謀合神聖。殷説夢發于傅巖，周望兆動於渭濱，齊寧激聲于康衢，漢良受書于邳垠，皆竢命而神交，匪詞言之所信，故能建必然之策，展無窮之勛也。近者陸子優游，《新語》以興；董生下帷，發藻儒林；劉向司籍，辨章舊聞；揚雄譚思，《法言》《太玄》。皆及時君之門闈，究先聖之壼奥，婆娑乎術蓺之場，休息乎篇籍之囿，以全其質而發其文，用納乎聖德，烈炳乎後人，斯非亞與！若乃伯夷抗行於首陽，柳惠降志于辱仕，顔潛樂于簞瓢，孔終篇于西狩，聲盈塞于天淵，真吾徒之師表也。且吾聞之：一陰一陽，天地之方；乃文乃質，王道之綱；有同有異，聖哲之常。故曰：慎修所志，守爾天符，委命供己，味道之腴，神之聽之，名其舍諸。賓又不聞和氏之璧，韞于荆石；隋侯之珠，藏于蚌蛤乎？歷世莫眂，不知其將含景曜，吐英精，曠千載而流光也。應龍潛于潢污，魚黿媟之，不覩其能奮靈德，合風雲，超忽荒而蹻昊蒼也。故夫泥蟠而天飛者，應龍之神也；先賤而後貴者，和隋之珍也；時暗而久章者，君子之真也。若乃牙、曠清耳于管弦，離婁眇目于毫分；逢蒙絶技于弧矢，般輸摧巧于斧斤；良樂軼能于相馭，烏獲抗力於千鈞；和鵲發精于鍼石，研桑心計于無垠。走亦不任厠技於彼列，故密爾自娛於斯文。』

韓退之文

原道　太陽

博愛之謂仁，行而宜之之謂義，由是而之焉之謂道，足乎己無待於外之謂德。仁與義爲定名，道與德爲虛位，故道有君子小人，而德有凶有吉。老子之小仁義，非毀之也，其見者小也。坐井而觀天，曰天小者，非天小也。彼以煦煦爲仁，孑孑爲義，其小之也則宜。其所謂道，道其所道，非吾所謂道也；其所謂德，德其所德，非吾所謂德也。凡吾所謂道德云者，合仁與義言之也，天下之公言也。老子之所謂道德云者，去仁與義言之也，一人之私言也。周道衰，孔子没，火於秦，黄老於漢，佛於晉、魏、梁、隋之間，其言道德仁義者，不入於楊，則入於墨；不入於老，則入於佛。入於彼，必出於此。入者主之，出者奴之；入者附之，出者汚之。噫！後之人其欲聞仁義道德之説，孰從而聽之？

老者曰：『孔子，吾師之弟子也。』佛者曰：『孔子，吾師之弟子也。』爲孔子者，習聞其説，樂其誕而自小也，亦曰：『吾師亦嘗師之』云爾，不惟舉之於其口，而又筆之於其書。噫！後之人雖欲聞仁義道德之説，其孰從而求之？甚矣！人之好怪也，不求其端，不訊其末，惟怪之欲聞。古之爲民者四，今之爲民者六；古之教者處其一，今之教者處其三。農之家一，而食粟之家六；工之家一，而用器之家六；賈之家一，而資焉之家六；奈之何民不窮且盜也！

古之時，人之害多矣。有聖人者立，然後教之以相生相養之道。爲之君，爲之師，驅其蟲蛇禽獸而處之中土。寒然後爲之衣，飢然後爲之食。木處而顛，土處而病也，然後爲之宫室。爲之工以贍其器用，爲之賈以通其有無，爲之醫藥以濟其夭死，爲之葬埋祭祀以長其恩愛，爲之禮以次其先後，爲之樂以宣其湮鬱，爲之政以率其怠勸，爲之形以鋤其强梗。相欺也，爲之符璽、斗斛、權衡以信之。相奪也，爲之城郭、甲兵以守之。害至而爲之備，患生而爲之防。今其言曰：『聖人不死，大盜不止。剖斗折衡，而民不爭。』嗚呼！其亦不思而已矣。如古之無聖人，人之類滅久矣。何也？無羽毛鱗介以居寒熱也，無爪牙以爭食也。是故君者，出令者也；臣者，行君之令而致之民者也；民者，出粟米麻絲，作器皿，通貨財，以事其上者也。君不出令，則失其所以爲君；臣不行君之令而致之民，則失其所以爲臣；民不出粟米麻絲，作器皿，通貨財，以事其上，則誅。今其法曰：必棄而君臣，去而父子，禁而相生相養之道，以求其所謂清靜寂滅者。嗚呼！其亦幸而出於三代之後，不見黜於禹、湯、文、武、周公、孔子也。其亦不幸而不出於三代之前，不見正於禹、湯、文、武、周公、孔子也。

帝之與王，其號雖殊，其所以爲聖一也。夏葛而冬裘，渴飲而飢食，其事雖殊，其所以爲智一也。今其言曰：『曷不爲太古之無事？』是亦責冬之裘者曰：『曷不爲葛之之易也？』責飢之食者曰：『曷不爲飲之之易也？』

《傳》曰：『古之欲明明德於天下者，先治其國；欲治其國者，先齊其家；欲齊其家者，先修其身；欲修其身者，先正其心；欲正其心者，先誠其意。』然則古之所謂正心而誠意者，將以有爲也。今也欲治其心，而外天下國家，滅其天常，子焉而不父其父，臣焉而不君其君，民焉而不事其事。孔子之作《春秋》也，諸侯用夷禮則夷之，進於中國則中國之。經曰：『夷狄之有君，不如諸夏之亡也。』《詩》曰：『戎狄是膺，荆舒是懲。』今也舉夷狄之法，而加之先王之教之上，幾何其不胥而爲夷也！

夫所謂先王之教者何也？博愛之謂仁，行而宜之之謂義。由是而之焉之謂道。足乎己無待於外之謂德。其文《詩》《書》《易》《春秋》；其法禮、樂、刑、政；其民士、農、工、賈；其位君臣、父子、師友、賓主、昆弟、夫婦；其服麻絲；其居宫室；其食粟米、果蔬、魚肉。其爲道易明，而其爲教易行也。是故以之爲己，則順而祥；以之爲人，則愛而公；以之爲心，則和而平；以之爲天下國家，無所處而不當。是故，生則得其情，死則盡其常。郊焉而天神假，廟焉而人鬼饗。曰：『斯道也，何道也？』曰：『斯吾所謂道也，非向所謂老與佛之道也。堯以是傳之舜，舜以是傳之禹，禹以是傳之湯，湯以是傳之文、武、周公，文、武、周公傳之孔子，孔子傳之孟軻。軻之死不得其傳焉。荀與揚也，擇焉而不精，語焉而不詳。由周公而上，上而爲君，故其事行。由周公而下，下而爲臣，故其說長。』『然則如之何而可也？』曰：『不塞不流，不止不行。人其人，火其書，廬其居。明先王之道以道之，鰥、寡、孤、獨、廢疾者有養也，其亦庶乎其可也？』

進學解　太陽

國子先生，晨入太學，招諸生立館下，誨之曰：『業精於勤，荒於嬉；行成於思，毀於隨。方今聖賢相逢，治具畢張。拔去兇邪，登崇畯良。占小善者率以録，名一藝者無不庸。爬羅剔抉，刮垢磨光。蓋有幸而獲選，孰云多而不揚？諸生業患不能精，無患有司之不明；行患不能成，無患有司之不公。』

言未既，有笑於列者曰：『先生欺予哉！弟子事先生，於兹有年矣。先生口不絕吟於六藝之文，手不停披於百家之編。記事者必提其要，纂言者必鉤其元。貪多務得，細大不捐。焚膏油以繼晷，恒兀兀以窮年。先生之業，可謂勤矣。觝排異端，攘斥佛老。補苴罅漏，張皇幽渺。尋墜緒之茫茫，獨旁搜而遠紹。障百川而東之，回狂瀾於既倒。先生之於儒，可謂有勞矣。沈浸醲郁，含英咀華，作爲文章，其書滿家。上窺姚姒，渾渾無涯；周《誥》殷《盤》，佶屈聱牙；《春秋》謹嚴，《左氏》浮夸；《易》奇而法，《詩》正而葩；下逮《莊》《騷》，太史所録；子雲、相如，同工異曲。先生之於文，可謂閎其中而肆其外矣。少始知學，勇於敢爲；長通於方，左右具宜。先生之於爲人，可謂成矣。然而公不見信於人，私不見助於友。跋前躓後，動輒得咎。暫爲御史，遂竄南夷。三年博士，冗不見治。命與仇謀，取敗幾時。冬暖而兒號寒，年豐而妻嗁飢。頭童齒豁，竟死何裨。不知慮此，而反教人爲？』

先生曰：『吁！子來前。夫大木爲杗，細木爲桷，欂櫨、侏儒、椳、闑、扂、楔，各得其宜，施以成室者，匠氏之工也。玉札、丹砂，赤箭、青芝，牛溲、馬勃，敗鼓之皮，俱收并蓄，待用無遺者，醫師之良也。登明選公，雜進巧拙，紆餘爲妍，卓犖爲傑，較短量長，惟器是適者，宰相之方也。昔者孟軻好辨，孔道以明，轍環天下，卒老於行。荀卿守正，大論是弘，逃讒於楚，廢死蘭陵。是二儒者，吐辭爲經，舉足爲法，絶類離倫，優入聖域，其遇於世何如也？今先生學雖勤而不由其統，言雖多而不要於中，文雖奇而不濟於用，行雖修而不顯於衆。猶且月費俸錢，歲靡廩粟；子不知耕，婦不知織；乘馬從徒，安坐而食。踵常途之促促，窺陳編以盗竊。然而聖主不加誅，宰臣不見斥，兹非其幸歟？動而得謗，名亦隨之。投間置散，乃分之宜。若夫商財賄之有無，計班資之崇痺，忘己量之所稱，指前人之瑕疵，是所謂詰匠氏之不以杙爲楹，而訾醫師以昌陽引年，欲進其豨苓也。』

文公自謂非三代兩漢之書不敢讀。此文自『上窺姚姒』以下十二句，可以知其門徑之所在。則魏、晉以下文，可勿庸究心矣。

藍田縣丞廳壁記　少陽

丞之職所以貳令，於一邑無所不當問。其下主簿、尉，主簿、尉乃有分職。丞位[一]高而逼[二]，例以嫌不可否事。文書行，吏抱成案詣丞，卷其前，鉗以左手，右手摘紙尾，雁鶩行以進，

[一]『位』原作『尉』。
[二]『逼』原作『副』。

平立睨丞曰：『當署。』丞涉筆占位，署惟謹。目吏問：『可不可？』吏曰：『可。』得則退。不敢略省，漫不知何事。官雖尊，力勢反出主簿、尉下。諺數慢必曰『丞』，至以相訾謷。丞之設豈端使然哉？

博陵崔斯立，種學績文，以蓄其有，泓涵演迤，日大以肆。貞元初，挾其能戰藝於京師，再進，再屈於人。元和初，以前大理評事言得失黜官，再轉而爲丞茲邑。始至，喟曰：『官無卑，顧材不足塞職。』既噤不得施用，又喟曰：『丞哉丞哉！余不負丞而丞負余。』則盡枿去牙角，一躡故迹，破崖岸而爲之。

丞廳故有記，壞漏污不可讀。斯立易桷與瓦，墁治壁，悉書前任人名氏。庭有老槐四行，南牆鉅竹千挺，儼立若相持，水㶁㶁循除鳴。斯立痛埽溉，對樹二松，日哦其間。有問者，輒對曰：『余方有公事，子姑去。』

考功郎中知制誥韓愈記。

與孟尚書書　太陽

來示云：『有人傳愈近少信奉釋氏。』此傳之者妄也。潮州時，有一老僧，號大顛，頗聰明，識道理，遠地無可與語者，故自山召至州郭，留十數日，實能外形骸，以理自勝，不爲事物侵亂。與之語，雖不盡解，要自胸中無滯礙。以爲難得，因與往來。及祭神至海上，遂造其廬；及來袁州，留衣服爲別，乃人之情，非崇信其法，求福田利益也。

孔子云：『丘之禱久矣。』凡君子行己立身，自有法度，聖賢事業，具在方册，可效可師。仰不愧天，俯不愧人，內不愧心，積善積惡，殃慶自各以其類至。何有去聖人之道，捨先王之法，而從夷狄之教，以求福利也？《詩》不云乎：『愷悌君子，求福不回。』《傳》又曰：『不爲威惕，不爲利疚。』假如釋氏能與人爲禍祟，非守道君子之所懼也，况萬萬無此理。

且彼佛者，果何人哉？其行事類君子耶？小人耶？若君子也，必不妄加禍於守道之人；如小人也，其身已死，其鬼不靈。天地神祇，昭布森列，非可誣也，又肯令其鬼行胸臆，作威福於其間哉？進退無所據而信奉之，亦且惑矣！

且愈不助釋氏而排之者，其亦有説。孟子云：『今天下不之楊，則之墨。』楊、墨交亂，而聖賢之道不明，則三綱淪而九法斁，禮樂崩而夷狄横，幾何其不爲禽獸也！故曰：『能言拒楊、墨者，聖人之徒也。』揚子雲云：『古者楊、墨塞路，孟子辭而闢之，廓如也。』夫楊、墨行，正道廢，且將數百年，以至於秦，卒滅先王之法，燒除其經，坑殺學士，天下遂大亂。及秦滅，漢興且百年，尚未知修明先王之道。其後始除挾書之律，稍求亡書，招學士，經雖少得，尚皆殘缺，十亡二三。故學士多老死，新者不見全經，不能盡知先王之事，各以所見爲守，分離乖隔，不合不公。二帝、三王、群聖人之道，於是大壞。後之學者無所尋逐，以至於今泯泯也。其禍出於楊、墨肆行，而莫之禁故也。孟子雖賢聖，不得位，空言無施，雖切何補？然賴其言，而今學者尚知宗孔氏，崇仁義，貴王賤霸而已。其大經大法，皆亡滅而不救，壞爛而不收，所謂存什一於千百，安在其能廓如也？然向無孟氏，則皆服左衽而言侏離矣。故愈嘗推尊孟氏，以爲功不在禹下者爲此也。

漢氏已來，群儒區區修補，百孔千瘡，隨亂隨失，其危如一髮引千鈞，綿綿延延，寖以微滅。

於是時也，而倡釋、老於其間，鼓天下之衆而從之。嗚呼，其亦不仁甚矣！釋、老之害，過於楊、墨，韓愈之賢，不及孟子。孟子不能救之於未亡之前，而韓愈乃欲全之於已壞之後。嗚呼！其亦不量其力，且見其身之危，莫之救以死也！雖然，使其道由愈而粗傳，雖滅死萬萬無恨！天地鬼神，臨之在上，質之在旁，又安得因一摧折，自毀其道以從於邪也！

籍、湜輩雖屢指教，不知果能不叛去否？辱吾兄眷厚而不獲承命，惟增慙懼，死罪死罪！愈再拜。

送鄭尚書序　太陽

嶺之南，其州七十，其二十二隸嶺南節度府，其四十餘分四府，府各置帥，然獨嶺南節度爲大府。大府始至，四府必使其佐啓問起居，謝守地不得即賀以爲禮。歲時必遣賀問，致水土物。大府帥或道過其府，府帥必戎服，左握刀，右屬弓矢，帕首袴鞾迎郊。及既至，大府帥先入據館，帥守屏，若將趨入拜庭之爲者。大府與之爲讓，至一再，乃敢改服，以賓主見。適位執爵，皆興拜，不許乃止，虔若小侯之事大國。有大事，諮而後行。

隸府之州，離府遠者至三千里，懸隔小海，使必數月而後能至。蠻夷悍輕，易怨以變，其南州皆岸大海，多洲島，颿風一日踔數千里，漫瀾不見蹤迹。控御失所，依險阻，結黨仇，機毒矢以待將吏，撞搪呼號，以相和應，蜂屯蟻雜，不可爬梳，好則人，怒則獸。故常薄其征入，簡節而疏目，時有所遺漏，不究切之，長養以兒子；至紛不可治，乃草薙而禽獮之，盡根株痛斷乃止。

其海外雜國，若耽浮羅、流求、毛人、夷亶之州，林邑、扶南、真臘、干陀利之屬，東南際天地以萬數，或時候風潮朝貢，蠻胡賈人，舶交海中。若嶺南帥得其人，則一邊盡治，不相寇盜賊殺，無風魚之災，水旱癘毒之患。外國之貨日至，珠香、象犀、玳瑁奇物，溢於中國，不可勝用。故選帥常重於他鎮，非有文武威風、知大體、可畏信者，則不幸往往有事。

長慶三年四月，以工部尚書鄭公爲刑部尚書，兼御史大夫，往踐其任。鄭公嘗以節鎮襄陽，又帥滄、景、德、棣，歷河南尹、華州刺史，皆有功德可稱道。入朝爲金吾將軍、散騎常侍、工部侍郎、尚書。家屬百人，無數畝之宅，僦屋以居，可謂貴而能貧，爲仁者不富之效也。及是命，朝廷莫不悦。將行，公卿大夫士，苟能詩者，咸相率爲詩，以美朝政，以慰公南行之思。韻必以『來』

字者，所以祝公成政而來歸疾也。

石鼎聯句詩序　少陽

元和七年十二月四日，衡山道士軒轅彌明自衡下來，舊與劉師服進士衡湘中相識，將過大白，知師服在京，夜抵其居宿。有校書郎侯喜，新有能詩聲，夜與劉說詩。彌明在其側，貌極醜，白鬚黑面，長頸而高結，喉中又作楚語，喜視之若無人。彌明忽軒衣張眉，指爐中石鼎，謂喜曰：『子云能詩，能與我賦此乎？』劉往見衡、湘間人說云年九十餘矣，解捕逐鬼物，拘囚蛟螭虎豹。不知其實能否也。見其老，頗貌敬之，不知其有文也。聞此說大喜，即援筆題其首兩句，次傳於喜。喜踊躍即綴其下云云。道士啞然笑曰：『子詩如是而已乎！』即袖手竦肩，倚北墻坐，謂劉曰：『吾不解世俗書，子爲我書。』因高吟曰：『龍頭縮菌蠢，豕腹漲彭亨。』初不似經意，詩旨有似譏喜。二子相顧慙駭，欲以多窮之，即又爲而傳之喜。喜思益苦，務欲壓道士，每營度欲出口吻，聲鳴益悲，操筆欲書，將下復止，竟亦不能奇也。畢即傳道士，道士高踞大唱曰：『劉把筆，吾詩云云。』其不用意而功益奇，不可附說，語皆侵劉、侯。喜益忌之。劉與侯皆已賦十餘韻，彌明應之如響，皆穎脱含譏諷。夜盡三更，二子思竭不能續，因起謝曰：『尊師非世人也，某伏矣，願爲弟子，不敢更論詩。』道士奮曰：『不然。章不可以不成也。』又謂劉曰：『把筆來，吾與汝就之。』即又唱出四十字，爲八句。書訖使讀。讀畢，謂二子曰：『章不已就乎？』二子齊應曰：『就矣。』道士曰：『此皆不足與語，此寧爲文邪！吾就子所能而作耳，非吾之所學於師而能者也。吾所能者，子皆不足以聞也，獨文乎哉！吾語亦不當聞也，吾閉口矣。』二子大懼，皆起立牀[一]下拜曰：『不敢他有問也，願聞一言而已。先生稱「吾不解人間書」，敢問解何書？請聞此而已。』道士寂然若無聞也，累問不應。二子不自得，即退就座。道士倚牆睡，鼻息如雷鳴。二子怛然失色，不敢喘。斯須，曙鼓動鼕鼕，二子亦困，遂坐睡。及覺，日已上，驚顧覓道士不見。即問童奴，奴曰：『天且明，道士起，出門，若將便旋然。奴怪久不返，即出到門覓，無有也。』二子驚惋自責，若有失者。間遂詣余言，余不能識其何道士也。嘗聞有隱君子彌明，豈其人耶？韓愈序。

[一]『牀』原作『狀』。

祭十二郎文　少陰

年月日，季父愈，聞汝喪之七日，乃能銜哀致誠，使建中遠具時羞之奠，告汝十二郎之靈：

嗚呼！吾少孤，及長，不省所怙，惟兄嫂是依。中年，兄没南方，吾與汝俱幼，從嫂歸葬河陽。既又與汝就食江南，零丁孤苦，未嘗一日相離也。吾上有三兄，皆不幸早世。承先人後者，在孫惟汝，在子惟吾。兩世一身，形單影隻。嫂嘗撫汝指吾而言曰：『韓氏兩世，惟此而已！』汝時尤小，當不復記憶。吾時雖能記憶，亦未知其言之悲也。

吾年十九，始來京城。其後四年而歸視汝。又四年，吾往河陽省墳墓，遇汝從嫂喪來葬。又二年，吾佐董丞相于汴州，汝來省吾。止一歲，請歸取其孥。明年，丞相薨。吾去汴州，汝不果來。是年吾佐戎徐州，使取汝者始行，吾又罷去，汝又不果來。吾念汝從於東，東亦客也，不可以久。圖久遠者，莫如西歸，將成家而致汝。嗚呼！孰謂汝遽去吾而没乎！吾與汝俱少年，以爲雖暫相别，終當久相與處，故捨汝而旅食京師，以求斗斛之禄。誠知其如此，雖萬乘之公相，吾不以一日輟汝而就也。

去年孟東野往，吾書與汝曰：『吾年未四十，而視茫茫，而髮蒼蒼，而齒牙動搖。念諸父與諸兄，皆康强而早世。如吾之衰者，其能久存乎？吾不可去，汝不肯來，恐旦暮死，而汝抱無涯之戚也！』孰謂少者歿而長者存，强者夭而病者全乎！

嗚呼！其信然耶？其夢耶？其傳之非其真邪？信也，吾兄之盛德而夭其嗣乎？汝之純明而不克蒙其澤乎？少者强者而夭殁，長者衰者而存全乎？未可以爲信也！夢也，傳之非其真也，東野之書，耿蘭之報，何爲而在吾側也？嗚呼！其信然矣！吾兄之盛德，而夭其嗣矣！汝之純明宜業其家者，不克蒙其澤矣！所謂天者誠難測，而神者誠難明矣！所謂理者不可推，而壽者不可知矣！雖然，吾自今年來，蒼蒼者或化而爲白矣，動摇者或脱而落矣。毛血日益衰，志氣日益微，幾何不從汝而死也。死而有知，其幾何離；其無知，悲不幾時，而不悲者無窮期矣。汝之子始十歲，吾之子始五歲。少而强者不可保，如此孩提者，又可冀其成立邪？嗚呼哀哉！嗚呼哀哉！

汝去年書云：『比得軟脚病，往往而劇。』吾曰：『是疾也，江南之人，常常有之。』未始以爲憂也。嗚呼！其竟以此而殞其生乎？抑別有疾而至斯乎？汝之書，六月十七日也。東野云，汝殁以六月二日；耿蘭之報無月日。蓋東野之使者，不知問家人以月日；如耿蘭之報，不知當言月日。東野與吾書，乃問使者，使者妄稱以應之耳。其然乎？其不然乎？

今吾使建中祭汝，弔汝之孤與汝之乳母。彼有食可守，以待終喪，則待終喪而取以來；如不能守以終喪，則遂取以來。其餘奴婢，并令守汝喪。吾力能改葬，終葬汝於先人之兆，然後惟其所願。嗚呼！汝病吾不知時，汝殁吾不知日，生不能相養以共居，殁不得撫汝以盡哀，斂不憑其棺，窆不臨其穴。吾行負神明，而使汝夭；不孝不慈，而不能與汝相養以生，相守以死。一在天之涯，一在地之角，生而影不與吾形相依，死而魂不與吾夢相接。吾實爲之，其又何尤！彼蒼者天，曷其有極！

自今已往，吾其無意於人世矣！當求數頃之田於伊潁之上，以待餘年，教吾子與汝子，幸其成；長吾女與汝女，待其嫁，如此而已。嗚呼！言有窮而情不可終，汝其知也邪？其不知也邪？嗚呼哀哉！尚饗！

柳州羅池廟碑　少陰

羅池廟者，故刺史柳侯廟也。柳侯爲州，不鄙夷其民，動以禮法。三年民各自矜奮：『茲土雖遠京師，吾等亦天氓，今天幸惠仁侯，若不化服，我則非人。』於是老少相教語，莫違侯令。凡有所爲於其鄉閭，及於其家，皆曰：『吾侯聞之，得無不可於意否？』莫不忖度而後從事。凡令之期，民勸趨之，無有後先，必以其時。於是民業有經，公無負租，流逋四歸，樂生興事。宅有新屋，步有新船，池園潔修，豬牛鴨雞，肥大蕃息。子嚴父詔，婦順夫指，嫁娶葬送，各有條法；出相弟長，入相慈孝。先時民貧，以男女相質，久不得贖，盡没爲隸。我侯之至，按國之故，以傭除本，悉奪歸之。大修孔子廟。城郭巷道，皆治使端正。樹以名木。柳民既皆悦喜。嘗與其部將魏忠、謝甯、歐陽翼，飲酒驛亭，謂曰：『吾棄於時，而寄於此，與若等好也。明年吾將死，死而爲神，後三年爲廟祀我。』及期而死。三年孟秋辛卯，侯降於州之後堂，歐陽翼等見而拜之。其夕，夢翼而告曰：『館我於羅池。』其月景辰，廟成大祭，過客李儀醉酒，慢侮堂上，得疾，扶出廟門即死。

明年春，魏忠、歐陽翼使謝甯來京師，請書其事於石。余謂柳侯生能澤其民，死能驚動福禍之，以食其土，可謂靈也已。作《迎享送[一]神詩》遺柳民，俾歌以祀焉，而并刻之。柳侯，河東人，諱宗元，字子厚。賢而有文章，嘗位於朝，光顯矣，已而擯不用。其辭曰：

荔子丹兮蕉黄，雜肴蔬兮進侯堂。侯之船兮兩旗，度中流兮風泊之。待侯不來兮不知我悲。侯乘駒兮入廟，慰我民兮不嚬以笑。鵝之山兮柳之水，桂樹團團兮白石齒齒。侯朝出游兮暮來歸，春與猨吟兮秋鶴與飛。北方之人兮，爲侯是非。千秋萬歲兮，侯無我違。福我兮壽我，驅厲鬼兮山之左。下無苦濕兮高無乾，秔稌充羨兮，蛇蛟結蟠。我民報事兮無怠。其始自今兮欽於世世。

韓許公碑　太陽

韓，姬姓，以國氏。其先有自潁川徙陽夏者，其地於今爲陳之太康。太康之韓，其稱蓋久，然自公始大著。公諱弘。公之父曰海，爲人魁偉沈塞，以武勇游仕許、汴之間，寡言自可，不與

[一]「送」原作「逆」。

人交，衆推以爲鉅人長者。官至游擊將軍，贈太師。娶鄉邑劉氏女，生公，是爲齊國太夫人。夫人之兄曰司徒玄佐，有功建中、貞元之間，爲宣武軍師，有汴、宋、亳、潁四州之地，兵士十萬人。公少依舅氏，讀書習騎射，事親教謹，侃侃自將，不縱爲子弟華靡遨放事。出入敬恭，軍中皆目之。嘗一抵京師，就明經試。退曰：『此不足發名成業。』復去從舅氏學，將兵數百人，悉識其材鄙怯勇，指付必堪其事，司徒嘆奇之。士卒屬心，諸老將皆自以爲不及。司徒卒，去爲宋南城將。比六七歲，汴軍連亂不定。

貞元十五年，劉逸淮死，軍中皆曰：『此軍司徒所樹，必擇其骨肉，爲士卒所慕賴者付之。今見在人莫如韓甥，且其功最大，而材又俊。』即柄授之，而請命於天子。天子以爲然，遂自大理評事，拜工部尚書，代逸淮爲宣武軍節度使，悉有其舅司徒之兵與地。衆果大悦便之。當此時，陳、許帥曲環死，而吴少誠反，自將圍許，求援於逸淮，啗之以陳歸汴，使數輩在館，公悉驅出斬之。選卒三千人，會諸軍擊少誠許下，誠失勢以走，河南無事。公曰：『自吾舅殁，五亂於汴者，吾苗薅而髮櫛之幾盡。然不一揃刈，不足令震驌。』命劉鍔以其卒三百人待命于門，數之以數與於亂，自以爲功，并斬之以徇，血流波道。自是訖公之朝京師廿有一年，莫敢有讙呶叫號於城郭者。

李師古作言起事，屯兵於曹以嚇滑師，且告假道。公使謂曰：『汝能越吾界而爲盜邪？有以相待，無爲空言！』滑帥告急，公使謂曰：『吾在此，公無恐。』或告曰：『翦棘夷道，兵且至矣，請備之。』公曰：『兵來不除道也。』不爲應。師古詐窮變索，遷延旋軍。少誠以牛皮鞵材遺師古，師古以鹽資少誠，潛過公界，覺皆留輸之庫。曰：『此於法不得以私相餽。』田弘正之開魏博，李師道使來告曰：『我代與田氏約相保援，今[一]弘正非其族，又首變兩河事，亦公之所惡，我將與成德合軍討之，敢告。』公謂其使曰：『我不知利害，知奉詔行事耳。若兵北過河，我即東兵以取曹。』師道懼，不敢動，弘正以濟。誅吴元濟也，命公都統諸軍，曰：『無自行以遏北寇。』公請使子公武以兵萬三千人會討蔡下，歸財與糧以濟諸軍，卒擒蔡奸，於是以公爲侍中，而以公武爲鄜坊丹延節度使。

[一]『今』原作『令』。

師道之誅，公以兵東下，進圍考城，克之。遂進迫曹，曹寇乞降。鄆部既平，公曰：『吾無事於此，其朝京師。』天子曰：『大臣不可以暑行，其秋之待。』公曰：『君爲仁，臣爲恭，可矣。』遂行。既至，獻馬三千匹，絹五十萬匹，他錦紈綺纈又三萬，金銀器千。而汴之庫廄錢以貫數者，尚有百萬，絹亦合百餘萬匹，馬七千，糧三百萬斛，兵械多至不可數。初公有汴，承五亂之後，掠賞之餘，且斂且給，恒無宿儲。至是，公私充塞，至於露積不垣。册拜司徒兼中書令，進見上殿，拜跪給扶，贊元經體，不治細微，天子敬之。

元和十五年，今天子即位，公爲冢宰，又除河中節度使。在鎮三年，以疾乞歸。復拜司徒中書令，病不能朝。以長慶二年十二月三日，薨於永崇里第，年五十八。天子爲之罷朝三日，贈太尉，賜布粟，其葬物有司官給之，京兆尹監護。明年七月某日，葬于萬年縣少陵原，京城東南三十里，楚國夫人翟氏祔，子男二人：長曰肅元，某官；次曰公武，某官。肅元早死。公之將薨，公武暴病先卒，公哀傷之，月餘遂薨。無子，以公武子孫紹爲主後。

汴之南則蔡，北則鄆，二寇患公居間，爲己不利，卑身佞辭，求與公好。薦女請昏，使日月至。既不可得，則飛謀釣謗，以間染我。公先事候情，壞其機牙，奸不得發，王誅以成。最功定次，孰與高下！公子公武，與公一時俱授弓鉞，處藩爲將，疆土相望。公武以母憂去鎮。公母弟充，自金吾代將渭北。公以司徒中書令治蒲，于時弟充自鄭、滑節度。平宣武之亂，以司空居汴。自唐以來，莫與爲比。公之爲治，嚴不爲煩，止除害本，不多教條；與人必信，吏得其職，賦入無所漏失。人安樂之，在所以富。公與人有畛域，不爲戲狎，人得一笑語，重於金帛之賜。其罪殺人不發聲色，問法何如，不自爲輕重，故無敢犯者。其銘曰：

在貞元世，汴兵五猘。將得其人，衆乃一愒。其人爲誰，韓姓許公。磔其梟狼，養以雨風。桑榖奮張，厥壤大豐。貞元元孫，命正我宇。公爲臣宗，處得地所。河流兩壖，盜連爲群。雄唱雌和，首尾一身。公居其間，爲帝督奸。察其嚬呻，與其睨眴。左顧失視，右顧而跽。蔡先鄆鉏，三年而墟。槁乾四呼，終莫敢濡。常山幽都，孰陪孰扶。天施不留，其討不逋。許公預焉，其賚何如。悠悠四方，既廣既長。無有外事，朝廷之治。許公來朝，車馬干戈。相乎將乎，威儀之多。將則是矣，相則三公。釋師十萬，歸居廟堂。上之宅憂，公讓太宰。養安蒲阪，萬邦絶等。

有弟有子，提兵守藩。一時三侯，人莫敢扳。生莫與榮，殁莫與令。刻文此碑，以鴻厥慶。』

柳子厚墓誌銘　太陽

子厚，諱宗元。七世祖慶，爲拓跋魏侍中，封濟陰公。曾伯祖奭，爲唐宰相，與褚遂良、韓瑗俱得罪武后，死高宗朝。皇考諱鎮，以事母棄太常博士，求爲縣令江南，其後以不能媚權貴失御史。權貴人死，乃復拜侍御史。號爲剛直，所與游皆當世名人。

子厚少精敏，無不通達。逮其父時，雖少年，已自成人，能取進士第，嶄然見頭角。衆謂柳氏有子矣。其後以博學宏詞，授集賢殿正字。儁傑廉悍，議論證據今古，出入經史百子，踔厲風發，率常屈其座人。名聲大振，一時皆慕與之交。諸公要人，争欲令出我門下，交口薦譽之。

貞元十九年，由藍田尉拜監察御史。順宗即位，拜禮部員外郎。遇用事者得罪，例出爲刺史。未至，又例貶永州司馬。居閑，益自刻苦，務記覽，爲詞章，泛濫停蓄，爲深博無涯涘。而自肆於山水間。元和中，嘗例召至京師，又偕出爲刺史，而子厚得柳州。既至，歎曰：『是豈不足爲政耶？』因其土俗，爲設教禁，州人順賴。其俗以男女質錢，約不時贖，子本相侔，則没爲奴婢。

子厚與設方計，悉令贖歸。其尤貧力不能者，令書其傭，足相當，則使歸其質。觀察使下其法於他州，比一歲，免而歸者且千人。衡、湘以南，爲進士者，皆以子厚爲師，其經承子厚口講指畫，爲文詞者，悉有法度可觀。

其召至京師而復爲刺史也，中山劉夢得禹錫亦在遣中，當詣播州。子厚泣曰：『播州非人所居，而夢得親在堂，吾不忍夢得之窮，無辭以白其大人，且萬無母子俱往理。』請於朝，將拜疏，願以柳易播，雖重得罪，死不恨。遇有以夢得事白上者，夢得於是改刺連州。嗚呼！士窮乃見節義。今夫平居里巷相慕悅，酒食游戲相徵逐，詡詡强笑語以相取下，握手出肺肝相示，指天日涕泣，誓生死不相背負，真若可信；一旦臨小利害，僅如毛髮比，反眼若不相識，落陷阱不一引手救，反擠之，又下石焉者，皆是也。此宜禽獸、夷狄所不忍爲，而其人自視以爲得計。聞子厚之風，亦可以少愧矣。

子厚前時少年，勇於爲人，不自貴重，顧籍謂功業可立就，故坐廢退。既退，又無相知有氣力得位者推挽，故卒死於窮裔。材不爲世用，道不行於時也。使子厚在臺省時，自持其身，已能如司馬、刺史時，亦自不斥；斥時有人力能舉之，且必復用不窮。然子厚斥不久，窮不極，雖有出於人，其文學辭章，必不能自力以致必傳於後，如今無疑也。雖使子厚得所願，爲將相於一時，以彼易此，孰得孰失，必有能辨之者。

子厚以元和十四年十一月八日卒，年四十七。以十五年七月十日歸葬萬年先人墓側。子厚有子男二人：長曰周六，始四歲；季曰周七，子厚卒乃生。女子二人，皆幼。其得歸葬也，費皆出觀察使河東裴君行立。行立有節概，重然諾，與子厚結交，子厚亦爲之盡，竟賴其力。葬子厚於萬年之墓者，舅弟盧遵。遵，涿人，性謹順，學問不厭。自子厚之斥，遵從而家焉，逮其死不去。既往葬子厚，又將經紀其家，庶幾有始終者。銘曰：

是惟子厚之室，既固既安，以利其嗣人。

毛穎傳　少陽

毛穎者，中山人也。其先，明眎，佐禹治東方土，養萬物有功，因封於卯地，死爲十二神。嘗曰：『吾子孫神明之後，不可與物同，當吐而生。』已而果然。明眎八世孫𧱏，世傳當殷時，居中山，得神僊之術，能匿光使物，竊姮娥騎蟾蜍入月，其後代遂隱不仕云。居東郭者曰鵕，狡而善走，與韓盧争能，盧不及。盧怒，與宋鵲謀而殺之，醢[一]其家。

秦始皇時，蒙將軍恬南伐楚，次中山，將大獵以懼楚。召左右庶長與軍尉以『連山』筮之，得天與人文之兆。筮者賀曰：『今日之獲，不角不牙，衣褐之徒，缺口而長鬚，八竅而趺居，獨取其髦，簡牘是資，天下同其書，秦其遂兼諸侯乎！』遂獵。圍毛氏之族，拔其豪，載穎而歸，獻俘於章臺宮，聚其族而加束縛焉。秦皇帝使恬賜之湯沐，而封諸管城，號曰管城子，日見親寵任事。

穎爲人强記而便敏，自結繩之代，以及秦事，無不纂録。陰陽、卜筮、占相、醫方、族氏、山經、地志、字書、圖畫、九流、百家、天人之書，及至浮圖、老子、外國之説，皆所詳悉。又通於當代之務，官府簿書，市井貨錢注記，惟上所使。自秦皇帝及太子扶蘇、胡亥、丞相斯、中車府令高，下及國人，無不愛重。又善隨人意，正直、邪曲、巧拙，一隨其人。雖見廢棄，終默不泄。惟不喜

[一]『醢』原作『醯』。

武士，然見請亦時往。累拜中書令，與上益狎，上嘗呼爲『中書君』。上親決事，以衡石自程，雖宮人不得立左右，獨穎與執燭者常侍，上休方罷。

穎與絳人陳元、宏農陶泓，及會稽褚先生友善，相推致，其出處必偕。上召穎，三人者不待詔，輒俱往，上未嘗怪焉。後因進見，上將有任使，拂拭之，因免冠謝。上見其髮秃，又所摹畫，不能稱上意。上嘻笑曰：『中書君老而秃，不任吾用。吾嘗謂君中書，君今不中書耶？』對曰：『臣所謂盡心者。』因不復召，歸封邑，終於管城。其子孫甚多，散處中國、夷狄，皆冒管城，惟居中山者，能繼父祖業。

太史公曰：毛氏有兩族：其一姬姓，文王之子，封於毛，所謂魯、衛、毛、聃者也。戰國時，有毛公、毛遂。獨中山之族，不知其本所出，子孫最爲蕃昌。《春秋》之成，見絕於孔子，而非其罪。及蒙將軍拔中山之豪，始皇封諸管城，世遂有名，而姬姓之毛無聞。穎始以俘見，卒見任使。秦之滅諸侯，穎與有功。賞不酬勞，以老見疏，秦真少恩哉！

歐陽叔永文

本論　太陰

佛法爲中國患千餘歲，世之卓然不惑而有力者，莫不欲去之。已嘗去矣，而復大集。攻之暫破而愈堅，撲之未滅而愈熾，遂至於無可奈何。是果不可去耶？蓋亦未知其方也。

夫醫者之於疾也，必推其病之所自來，而治其受病之處。病之中人，乘乎氣虛而入焉，則善醫者不攻其疾，而務養其氣。氣實則病去，此自然之效也。故救天下之患者，亦必推其患之所自來，而治其受患之處。

佛爲夷狄，去中國最遠，而有佛固已久矣。堯、舜三代之際，王政修明，禮義之教，充於天下。於此之時，雖有佛無由而入，及三代衰，王政闕，禮義廢，後二百餘年，而佛至乎中國。由是言之，佛所以爲吾患者，乘其闕廢之時而來，此其受患之本也。補其闕，修其廢，使王政明而禮義充，則雖有佛，無所施於吾民矣。此亦自然之勢也。

昔堯、舜三代之爲政，設爲井田之法，籍天下之人，計其口而皆授之田。凡人之力能勝耕者，莫不有田而耕之。斂以什一，差其徵賦，以督其不勤，使天下之人，力皆盡於南畝，而不暇乎其他。

然又懼其勞且怠而入於邪僻也，於是爲制牲牢酒醴，以養其體；弦匏俎豆，以悦其耳目；於其不耕休力之時，而教之以禮。故因其田獵而爲蒐狩之禮，因其嫁娶而爲婚姻之禮，因其死葬而爲喪祭之禮，因其飲食群聚而爲鄉射之禮。非徒以防其亂，又因而教之，使知尊卑長幼，凡人之大倫也。故凡養生送死之道，皆因其欲而爲之制。飾之物采而文焉，所以悦之，使其易趣也；順其情性而節焉，所以防之，使其不過也。

然猶懼其未也，又爲立學以講明之。故上自天子之郊，下至鄉黨，莫不有學，擇民之聰明者而習焉，使相告語而誘勸其愚惰。嗚呼！何其備也。

蓋堯、舜三代之爲政如此，其慮民之意甚精，治民之具甚備，防民之術甚周，誘民之道甚篤。行之以勤，而被於物者洽；浸之以漸，而入於人者深。故民之生也，不用力乎南畝，則從事於禮樂之際；不在其家，則在乎庠序之間。耳聞目見，無非仁義，樂而趨之，不知其倦。終身不見異物，又奚暇夫外慕哉！故曰：雖有佛無由而入者，謂有此具也。

及周之衰，秦并天下，盡去三代之法，而王道中絶。後之有天下者，不能勉强。其爲治之具不備，防民之漸不周。佛於此時，乘間而出。千有餘歲之間，佛之來者日益衆，吾之所爲者日益壞。井田先廢，而兼并游惰之奸起。其後所謂蒐狩，婚姻，喪祭，鄉射之禮，凡所以教民之具，相次而盡廢。然後民之奸者，有暇而爲他；其良者泯然不見禮義之及己。夫奸民有餘力，則思爲邪僻；良民不見禮義，則莫知所趨。佛於此時乘其隙，方鼓其雄誕之説而牽之，則民不得不從而歸矣。又况王公大人，往往倡而驅之，曰：『佛是真可歸依者』，然則吾民何疑而不歸焉！

幸而有一不惑者，方艴然而怒曰：『佛何爲者？吾將操戈而逐之。』又曰：『吾將有説以排之。』夫千歲之患，遍於天下，豈一人一日之可爲。民之沈酣，入於骨髓，非口舌之可勝。然則將奈何？曰：『莫若修其本以勝之。』昔戰國之時，楊、墨交亂，孟子患之，而專言仁義。故仁義之説勝，則楊、墨之學廢。漢之時百家并興，董生患之，而退修孔氏。故孔氏之道明，而百家息。此所謂修其本以勝之之效也。今八尺之夫，被甲荷戟，勇蓋三軍，然而見佛則拜，聞佛之說，則有畏慕之誠者，何也？彼誠壯佼，其中心茫然無所守而然也。一介之士，渺然柔懦，進趨畏怯，然而聞有道佛者，則義形於色，非徒不爲之屈，又欲驅而絶之者，何也？彼無他焉，學問明而禮義熟，中心有所守以勝之也。然則禮義者，勝佛之本也。今一介之士，知禮義者，尚能不爲之屈，使天下皆知禮義，則勝之矣。此自然之勢也。

伶官傳論　太陰

嗚呼！盛衰之理，雖曰天命，豈非人事哉！原莊宗之所以得天下與其所以失之者，可以知之矣。

世言晉王之將終也，以三矢賜莊宗而告之曰：『梁，吾仇也；燕王，吾所立；契丹，與吾約爲兄弟，而皆背晉以歸梁。此三者，吾遺恨也。與爾三矢，爾其無忘乃父之志！』莊宗受而藏之於廟，其後用兵，則遣從事以一少牢告廟，請其矢，盛以錦囊，負而前驅，及凱旋而納之。

方其係燕父子以組，函梁君臣之首，入於太廟，還矢先王，而告以成功，其意氣之盛，可謂壯哉！及仇讎已滅，天下已定，一夫夜呼，而亂者四應，倉皇東出，未及見賊，而士卒離散，君臣相顧，不知所歸。至於誓天斷髮，泣下沾襟，何其衰也！豈得之難而失之易歟？抑本其成敗之迹而皆自於人歟？

書曰：『滿招損，謙受益。』憂勞可以興國，逸豫可以亡身，自然之理也。故方其盛也，舉天下之豪傑，莫能與之争；及其衰也，數十伶人困之，而身死國滅，爲天下笑。夫禍患常積於忽微，而智勇多困於所溺，豈獨伶人也哉！

一行傳論　太陰

嗚呼！五代之亂極矣，《傳》所謂『天地閉，賢人隱』之時歟？當此之時，臣弑其君，子弑其父，而搢紳之士，安其禄而立其朝，充然無復廉恥之色者，皆是也。吾以爲自古忠臣義士，多出於亂世，而怪當時可道者何少也？豈果無其人哉？

雖曰干戈興，學校廢，而禮義衰，風俗隳壞，至於如此。然自古天下未嘗無人也。吾意必有潔身自負之士，嫉世遠去而不可見者。自古賢材，有韞於中而不見於外，或窮居陋巷，委身草莽，雖顔子之行，不遇仲尼而名不彰，況世變多故，而君子道消之時乎？

吾又以謂必有負材能，修節義，而沈淪於下，泯没而無聞者。求之傳記，而亂世崩離，文字殘缺，不可復得，然僅得者，四、五人而已。處乎山林而群麋鹿，雖不足以爲中道，然與其食人之禄，俯首而包羞，孰若無愧於心，放身而自得？吾得二人焉，曰鄭遨、張薦明。勢利不屈其心，去就不違其義，吾得一人焉，曰石昂。苟利於君，以忠獲罪，何必自明！有至死而不言者，此古之義士也，吾得一人焉，曰程福贇。

五代之亂，君不君，臣不臣，父不父，子不子，至於兄弟夫婦，人倫之際，無不大壞，而天理幾乎其滅矣。於此之時，能以孝弟自修於一鄉，而風行於天下者，猶或有之。然其事迹不著，而無可紀次，獨其名氏或因見於書者，吾亦不敢没，而其略可録者，吾得一人焉，曰李自倫。作一行傳。

宦者傳論　太陰

五代文章陋矣，而史官之職，廢於喪亂，傳記小説，多失其傳。故其事迹，終始不完，而雜以訛繆。至於英豪奮起，戰爭勝敗，國家興廢之際，豈無謀臣之略、辯士之談？而文字不足以發之，遂使泯然無傳於後世。然獨張承業事……（見上）然獨張承業事，卓卓在人耳目，至今故老猶能道之，其論議可謂偉然歟，殆非宦者之言也。

自古宦者亂人之國，其源深於女禍。女，色而已；宦者之爲害，非一端也。蓋其用事也近而習，其爲心也專而忍，能以小善中人之意，小信固人之心，使人主必信而親之。待其已信，然後懼以禍福而把持之。雖有忠臣碩士列於朝廷，而人主以爲去己疏遠，不若起居飲食前後左右之親爲可恃也。故前後左右者日益親，則忠臣碩士日益疏，而人主之勢日益孤。勢孤則懼禍之心日益切，而把持者日益牢。安危出其喜怒，禍患伏於帷闥，則嚮之所謂可恃者，乃所以爲患也。患已深而覺之，欲與疏遠之臣，圖左右之親近，緩之則養禍而益深，急之則挾人主以爲質。雖有聖智，不能與謀。謀之而不可爲，爲之而不可成，至其甚，則俱傷而兩敗。故其大者亡國，其次亡身，而使奸豪得藉以爲資而起，至抉其種類，盡殺以快天下之心而後已。此前史所載宦者之禍常如此者，非一世也。

夫爲人主者，非欲養禍於內，而疏忠臣碩士於外，蓋其漸積而勢使之然也。夫女色之惑，不幸而不悟，則禍斯及矣。使其一悟，捽而去之可也。宦者之爲禍，雖欲悔悟，而勢有不得而去也，唐昭宗之事是已。故曰深於女禍者謂此也，可不戒哉！

昭宗信狎宦者，由是有東宫之幽。既出而與崔胤圖之，胤爲宰相，顧力不足爲，乃召兵於梁。梁兵且至，而宦者挾天子走之岐。梁兵圍之三年，昭宗既出而唐亡矣。初，昭宗之出也，梁王悉誅唐宦者第五可範等七百餘人。其在外者，悉詔天下捕殺之，而宦者多爲諸鎮藏匿而不殺。是時方鎮僭擬，悉以宦官給事，而吴越最多。乃莊宗立，詔天下訪求故唐時宦者，悉送京師，得數百人。宦者遂復用事以至於亡。此何異求已覆之車，躬駕而履其轍也。可爲悲夫！

職方攷序　太陰

嗚呼！三代以上，莫不分土而治也。後世鑒古矯失，始郡縣天下。而自秦、漢以來，爲國孰與三代長短？及其亡也，未始不分，至或無地以自存焉。蓋得其要，則雖萬國而治，失其所守，則雖一天下不能以容，豈非一本於道德哉！

唐之盛時，雖名天下爲十道，而其勢未分。暨其衰也，置軍節度，號爲方鎮。鎮之大者，連州十餘，小者猶兼三四，故其兵驕則逐帥，帥强則叛上。土地爲其世有，干戈起而相侵，天下之勢，自兹而分。然唐自中世多故矣，其興衰救難，常倚鎮兵扶持，而侵凌亂亡，亦終以此。豈其利害之理然歟？自僖、昭以來，日益割裂。梁初天下别爲十一，南有吴、浙、荆、湖、閩、漢，西有岐、蜀，北有燕、晉，而朱氏所有七十八州，以爲梁。莊宗初起并、代，取幽、滄，有州三十五，其後又取梁、魏、博等十有六州，合五十一州，以滅梁。岐王稱臣，又得其州七。同光破蜀，已而復失，唯得秦、鳳、階、成四州，而營、平二州，陷於契丹，其增置之州一，合一百二十三州以爲唐。石氏入立，獻十有六州於契丹，而得蜀金州，又增置之州一，合一百九州以爲晉。劉氏之初，秦、鳳、階、成復入於蜀，隱帝時，增置之州一，合一百六州以爲漢。郭氏代漢，十州入於劉旻，世宗取秦、鳳、階、成、瀛、莫及淮南十四州，又增置之州五，而廢者三，合一百一十八州以爲周。宋興因之。此中國之大略也。其餘外屬者，强弱相并，不常其得失。

至於周末，閩已先亡，而在者七國。自江以下，二十一州爲南唐；自劍以南，及山南西道四十六州爲蜀；自湖南北十州爲楚；自浙東西十五州爲吴越；自嶺南北四十七州爲南漢；自太原以北十州爲東漢；而荆、歸、峽三州爲南平。合中國所有二百六十八州，而軍不在焉。唐之封疆遠矣。前史備載，而羈縻寄治虛名之州在其間。五代亂世，文字不完，而時有廢省，又或陷於夷狄，不可考究其詳。其可見者，具之如譜。

集古録跋尾　太陰

右漢《公昉碑》者，乃漢中太守南陽郭芝，爲公昉修廟記也。漢碑今在者，類多磨滅，而此記文字僅存可讀。所謂公昉者，初不載其姓名，但云『君子公昉』爾。又云『耆老相傳，以爲王莽居攝二年，君爲郡吏，啖瓜。旁有真人居，左右莫察。君獨進美瓜，又從而敬禮之。真人者遂與期谷口山上，乃與君神藥，曰：「服藥以後[一]，當移意萬里，知鳥獸言語。」是時府君去家七百餘里，休謁往來，轉景即至。闔郡驚焉，白之府君，徙爲御史。鼠齧被具，君乃畫地爲獄，召鼠誅之，視其腹中，果有被具。府君欲從學道，頃無所進，府君怒，敕尉部吏收公昉妻子。公昉呼其師，告以厄。其師以藥飲公昉妻子，曰：「可去矣。」妻子戀家不忍去。於是乃以藥塗屋柱，

[一]『後』原作『從』。

飲牛馬六畜。須臾有大風雲，來迎公昉妻子，屋宅、六畜，翛[一]然與之俱去』。其説如此，可以爲怪妄矣。嗚呼！自聖人没而異端起，戰國、秦、漢之際，奇辭怪説，紛然争出，不可勝數。久而佛之徒來自西夷，老之徒起於中國，而二患交攻，爲吾儒者，往往牽而從之。其卓然不惑者，僅能自守而已，欲排其説而黜之，常患乎力不足也。如公昉之事，以語愚人豎子，皆知其妄矣，不待有力而後能破其惑也。然彼漢人，乃刻之金石，以傳後世，其意惟恐後世之不信，然後世之人，未必不從而惑也。

右漢《太尉劉寬碑陰題名》。寬碑有二，其故吏門生各立其一也。此題名在故吏所立之碑陰，其别列於後者，在寬子松之碑陰也。寬以漢中平二年卒，至唐咸亨元年，其裔孫湖[二]城公爽，以碑歲久皆仆於野，爲再立之，并記其世序。嗚呼！前世士大夫世家，著之譜牒，故自中平至咸亨四百餘年，而爽能知其世次如此其詳也。蓋自黄帝以來，子孫分國受姓，歷堯、舜、三代，

[一]『翛』原作『修』。
[二]『湖』原作『胡』。

數千歲間，《詩》《書》所記，皆有次序，豈非譜繫源流，傳之百世不絶歟！此古人所以爲重也。不然，則士生於世，皆莫自知其所出，而昧其世德遠近，其所以異於禽獸者，僅能識其父祖爾，豈可忽哉！唐世譜牒尤備，士大夫務以世家相高。至其弊也，或陷輕薄，婚姻附托，邀求貨賂，君子患之。然而士子修飭，喜自樹立，兢兢惟恐墜其世業，亦以有譜牒而能知其世也。今之譜學亡矣，雖名臣巨族，未嘗有家譜者。然而俗習苟簡，廢失者非一，豈止家譜而已哉！

右王獻之法帖。余嘗喜覽魏、晉以來筆墨遺迹，而想前人之高致也。所謂法帖者，其事率皆弔哀候病、敍暌離、通問訊，施於家人朋友之間，不過數行而已。蓋其初非用意，而逸筆餘興，淋漓揮灑，或妍或醜，百態[一]横生。披卷發函，爛然在目，使人驟見驚絶。徐而視之，其意態愈無窮盡，故使後世得之以爲奇翫，而想見其人也。於高文大册，何嘗用此！而今人不然，至或棄百事，弊精疲力，以學書爲事業，用此終老而窮年者，是真可笑也。

[一]『態』原作『能』。

右《昭仁寺碑》，在豳[一]州，唐太宗與薛舉戰處也。唐自起義與群雄戰處，後皆建佛寺，云爲陣亡士薦福。湯、武之敗桀、紂，殺人固亦多矣，而商、周享國皆數百年，其荷天之祐者，以其心存大公，爲民除害也。唐之建寺，外雖托爲戰亡之士，其實自贖殺人之咎耳。其撥亂開基，有足壯者，及區區於此，不亦陋哉！碑文朱子奢撰，而不著書人名氏，字畫甚工，此余所録也。

右《放生池碑》，不著書撰人名氏。放生池，唐世處處有之。王者仁澤，及於草木昆蟲，使一物必遂其生，而不爲私惠也。惟天地生萬物，所以資於人也，然代天而治物者，當爲之節，使其足用而取之不過，萬物得遂其生而不夭。三代之政，如斯而已。《易·大傳》曰：『庖犧氏之王也，能通神明之德，以類萬物之情。作結繩而爲網罟，以佃以漁。』蓋言其始教民取物資生，而爲萬世之利，此所以爲聖人也。浮圖氏之説，乃謂殺物者有罪，而放生者得福。苟如其言，則庖犧氏遂爲人間之聖人、地下之罪人矣。

右司刑寺大脚迹，并碑銘二，閻朝隱撰。附詩曰：『匪手攜之，言示之事』，蓋諭昏愚者不

[一]『豳』原作『幽』。

可以理曉，而決疑惑者難用空言，雖示之已驗之事，猶懼其不信也。此自古聖賢以爲難。《語》曰：『中人以下，不可以語上』者，聖人非棄之也，以其語之難也。佛爲中國大患，非止中人以下，聰明之智一有惑焉，有不能解者矣。方武氏之時，毒被天下，而刑獄慘烈，不可勝言，而彼佛者遂見光迹於其間，果何爲哉？自古君臣事佛，未有如武氏之時盛也，視朝隱等碑銘可見矣。然禍及生民，流毒王室，亦未有若斯之盛也。碑銘文字不足録，録之者所以警也。俾覽者知無佛之世，《詩》《書》雅頌之聲，斯民蒙福者如彼；有佛之盛，其金石文章，與其人之被禍者如此，可以少思焉。

右《華陽頌》，唐玄宗詔附。玄宗尊號曰『聖文神武皇帝』，可謂盛矣。而其自稱曰『上清弟子』者，何其陋哉！方其肆情奢淫，以極富貴之樂，蓋窮天下之力，不足以贍其欲。使神仙道家之事爲不無，亦非其可冀，矧其實無可得哉。甚矣，佛、老之爲世惑也！佛之徒曰無生者，是畏死之論也；老之徒曰不死者，是貪生之説也。彼其所以貪畏之意篤，則棄萬事、絶人理而爲之，然而終於無所得者，何哉？死生，天地之常理，畏者不可以苟免，貪者不可以苟得也。惟積習之久者，成其邪妄之心。佛之徒有臨死而不懼者，妄意乎無生之可樂，而以其所樂，勝其所可畏也。老之徒有死者，則相與諱之，曰『彼超去矣』，『彼解化矣』，厚自誣而托之不可詰。或曰：『彼術未至，故死爾』。前者苟以遂其非，後者從而惑之，以爲誠然也。佛、老二者同出於貪，而所習則異，然由必棄萬事、絶人理而爲之，其貪於彼者厚，則捨於此者果。若元宗者，方溺於此而又慕於彼，不勝其勞，是真可笑也。

右《令長新戒》。唐開元之治盛矣，玄宗嘗自擇縣令一百六十三人，賜以丁寧之戒。其後天下爲縣者，皆以《新戒》刻石，今猶有存者。余之所得者六，世人皆忽，不以爲貴也。玄宗自除内難，遂至太平，世徒以爲英豪之主，然不知其興治之勤，用心如此，可謂知爲政之本矣。然鮮克有終，明智所不免，惜哉！《新戒》凡六：其一河内，其二虞城，其三不知所得之處，其四汜水，其五穰，其六舞陽。

右《平泉草木記》，李德裕撰。余嘗讀鬼谷子書，見其馳説諸侯之國，必視其爲人材性賢愚、剛柔緩急，而因其好惡喜懼憂樂而捭闔之，陽開陰塞，變化無窮，顧天下諸侯無不在其術中者，惟不見其所好者，不可得而説也。以此知君子宜慎其所好。蓋泊然無欲，而禍福不能動，利害不能誘，此鬼谷之術所不能爲者，聖賢之高致也。其次簡其所欲，不溺於所好，斯可矣。若德裕者，處富貴，招權利，而好奇貪得之心不已，至或疲弊精神於草木，斯其所以敗也。其遺戒有云『壞一草一木者，非吾子孫』，此又近乎愚矣。

右《華嶽題名》。自唐開元二十三年，訖後唐清泰二年，實二百一年，題名者五百十一人，再題者又三十一人，録爲十卷。往往當時知名士也。或兄弟同游，或子姪并侍，或僚屬將佐之咸在，或山人處士之相攜。或奉使奔命，有行役之勞；或窮高望遠，極登臨之適。其富貴貧賤，歡樂憂悲，非惟人事百端，而亦世變多故。開元二十三年，歲在丙子，是歲天子躬耕籍田，肆大赦，群臣方頌太平，請封禪，蓋有唐極盛之時也。清泰二年，歲在乙未，廢帝篡立之明年也。是歲石敬瑭以太原反，召契丹入自雁門，廢帝自焚於洛陽，而晉高祖入自太原，五代極亂之時也。始終二百年間，或治或亂，或盛或衰。而往者來者、先者後者，雖窮達壽夭，參差不齊，而斯五百人者，卒歸於共盡也。其姓名歲月，風霜剥裂，亦或在或亡，其存者獨有千仞之山石爾。故特録其題刻，每撫卷慨然，何異臨長川而歎逝者也。

秋聲賦　少陰

歐陽子方夜讀書，聞有聲自西南來者，悚然而聽之，曰：『異哉！』初淅瀝以蕭颯，忽奔騰而砰湃，如波濤夜驚，風雨驟至。其觸於物也，鏦鏦錚錚，金鐵皆鳴；又如赴敵之兵，銜枚疾走，不聞號令，但聞人馬之行聲。予謂童子：『此何聲也？汝出視之。』童子曰：『星月皎潔，明河在天，四無人聲，聲在樹間。』

予曰：『噫嘻悲哉！此秋聲也，胡爲而來哉？蓋夫秋之爲狀也：其色慘淡，煙霏雲斂；其容清明，天高日晶；其氣慄冽，砭人肌骨；其意蕭條，山川寂寥。故其爲聲也，淒淒切切，呼號奮發。豐草緑縟而爭茂，佳木蔥籠而可悦；草拂之而色變，木遭之而葉脱。其所以摧敗零落者，乃一氣之餘烈。

夫秋，刑官也，於時爲陰；又兵象也，於行爲金。是爲天地之義氣，常以肅殺而爲心。天之於物也，春生秋實，故其在樂也，商聲主西方之音，夷則爲七月之律。商，傷也，物既老而悲傷；

夷，戮也，物過盛而當殺。

嗟乎！草木無情，有時飄零。人爲動物，惟物之靈；百憂感其心，萬事勞其形；有動乎中，必搖其精。而況思其力之所不及，憂其智之所不能；宜其渥然丹者爲槁木，黟然黑者爲星星。奈何非金石之質，欲與草木而争榮？念誰爲之戕賊，亦何憾乎秋聲！』

童子莫對，垂頭而睡。但聞四壁蟲聲唧唧，如助予之歎息。

附録

《國文陰陽剛柔大義》中的陰陽四象與圈點功能

朱光磊

《國文陰陽剛柔大義》是唐文治文章學的代表作。在該書中，唐文治徹底貫徹發展了曾國藩『古文四象』理論，并將其與吟誦實踐緊密結合起來。

唐文治在《自訂年譜》中説：『編《國文陰陽剛柔大義》成。本曾文正《古文四象》，發揮其義；又别選古人文以擴大之，頗爲詳盡。』馮振按語云：『陰陽剛柔之説，創于姚姬傳氏，曾文正繼其説而大昌之，先生則綜二家之説論之，而更進焉曰：「凡人之情性、氣質，毗于陽者，陰亦寓焉；毗于陰者，陽亦寓焉。天道之道，陰陽之氣常相勝而相争，惟明於消息之故，於其偏而調劑之，且因其偏而善用之。善驗古人文之神與氣，亦若是而已。」所編《國文陰陽剛柔大義》

八卷，選《周易》《尚書》《詩經》《論語》《孟子》《國策》《莊子》、賈生、董生、司馬子長、揚子雲、班孟堅、韓退之之文，而分注陰陽各名於其下。陳石遺先生撰先生全書總叙，稱爲論文之至精而無弊者也。』

所謂『至精而無弊』，若排除一般的虛贊可能，那麽其究竟之所指應是該書中進行文章遴選與分類的標準——陰陽剛柔。該書書名爲『陰陽剛柔』，既講陰陽，又講剛柔。依照《周易・説卦》：『昔者聖人之作《易》也，將以順性命之理，是以立天之道曰陰與陽，立地之道曰柔與剛，立人之道曰仁與義。』陰陽、剛柔、仁義分别與天、地、人具有關聯。天生地而生人，乾元可以統坤元，元可以統亨利貞，故而陰陽也可以統剛柔與仁義。如何理解這個意思？我們可以分三層來講。

第一層意思：就整體而言，陰陽是整體存在的兩種動態方式，陽是擴散，陰是收斂。

第二層意思：陰陽兩種動態存在，以有形的狀態表達出來，就是剛柔。陽爲剛，陰爲柔。而剛柔即使以有形的狀態表達出來，其原本無形的狀態作爲潛在的基礎仍舊存在，故就此而言，分别講是無形之陰陽與有形之剛柔并存；合一講則是兩種動態存在方式的作用，統而言之爲陰陽。

第三層意思：無形之陰陽與有形之剛柔，皆由人心之發用而現。人心本身即有陰陽剛柔，就人心本身之質地而言可謂剛柔，就人心之情感思慮而言可謂陰陽。人心之陰陽剛柔與天地之陰陽剛柔相交感，則有所發。其所發主於融包萬物，則偏於陽剛，而爲仁；其所發主於規整萬物，則偏於陰柔，而爲義。就此而言，分别講是無形之陰陽、有形之剛柔、所現之仁義并存，合一講則是兩種動態存在方式的作用，統而言之爲陰陽。

需要注意的是，上述的陰陽、剛柔、仁義皆是整體地講，内涵著必然的生生不息之理，而不是宋儒將性理從浩然之氣中單獨劃分出來後的理氣二分的氣。

一、陰陽、四象的文章分類

從陰陽上看，唐文治將文章分爲四象。這個做法其實來自曾國藩。在曾國藩《古文四象》一書中，雖然書名四象，但每一象又可以分陰分陽，實則是古文八象。此八象的分法完全來自

《周易》陰陽的交錯變化，與八卦可以完全對應起來。依照曾國藩的演繹，天地之氣本身具有擴充和收斂，於是氣可以分爲擴充之陽氣和收斂之陰氣。如此，一氣分作兩儀，擴充爲陽儀，收斂爲陰儀。陽儀之擴充繼續有變，繼而擴充，則爲四象之太陽，繼而收斂，則爲四象之少陰。陰儀之收斂繼續有變，繼而收斂，則爲四象之太陰，繼而擴充，則爲四象之少陽。如此，兩儀分作四象，分别爲太陽、少陰、少陽、太陰。太陽擴充，則爲乾卦（☰），太陽收斂，則爲兑卦（☱）；少陰擴充，則爲離卦（☲），少陰收斂，則爲震卦（☳）；少陽擴充，則爲巽卦（☴），少陽收斂，則爲坎卦（☵）；太陰擴充，則爲艮卦（☶），太陰收斂，則爲坤卦（☷）。如此，四象分作八卦。當然，若是照此理路，八卦尚可繼續分作十六卦、三十二卦、六十四卦，以至於無窮無盡。兩儀、四象、八卦、六十四卦是對存在之動態所進行的分類。兩儀是簡單地分，六十四卦是複雜地分。世界上事情雖然繁複衆多，但皆可歸類於二儀至六十四卦的範圍之中。固然六十四卦之後，仍舊可以再作細分，但就人的感通取象而言，六十四卦所揭示出的六十四種類型以及其内在關聯是常人心靈所能掌控的舒適範圍，而超過這個數目，則其推算過於瑣碎，心力耗費頗巨而收效甚微，可謂得不償失。

對於文章而言，分出六十四卦六十四種類型過於繁瑣，故這一套理論使用在文章上，由粗到細有陰陽、四象、八卦的三種分類已然足夠。從陰陽上分，則將文章分爲陽剛文與陰柔文兩類。從四象上分，陽剛文分出太陽氣勢文、少陰情韻文；陰柔文分出少陽趣味文、太陰識度文，於是文章有太陽氣勢文、少陰情韻文、少陽趣味文、太陰識度文四類。從八卦上分，太陽氣勢文分出噴薄之勢、跌蕩之勢；少陰情韻文分出沉雄之韻、悽惻之韻；少陽趣味文分出詼詭之味、閑適之味；太陰識度文分出閎括之度、含蓄之度，於是文章有噴薄之勢（☰）、跌盪之勢（☱）、沉雄之韻（☲）、悽惻之韻（☳）、詼詭之味（☴）、閑適之味（☵）、閎括之度（☶）、含蓄之度（☷）八類。

上述劃分，既要精通易理，又要熟識文章，劃分越細，難度越大。故曾國藩將文章分爲八類，唐文治將文章分爲四類，唐門弟子則將文章分爲兩類，而一般人讀文章，尚不知有陰陽之分。唐文治的四象分類，可謂在不簡不繁之間，恰得其中。具體而言：太陽氣勢文總體上擴充發散，多爲情緒激昂的論辯文、情節曲折的叙事文，如《莊暴見孟子章》。少陰情韻文是陽中竝陰，多爲沉鬱悲壯、凄婉悱惻的抒情文，如《祭十二郎文》。少陽趣味文是陰中竝陽，多爲詼詭奇譎的寓意文、逸趣曠遠的閑適文，如《逍遥游》。太陰識度文總體上收斂凝静，多爲思慮嚴密、用意深遠而措辭含蓄的説理文，如《集古録跋尾》。這樣的四象分類，直接抓住了文章之神，將作者作文時無形之精魂勾勒了出來，讓讀者由文章可以進一步與作文者的氣韻聚散相感通，體會到文章背後所隱藏的往聖先賢的偉大氣度。以此訓練，長期以往，讀者必然可以涵養出自己的德性，培育出自己的浩然之氣。

二、精神、線索的圈點功能

從剛柔上看，該書除了書名上有『剛柔』二字，其餘地方則『陽』與『剛』合用，『陰』與『柔』合用，似乎『剛柔』没有其獨立的地位。不過，倘若我們考慮到該書中圈點的特殊作用，再結合《周易》的説法，或許可以給『剛柔』安排一個妥帖的位置。

《國文陰陽剛柔大義》一書保留了唐文治具有自身特徵的文章圈點。唐文治在《高等學堂國文講誼·例言》中言：『評點本非古法，自歸氏、方氏評點《史記》，治古文家遂有評點之學。曾文正所選《經史百家雜鈔》，分段圈點，最爲謹嚴朗析。近吴摯甫先生亦謂：「開示始學。莫過於此。」兹編圈點，不概從古人。大抵「才篇」則注重於才，「氣篇」則注重於氣，「神篇」則注重於神。此外，則全在精神線索之處，讀者當分別觀之。』就這段文字而論，唐文治將該書的圈點作用分爲兩類：一類是針對某些文章而特有的偏重，比如《國文大義》中的『才篇』『氣篇』『神篇』中的圈點，分别與才、氣、神的主旨有關；另一類是針對所有文章而共用的模式，就是圈點出文章的『精神』『線索』。

從現有的文本上看，《國文陰陽剛柔大義》一書中的圈點，全部由空心的圈與實心的點構成。圈點既有句讀功能，又有賞鑒功能。從圈點功能上看，在文字句讀處，則以圈示意。若長段文字皆有賞鑒作用之圈，則在句讀處下一字旁省略賞鑒之圈，以此示意上一字旁之圈爲句讀之用。從賞鑒功能上看，有些文字有圈，有些文字有點，有些文字既没有圈也没有點。有圈之文字，乃文章之『精神』；有點之文字，乃文章之『線索』，而既無圈又無點之文字，則爲文章過渡部分，非爲關鍵要點。

所圈之精神，乃文氣之發散處，所點之線索，乃文氣之收斂處，故也有陰陽之分。若以陰陽爲無形，剛柔爲有形。那麼就文章而言，文章之陰陽無形，但落實於文章則有形。此有形之剛柔，就可從圈點上見到。所圈之精神，乃文章有形之剛，爲無形之陽的體現；所點之線索，乃文章有形之柔，爲無形之陰的體現。故凡圈處，大抵爲鋪陳、論辯、感慨之文字；凡點處，大抵爲叙事、説明、總結之文字。前者讀之，精神鼓舞；後者讀之，線索明朗。以此之故，可知書名中『陰陽剛柔』之『剛柔』兩字亦非憑空，盡可以落實到圈點上談。讀者通過圈點的幫助，由有形之剛柔復去體味無形之陰陽，其中所涵詠者，則無非是仁義的感發。該書本爲文章選本，故以客觀之陰陽剛柔而命名，而讀者所獲之仁義，則爲該書最終之目的。

三、陰陽、圈點的吟誦關聯

唐文治文章學的陰陽剛柔與吟誦實踐具有極爲密切的關聯。《唐蔚芝先生讀文灌音片説明書》中所論讀文法：『曾文正所選《古文四象》，分太陽氣勢、太陰識度、少陽趣味、少陰情韻四種。余因之分讀法，有急讀、緩讀、極急讀、極緩讀、平讀五種。大抵氣勢文急讀、極急讀，而其音高；識度文緩讀、極緩讀，而其音低；趣味情韻文平讀，而其音平。然情韻文亦有愈高者，未可拘泥。』唐文治將讀文之高低緩急與四象聯繫起來。大致分爲三類：一類爲太陽文，用高讀、急讀、極急讀；一類爲太陰文，用低讀、緩讀、極緩讀；一類爲少陰文、少陽文，用平讀，即不高不低、不急不緩。需要注意的是，雖然文章在大致上可以分爲四象中的某一類，但在具體的章節與行文中，又會有四象之變化。比如，《前出師表》總體上是太陰文，但是在『今南方已定，兵甲已足，當獎率三軍，北定中原，庶竭駑鈍，攘除奸凶，興復漢室，還於舊都。此臣所以報先帝而忠陛下之職分也』一段，則由陰轉陽，由緩讀而轉爲極急讀，頗有太陽噴薄之氣勢。

在文章圈點上，所圈之文字，爲文章精神之所在，其氣偏陽；所點之文字，爲文章線索之所在，其氣偏陰。故所圈之處偏高偏急，所點之處偏低偏緩，無論高低緩急，皆有所注重。而不圈不點之處則在高低平緩之間，吟誦時帶過即可，無須刻意注重。

後記

二零二一年我與李素潔老師一起整理的唐文治《讀文法箋注》面世，贏得了很多吟誦愛好者的好評，也了却了我的一樁心事。該書的吟誦圈點十分寶貴，可謂讀者自學吟誦的不二津梁。與其讓這些本文躺在圖書館裡藏諸名山，還不如公開傳與世人。

受《讀文法箋注》出版面世的啓發，我進一步想到唐文治另外兩本文章選本——《國文陰陽剛柔大義》《國文經緯貫通大義》。如果説《讀文法箋注》僅僅是唐文治文章學的入門讀物，那麽《國文陰陽剛柔大義》《國文經緯貫通大義》就是唐文治文章學的高階讀物。雖然上海古籍出版社已經出版了《唐文治文章學論著集》，大致包含了上述内容，但由於其删除了文章選本最爲關鍵的圈點，使其賞鑒功能無法展現，殊爲一大憾事。本人近年來持續研究唐文治之學術，除了性理學、經學之研究外，也傾力關注其文章學與吟誦學理論，愈發覺得傳統圈點對於文章學、吟誦學具有非常關鍵之作用。以此之故，本人認爲將《國文陰陽剛柔大義》《國文經緯貫通大義》圈點版整理出版，仍舊具有十分重要的價值。

該書的整理工作，以我在蘇州大學唐文治書院給一九級本科生講授的《唐文治思想研究》課程爲契機。由我領銜，唐文治書院的多位本科生分工合作，集衆人之力，終於在較短的時間内裒輯成書。這些學生是唐文治書院一九級的趙嘉程、王麗萍、王明敏、張藝鑫、邵怡、羅逍逍、張心怡、錢吴越、黄奕揚、陸貝寧、劉明居、唐亦丁、朱天怡、楊晨昕、徐婧越、楊忻璐、吴栩薇、王怡蔚、宋衍、戴亦欣、孫予安、李思睿、沃裕、胡佳希、湯浩然、趙雨萌、李凌雲、錢婧、董成芮、張岩枚，以及二一級的胡心悦。本書能夠順利出版，更多地應該歸功於這些聰敏而勤奮的青年學子。希望他們通過這次整理工作，能夠進一步領略到唐文治先生的學術魅力，并在各自的人生道路上或多或少地承擔起唐文治『正人心、救民命』的學術宗旨。

該書原來即是唐文治所用的國文教材，而此次出版，則是由蘇州大學『唐文治書院經典導讀叢書出版費（教材）』資助出版。唐文治書院資助出版唐文治使用的國文教材，真是再合適不過了。此外，該書還被列入蘇州大學哲學系『吴文化研究叢書』之中。此書能夠順利出版，與唐文治書院和哲學系的支持密不可分，在此對書院與系科的領導表示感謝。

該書所收文章較多，内容偏長，無法也無需全部配備録音。故在該書中選取文章二十餘篇，兼顧四象、文體、作者、時代，分别由姚宏、杜亞群、朱光磊進行示範吟誦，以供讀者參考。

廣陵書社孫語婧老師曾編輯過《讀文法箋注》，本書仍舊由她編輯出版。孫老師一如既往對書籍的出版付出艱辛的勞動，在此一并表示感謝。